# 학봉『해사록』의 재조명

통신사연구총서 1

# 학봉 『해사록』의 재조명

허경진 외

보고사
BOGOSA

城巳丑秋八月洞朝議將通信日本偶占一律是冬乃禮曹副价之行　命追恩前

作實詩識也人生於止堂俾然我藏書卷首以志云

目城壬年地三韓一介臣風濤仗大信生死付高昊海若清前道焉愈

殿陛歷拜於一四首萬里是通津

三月初五日丙子　賜酒餞逢

聖恩五原念遠行宣呼使价進天邊秦光催向松中瀲日色偏臨陪上期

手奉芝函辭北闕輕身隨漢節指東邊小臣報效微沔滴此去猶知

聖命軒次許書秋韻　　恩　應揮先攄故二聯及之

神　三月動軺王事關心去意輕朧樹初經寒食雨天是詩逗永

嘉谷丈夫志節元

日斯征

학봉 종가 소장본 『해사록』

동양문고 소장 『학봉집』

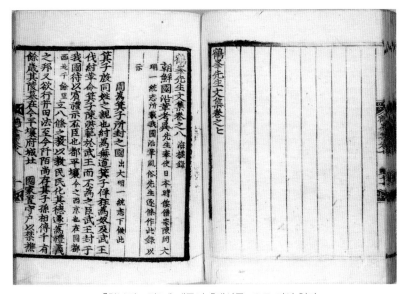

『학봉집』 권8에 제목이 「해사록」으로 되어 있다.

기조강연. 하우봉 교수

학봉 김성일의 『해사록』 소재 사행시의 특징. 구지현 교수

학봉 『해사록』 소재 한시의 문예적 특질과 주제 의식. 김영봉 박사

학봉 김성일과 일본 유학. 심경호 교수

김성일의 「조선국연혁고이(朝鮮國沿革考異)」와 「풍속고이(風俗考異)」에 대한 재고.
장진엽 박사

『해사록』에 나타난 학봉 김성일의 시중(時中)인식. 함영대 박사

학봉 『해사록』과 『조선통교대기』. 이효원 박사

학봉 사행로의 역사지리학적 검토. 도도로키 히로시 교수

사행록 및 필담창화집을 통해 본 후대 문인들의 평가. 허경진 교수

종합토론 좌장 손승철 교수

발표자 및 토론자

폐회식까지 경청하는 청중

# 머리말

　『해사록(海槎錄)』은 학봉(鶴峯) 김성일(金誠一)이 통신사 부사로 임명되어 1590년 3월 5일 조정을 떠나 1591년 3월 1일 복명(復命)하기까지 일본에 다녀오면서 쓴 시문을 편집한 문헌이다. 같은 문장이 『학봉집(鶴峯集)』에도 실려 있는데, 시는 2권에, 서간은 5권에 "이하는 해사록에서 나왔다"는 설명과 함께 실려 있고, 설.변.지(說辨志)는 6권 「잡저」에 들어가 있다. 하나로 묶어져 있던 문헌이 여기저기 흩어져 들어간 것이다.

　『해행총재』에 실린 『해사록』은 권1과 권2가 시(詩), 권3과 권4 앞부분이 서(書), 권4 뒷부분이 설.변.지(說辨志), 권5가 행장(行狀)으로 되어 있다. 사행록에 행장이 실린 경우는 학봉의 『해사록』이 유일한데, 분실했다는 『해사록』 1권이 일기였을 가능성이 많으니, 학봉의 『해사록』이야말로 온갖 문체가 모두 갖춰진 사행록이다.

　학봉에 대한 후대 평가는 퇴계의 제자 가운데 중심 학자라는 점에서는 일치되지만, 통신사 귀국보고에 관한 해석에 있어서는 서인계의 실보오국론(失報誤國論)과 남인계의 영남재조론(嶺南再造論)으로 나뉘어지는데 이에 대해서는 아직도 논란이 있다. 그러나 선조수정실록에 실린 복명 기사를 검토해보면 책임론에는 국왕 등 당시 조정의 책임회피와 당파적인 해석이 더해졌음이 느껴진다.

　학봉이 참여한 경인통신사(庚寅通信使)의 사행 성과에 관해서 당대는 물론이고 현재까지도 학계에서 논란이 많았으므로, 연구성과도 매우 많았다. 왜군의 침략 여부에 관한 귀국보고를 중심으로 한 차례 연구성과가 집대성되었는데, 통신사행(通信使行)은 사행원의 구성과 그들의 기록이 다양하기 때문에 여러 측면에서 재조명할 여지가 많다.

열상고전연구회에서 2018년 11월 30일에 "학봉『해사록』재조명 학술대회"를 개최하여 학봉이 일본에 다녀오는 동안 기록한『해사록(海槎錄)』을 여러 분야의 학자들이 다양한 방법으로 접근하여 발표했는데, 특히『해사록』에 실린 학봉 시의 문예적 특질과 시문학적 성과를 심도있게 다루었다.

경인통신사의 주요 구성원은 정사 황윤길(黃允吉), 부사 김성일(金誠一), 서장관 허성(許筬)인데, 사행 기록은 학봉의 것만 남아 있다. 황윤길은 문집이 없으며, 허성의 문집은 후대에 여러 문헌에서 옮겨온 글들이어서 그들의 입장을 대변해줄 기록이 없는 점이 아쉽다.

학봉이 정리한『해사록』은 문집과『해행총재』에 실리는 과정에서 원래의 모습이 흐트러졌는데, 정본『해사록』이 편집되고 잃어버린 일기가 어디에선가 발견되면『해사록』재조명 학술대회를 한 차례 더 개최해볼 여지가 있다. 일본 근세 주자학의 비조(鼻祖)라고 불리는 후지와라 세이카(藤原惺窩)가 배불귀유(排佛歸儒)하게 된 계기가 학봉이 퇴계학을 전해준 덕분인가 하는 숙제는 일단 뒷날로 미뤄두기로 한다.

학봉 탄생 480주년을 기념하여『해사록』의 다양한 모습에 관해 발표하고 토론해주신 여러 학자들께 감사드린다.

2019년 3월 1일
열상고전연구회 회장 허경진

# 차례

머리말 · 13


## 김성일의 예사상과 일본인식 _하우봉

1. 머리말 ················································································· 21
2. 『해사록』의 체재와 내용 ···················································· 23
3. 조선전기의 세계관과 일본인식 ·········································· 27
   1) 조선전기의 세계관과 일본인식 ·································· 27
   2) 학파별 일본인식의 특성 ·············································· 29
4. 실천적 예학자 김성일 ························································· 36
5. 김성일의 일본인식 ······························································ 39
   1) 경인통신사행과 사명 ·················································· 39
   2) 일본인식 ······································································· 45
   3) 논쟁을 통해본 삼사(三使)의 인식 비교 ···················· 52
6. 맺음말 ················································································· 62


## 학봉 김성일의 『해사록』에 보이는 일본 인식 양상 _구지현

1. 머리말 ················································································· 71
2. 학봉의 시문을 통하여 본 일본 경험의 형상화 ················· 73
   1) 이국 경험으로서의 일본 ············································· 73

2) 쓰시마에 대한 인식의 변화 ·················································· 80

3) 유감(有感) 시 등에 보이는 감정의 토로와

현실에 대한 인식 ······························································· 87

3. 맺음말 ········································································· 91


## 학봉『해사록』소재 한시의 문예적 특질과 주제 의식 _ 김영봉

1. 머리말 ··········································································· 93

2. 기존 연구의 검토 및 문제점 ············································· 95

3. 학봉 시의 문예적 특질 ····················································· 100

1) 호장한 시풍 ······························································· 101

2) 잡체시에 대한 보론(補論) ············································· 106

4. 학봉 시의 주제 의식 ······················································· 111

1) 일본의 인물, 풍물에 대한 객관적 인식 ·························· 112

2) 사신간의 갈등 ··························································· 116

5. 맺는말 ········································································· 121


## 학봉 김성일과 일본 유학 _ 심경호

1. ··················································································· 123

2. ··················································································· 127

3. ··················································································· 137

4. ······················································· 150

5. ······················································· 158


## 김성일의 「조선국연혁고이(朝鮮國沿革考異)」와 「풍속고이(風俗考異)」에 대한 재고 _ 장진엽

1. 들어가며 ············································· 162

2. 「연혁고이」와 「풍속고이」의 내용 및 집필배경 ············ 164

  1) 「연혁고이」와 「풍속고이」의 내용 ················· 164

  2) 「연혁고이」와 「풍속고이」의 집필배경 ·············· 170

3. 「연혁고이」와 「풍속고이」의 성격

  : 동아시아 지식인의 상호접촉의 맥락에서 ··········· 176

  1) 조선 지식인의 공식 사관(史觀) 표출 ············· 177

  2) 상세한 예제(禮制) 전달을 통한 소중화의 증명 ······ 183

  3) 동일시와 거리두기의 변주 ····················· 192

4. 나가며 ·············································· 199


## 『해사록』에 나타난 학봉 김성일의 시중(時中)인식 _ 함영대

1. 문제제기 ············································· 202

2. 일본사행에 임하는 학봉 김성일의 자세 ················· 206

3. 학봉 김성일의 시중(時中)인식 ······················· 214

  1) 외교적 의례의 문제 ··························· 216

2) 국가간의 위차문제 ·································· 223

4. 남는 문제 ············································· 225

## 학봉 『해사록』과 『조선통교대기』_이효원

1. 서론 ·················································· 229

2. 『조선통교대기』의 편자와 구성 ························· 231

3. 조일외교에 대한 학봉과 가쇼의 관점 ···················· 238

   1) 조선·쓰시마·일본의 관계 ························ 238

   2) 통신사와 쓰시마의 갈등과 학봉에 대한 평가 ········· 246

4. 결론 ·················································· 256

## 학봉 사행로의 역사지리학적 검토_도도로키 히로시

1. 들어가며 ·············································· 259

2. 한국 국내사행로 ········································ 260

3. 일본 국내사행로 ········································ 270

4. 나가며 ················································· 271

# 사행록 및 필담창화집을 통해 본 후대 문인들의 평가 _ 허경진

1. 머리말 ·································································· 273

2. 통신사 기록의 종류 ·········································· 275

3. 『해사록』의 편집과 국내 유통 ························ 277

4. 사행록이나 필담 창화집에 보이는 학봉의 면모 ············ 281

   1) 역대통신사 명단에 보인 단순한 정보 ············ 282

   2) 경인통신사의 대표인물로 인식 ···················· 285

   3) 차운시의 대상 ············································· 289

   4) 휴대할 만한 사행록 ···································· 292

   5) 일본인이 소장했던 학봉의 시 ···················· 296

   6) 행동의 전범 ················································ 299

   7) 일본에서의 출판 여부 ································· 303

5. 맺음말 ··································································· 307

참고문헌 · 309
저자 소개 · 313

# 김성일의 예사상과 일본인식

## 1. 머리말

金誠一은 1538년(중종 22) 경상도 안동에서 생원 金璡의 4남으로 태어났다. 본관은 의성이며, 자는 士純, 호는 鶴峯이다. 19세인 1556년 퇴계 이황의 문인이 되어 이후 퇴계가 서거하기까지 스승으로 모셨고, 수제자로서 퇴계의 학통을 계승하였다. 27세인 1568년(선조 1) 급제하여 承文院 權知副正字로 관직을 시작하였다. 1589년경 禮賓寺 正이 되었는데, 1589년 3월 일본의 사자 玄蘇와 宗義智 등이 통신사 파견 요청을 위해 우리나라에 왔을 때 東平館에서 접대하였다. 일본국왕사 일행은 10개월 동안 체재하다가 통신사 일행을 호행하여 일본으로 건너갔다. 김성일은 이들과 교섭하는 동안 자신이 통신사에 선발될 것을 예감하고 있었다.

임진왜란 직전에 일본에 파견되었던 1590년의 경인통신사는 사행 중에 있었던 온갖 일들과 귀국 후 일본의 침략가능성에 대한 三使의 다른 보고로 인해 그 후 전쟁책임론으로 연결되면서 논쟁거리가 되어 왔다. 정사 黃允吉의 보고에 대해 반론을 제기했던 부사 金誠一은 어떤 근거로 그러한 주장을 했을까? 또 사행 중 황윤길, 서장관 許筬과 사사건건 대립했던 김성일의 행동은 어떻게 이해해야 할까?

본 논문에서는 이 문제에 대해 종래의 당쟁론적 시각에서 벗어나 사상적인 차원에서 접근해 보고자 한다.[1] 즉 당쟁을 바탕으로 한 음모론적 시각이 아니라 그들 자신의 가치관과 일본인식에 입각해 제시한 판단과 방책으로 이해하자는 것이다. 보다 근본적으로 세계관과 철학, 그리고 그것에 바탕을 둔 대외인식과 일본관의 相違에서 나온 것이라고 보고자 한다.

16세기에는 사림파의 성장과 사회경제적 모순의 증대에 따라 지식인 간에 현실인식과 대처방안을 두고 이념과 입장의 차이가 확대되고 있었다. 동시에 성리학적 가치관과 규범인 禮 질서가 일반화되는 시기이기도 하다. 理氣論을 둘러싼 性理學이 지식인 사회의 키워드로 등장하였고, 이에 대한 해석을 어떻게 하느냐가 관건이었으며, 대외인식도 당연히 이에 영향을 받았다. 1590년 경인통신사의 사행 중에 있었던 대립과 갈등, 외교의례를 둘러싼 충돌을 통해 三使의 사상과 일본인식이 선명하게 표출되고 있다. 따라서 김성일을 비롯한 삼사의 대응방식도 이러한 차원에서 접근하는 것이 타당하다고 생각한다.

사실 당쟁론적 관점은 천박한 역사인식의 대표적인 사례이다. 학술적인 차원에서는 거의 해결되었다고 할 수 있지만 아직 그 영향력이 잔존해있는 것도 사실이다. 三使의 당색만 보더라도 당쟁론의 기

---

1) 경인통신사행의 귀국보고에 대해 당쟁론적 시각에서 해석한 연원과 전개과정에 관해서는 신복룡, 「조선조의 인물을 바라보는 몇 가지 착시」와 하우봉, 「김성일의 일본인식과 귀국보고」, 『1590년 통신사행과 귀국보고 재조명』, 2013, 경인문화사 참조.

본구도가 허물어진다.[2] 김성일과 허성이 같은 동인인데도 불구하고
사행 중 사안마다 대치하였고, 귀국보고에서도 허성이 서인인 황윤
길의 견해에 동조한 데서도 알 수 있다. 그런데 사상적으로 보면, 두
사람의 대립구도를 해명할 수 있다. 두 사람은 같은 동인이지만, 사
상적으로는 상당히 달랐다. 김성일은 이황의 主理論에 입각해 의리와
명분, 체모와 예법 등의 보편적 가치, 즉 常道를 추구하였다. 이에
비해 허성은 서경덕의 영향을 받아 氣一元論에 입각해 事勢를 중시하
고 臨時處變의 權道를 추구하였다. 이에 따라 물질적 힘의 관계를 중
심으로 현실을 보는 경향이 강하였다.[3] 이러한 본체론과 인식론의
대립으로 인해 사행 도중에 부딪쳤던 사안에 사사건건 대립하였다.
일본에 대한 인식이나 통신사행의 사명에 대한 인식에서도 두 사람
은 매우 달랐다.

## 2. 『해사록』의 체재와 내용

『海槎錄』은 1590년 김성일이 통신부사로 일본을 다녀와 기록한 일
본사행록이다. 학봉은 귀국 후 1590년 5월 초부터 이듬해 1월 말까지

---

2) 당시 동인은 김효원, 허엽, 우성전, 유성룡, 김성일이고, 서인은 심의겸, 박순, 윤두
   수, 정철이 대표적인 인사이다. 학봉은 당파의식을 부인하였으며, 율곡 이이와 친
   교를 유지하였고, 그를 위해 옹호하였다. 또 율곡도 학봉을 변호하였다. 강주진,
   「학봉선생과 도학정치」, 『학봉의 학문과 구국활동』, 1993, 여강출판사, 112~115면.
3) 김정신, 「16세기말 성리학 이해와 현실인식 ―대일외교를 둘러싼 허성과 김성일의
   갈등을 중심으로―」, 『조선시대사학보』 13, 2000, 22~24면.

의 9개월 동안의 일본사행시의 행적과 사건을 기술한 것으로 본래 2
권으로 정리한 것으로 보인다. 『해사록』은 본래 별도의 독립된 책으
로 만들어졌지만 그 후 『학봉선생문집』을 편찬할 때 그 내용을 분리
해 시문, 서와 잡저 등은 따로 정리되었다. 또 누락된 시가 『학봉선생
일고』 2권에 실려있다. 『해사록』과 『학봉전집』을 비교해보면 수록내
용과 편집에 약간 가감이 있음을 알 수 있다. 예컨대 『학봉전집』 권6
에 나오는 「朝鮮國沿革考異」, 「朝鮮風俗考異」 「宗陳의 答書」, 이식의
「海槎錄跋文」 등이 현재 민족문화추진회에서 간행한 國譯海行摠載 1
권의 『해사록』에는 빠져 있다.

　그런데 『해사록』은 본래 2권이었는데, 학봉이 한양에서 한 권을 분
실하였다고 한다. 학봉의 제자인 崔晛(1563~1640)이 지은 「後記」에
의하면, "해사록 1질은 선생이 경상우도에 계실 때 산음현감 金洛이
보기를 청하매 선생께서 빌려주셨다. 선생께서 돌아가신 후 진주성
이 함락되었고 왜적들이 여러 고을에 가득했으며 산음현 또한 공격
당해 불탔는데 그때 이 책을 분실하였다. 뒤에 참판 朴而章(1540~
1622)이 어느 마을을 지나다가 집주인이 책 한 권으로 벽을 바르려는
데 살펴보니 해사록이었다. 이에 약간의 쌀을 주고 바꾸어 와서 학봉
선생의 본가에 연락해 돌아올 수 있었다. 사람들이 모두 天幸이라고
하였다."[4] 그런데 해사록을 수습했다는 박이장이 기록한 바를 보면,
"공에게 해사록을 보여 달라고 했더니 한 권은 한양에 두었다가 잃어
버렸다고 하면서 한 권만 빌려주셨다. 나는 그 책을 무료할 때 가끔

--------

4) 『학봉전집』 권6 「後記」.

읽어 보았다. (…중략…) 그 후 내가 호남으로 갈 때 해사록과 다른 책들을 산음현감 김락에게 맡겨놓았다. 그런데 공이 돌아가신 후 김락에게 돌려달라고 했더니 맡아두었던 서책을 진주성 전투에서 왜적들과 싸우던 중 모두 잃어버렸는데, 오직 해사록만 우연히 촌가에서 굴러다니고 있던 것을 우연히 찾았다고 하였다. 나는 매우 다행으로 생각하면서 하늘의 도움이라고 탄식하였다. 학봉공의 아들이 이 소식을 듣고 사람을 보내 찾으매 내가 보관할 수 없어 돌려드렸다."[5]

두 기사의 내용에 차이가 있는데 종합해보면 빌려본 사람이 박이장이고, 찾은 사람이 김락으로 추정된다. 보다 중요한 점은 해사록이 본래 2권이었는데, 학봉이 1권을 한양에서 분실했다는 사실이다.

그러면 분실한 1권의 내용은 무엇일까? 이와 관련해『해사록』권4 「倭人禮單志」를 보면 학봉이 사행 중 '日記'를 기록하였음을 밝히고 있다. 현재 남아있는『해사록』에는 시문이 시기별로 갖추어 있는 것으로 보아, 분실되었다는 1권의 내용은 혹시 '사행일기'가 아닐까 유추해 볼 수 있다. 이 점 앞으로 더 밝혀져야 할 부분이지만, 만일 그렇다면 해사록은 보다 더 체재를 갖춘 일본사행록이 될 수 있을 것이다.

현존하는『해사록』의 권1·2에는 221수의 시를 수록하였는데, 권1의 시는 국내에서 지나는 연로의 지리와 풍물 등을 형용하였거나 친우들과 송별한 시 등 21수가 있고 이어 사행 중 지었거나 일행들과 주고받은 시이다. 권2의 시는 일본에서 차운하였거나 화답한 시로서, 주로 풍물 묘사나 나라에 대한 충성 등 감상을 주된 내용으로 하였다.

---

5)『학봉전집』부록 권4.

권3의 「書」는 17통의 편지로 허성 4통, 황윤길에게 2통, 玄蘇에게 5통, 平調信과 宗義智에게 각 2통, 기타 2통으로 되어 있다. 권4는 「書」와 「說辨志」인데, 書는 일본의 玄蘇와 平調信, 平行長에게 주었거나 주려던 편지이고, 설변지는 대마도주가 음악을 청한 데 대한 說과 入都出都時辨, 그리고 왜인의 禮單志에 대한 변론이다. 권5는 부록으로서 鄭逑가 지은 「行狀」이 있는데, 주로 일본사행 때의 일들을 소개하였다.

『해사록』은 詩, 書, 雜著로 구성되었다. 그런데 이것은 조선후기에 확립되는바 사행일기, 창수록, 문견록으로 구성된 일본사행록의 전형적인 체재는 아니다. 『해사록』에는 사행일기와 문견록이 없고, 대신 서신과 잡저가 있다. 잡저도 문견록이 아니고 사행 중에 있었던 사건에 대한 해명성 기사인 만큼 가장 중요한 것은 서신이다. 『해사록』에서 본 주제와 관련해 가장 핵심적인 내용은 서와 잡저에 있다. 사행도중 있었던 여러 사건과 마찰 등에 관한 학봉 입장에서의 해명과 입장이 표명되어 있다는 점에서 내용도 가장 풍부하며, 저자의 핵심적인 주장과 일본인식이 자세하게 표현되어 있다.

『해사록』은 조선전기에 있어서 매우 귀중한 사행록이다. 우선『해사록』이전에 있었던 일본사행록으로 1419년 회례사로 일본에 사행한 송희경의 『老松堂日本行錄』이 있을 뿐이다. 그런데 이것은 모두 詩로 구성되어 있다. 다음으로 1596년 병신통신사행에서 정사 黃愼의 『日本往還日記』와 부사 朴弘長의 『東槎錄』이 있다. 그런데 이 통신사는 豐臣秀吉을 만나지도 못하고 사명을 달성하지 못했으며, 사행록의 체재와 내용 또한 매우 소략하다. 조선후기(에도시대) 12차례의 통

신사행을 통해 60여 종 이상의 일본사행록이 저술된 것과는 대조적
이다. 그런 만큼『해사록』은 희귀성뿐 아니라 내용과 형식면에서도
뛰어난 사행록이라고 할 수 있다.

단지『해사록』에서 조선후기 사행록의 주요한 구성요소였던 문견
록이 없다는 것이 주목된다. 학봉의 일본사회에 대한 관심이 적었다
는 요인도 있겠지만, 이전까지의 사행록에는 문견록이 없었다. 문견
이란 측면에서 보면 申叔舟의『海東諸國記』가 가장 충실하지만 이것
은 사행록으로 볼 수 없다. 1429년(세종 11) 기유통신사의 정사 朴瑞生
의 귀국보고도 문견사항이 충실하지만 독자적인 저술이 아니다.

## 3. 조선전기의 세계관과 일본인식

### 1) 조선전기의 세계관과 일본인식

조선시대 한국인의 대외인식의 기본 틀은 주자학적 세계관에 바탕
을 둔 華夷觀이었다. 그것이 외교정책으로 나타날 때는 事大交隣으로
구체화되었다. 그러나 인식상으로 보면 조선은 나름대로 조선 중심
의 세계관념을 가지고 있었고, 이러한 자기인식과 세계관의 틀 속에
서 일본관도 규정되었다. 여기에서 조선은 중국과 동등한 문화국인
반면 일본과 여진족은 유교문화를 갖추지 못한 오랑캐로 인식되었
다.6)

---

6) 하우봉, 「조선전기 대외관계에 나타난 자기인식과 타자인식」, 『한국사연구』123,

일본에 대해 같은 명의 책봉국가로서 외교적으로 대등하다는 인식을 가지고 있었지만 문화적인 면에서는 야만시하는 경향이 강하였다. 일반적으로 일본에 대해서는 '왜구의 소굴'이라는 이미지가 있었고, 화이관에 입각하여 日本夷狄觀을 가지고 있었다. 조선 초기 지식인들은 일본을 넓은 의미의 '羈縻交隣'의 대상으로 인식하였다. 이에 더해 조선전기에는 일본을 '小國'으로 인식하였다. 즉, 조선전기의 일본인식에는 '日本夷狄觀' 위에 '日本小國觀'도 포함되어 있었다.7) 이 시기 조선인의 세계관과 자아인식을 잘 보여주는 것이 1402년(태종 2)에 제작된 「混一疆理歷代國都之圖」이다. 이 지도에는 당시 사람들이 생각하고 있었던 소중화의식의 모습이 선명하게 드러나 있다.

16세기 이후로는 일본이적관과 일본소국관이 더욱 심화되어 갔다. 1443년(세종 25) 계해통신사(정사, 변효문) 이후 통신사의 일본 本州 방문이 중단됨에 따라 조선 조정에서는 일본 사회와 정세에 관한 정보가 부족해졌고, 무관심의 경향이 더욱 촉진되었다. 중종대 이후로는 조선 초기와 같은 적극적인 정보 수집을 바탕으로 한 능동적인 대일정책 대신 명분론과 고식적인 대응책에 집착하였다. 일본인식에 있어서도 실용성과 문화상대주의적 인식에 근거한 신축적인 이해가 결여되는 반면 일본이적관이 고착화되어 갔다.

1402년의 「혼일강리역대국도지도」에도 일본이 조선에 비해 아주

---

2003.

7) 1471년(성종 2년) 왕명에 의해 저술된 『海東諸國紀』와 1501년(연산군 7)에 간행된 『西北諸蕃記』는 일종의 '外國列傳'에 해당하는 성격을 띠고 있다. 이것은 곧, 조선은 바다 동쪽에 있는 나라와 서북지역의 만주에 있는 나라들을 蕃國으로 인식하였다는 의미이다.

작은 나라로 표시되어 있지만, 16세기 초반 중종대에 만들어진 「混一
歷代國都疆理地圖」에는 그 크기가 더욱 작아질 뿐 아니라 원형의 기
호에 일본이라는 國號만 표기된 정도이다.8) 이 시기의 사상계를 주
도하였던 사림파 지식인은 중국을 중심으로 하는 職方世界 이외의 지
역에는 관심을 두지 않았다. 지도에 묘사된 모습은 인식주체의 관심
의 크기에 비례한다고 볼 때, 일본은 조선의 관심 대상에서 제외되어
갔다는 사실을 알 수 있다. 그런 점에서 1471년(성종 2) 신숙주가 편찬
한『해동제국기』가 일본인식의 객관성과 정확성 면에는 최고수준이
라고 할 수 있고, 그 이후로는 오히려 퇴영적으로 후퇴해 가고 있었다.

## 2) 학파별 일본인식의 특성

16세기 후반 붕당정치가 성립하면서 학파와 당색에 따라 일본인식
에 있어서도 차별화된 인식을 보이는 경향이 있다. 당시의 대표적인
세 학파로 나누어 정리해 보면 다음과 같다.

### (1) 퇴계학파(남인)

退溪 李滉(1501~1570)은 일본을 명 중심의 책봉체제의 일원으로 외
교의례상 대등한 교린국으로 자리매김하였다.9) 그러나 한편으로 일
본을 夷狄으로 규정하고 조선은 中華라는 華夷觀을 지니고 있었다.10)

---

8) 이 지도와 내용에 관해서는 하우봉, 앞의 논문 참조.
9)『퇴계선생문집』권8「禮曹答日本國左武衛將軍源義淸」.
10) 방기철,「퇴계 이황의 일본인식」,『아시아문화연구』16, 2009, 경원대 아시아문화
　　연구소.

퇴계의 일본인식을 살필 수 있는 자료로서 상소문 하나와 2개의 외교 문서가 있다.[11] 학봉에 미친 영향이 큰 만큼 간략하게나마 살펴보도록 하자.

① 「甲辰乞勿絶倭使疏」[12] : 1544년 4월 사량진왜변 이후 조정이 대마도와의 관계를 단절하자 대마도주가 사신을 보내 교역 신청을 한데 대해 조정에서 거절하자 이에 홍문관 응교로 있던 퇴계가 올린 상소문이다. "春秋에서 오랑캐를 대하는 방식으로는 오는 자는 거절하지 않고 가는 자는 뒤쫓지 않으며, 다스리지 않는 것으로써 깊이 다스린다고 하였다." 즉 중국의 역사를 보면, 이적에게 스스로 자기의 분수, 즉 이적으로서의 예의와 중화에 대한 군신상하의 구별을 자각할 수 있도록 기회를 주었다는 것이다. 시비를 따지는 것보다 중화의 문덕으로써 이적이 감화되는 길을 열어놓는 것이 다스리지 않고 다스리는 방법이라고 하였다. 당시 상황을 보면 賊徒를 이미 물리쳤고, 왜관에 머물고 있는 대마도인을 모두 쫓아냈다. 국위는 이미 떨쳤고 王法 또한 바로잡았다. 그들이 조정의 위엄을 두려워하고 덕에 보답하고 마음을 바꾸어 잘못을 고치면서 간청을 하니 王道로서는 수용하는 것이다. 倭奴가 스스로 회개하면서 간청하는데 새로운 길을 허락하지 않으면 우리 백성에게 화가 미칠 우려가 있다. 무력 사용보다는 사직을 이롭게 하고 백성을 편안하게 하는 것이 급선무라고 하였다.

---

11) 퇴계의 관력을 보면, 승문원에서 도합 56개월, 홍문관에서 30개월간 재임하였다. 그래서 외교문서를 작성할 기회가 많았다. 방기철, 「퇴계 이황의 일본인식」, 『아시아문화연구』 16, 2009, 경원대 아시아문화연구소.

12) 『퇴계선생문집』 권6.

王者가 이적을 다스리는데 무엇보다 화친을 해야 하고, 무력을 사용하는 것은 금수가 백성을 핍박하는 해악을 제거하기 위해서일 뿐이라고 했다. 그러나 무조건적인 화친론은 아니고 명분과 의리의 중요성을 인식하면서 그들에게 깨우쳐 주어야 한다고 주장하였다. 너그러우면서도 위엄을 갖추는 것. 중화로서의 자신감과 교화가능성을 열어두었다는 점이 특징이다. 결과적으로 조정에서는 퇴계의 강화요청 수용 주장대로 1547년 대마도주와 정미약조를 체결하면서 교역을 허락했지만 규제는 이전보다 강화하였다.

②「禮曹答日本左武衛將軍源義淸」[13] : 1554년 53세 때 홍문관 부응교로 있으면서 막부장군에게 보낸 답서를 작성한 것이다. 여기서 퇴계는 "국가는 信義보다 중요한 것이 없고, 禮는 名分보다 중한 것이 없다"라고 하면서 국제관계에서 신의의 중요성을 강조하고 예에 따라 성실한 태도로 교류에 임하라고 권고하였다. 이 무렵 일본이 다시 明의 冊封體制에서 이탈해 나가자, 퇴계는 대명조공과 책봉체제에 적응할 것을 강조하였다. 그러나 조선을 통해 수교 중개를 해달라는 막부의 요청에 대해서는 반대하였다. 명과 일본의 관계가 두절된 원인은 잘못이 일본에도 있기 때문에 이에 대해 먼저 반성한 후 복귀하는 것이 가능할 것이라고 강조하였다. 퇴계는 성리학적 세계관 아래 모든 나라가 명의 책봉체제 하에 있으며, 일본도 이같은 국제질서를 수용해야 한다고 주장하였다.[14]

---

13) 『퇴계선생문집』 권8.
14) 여기에 나오는 내용과 논리는 학봉이 일본사행의 마무리단계에서 선위사 小西行長에게 보내려한 편지에서의 그것과 아주 흡사하다.

③「禮曹答對馬島主宗盛長」[15] : 1547년 56세에 홍문관 부제학으로 있을 때 작성한 외교문서이다. 여기서 퇴계는 조선과 대마도의 관계를 중국 역대왕조의 대오랑캐 정책을 원용하면서 父子관계로 비유하였다. 또 歲賜米豆의 의미에 대해 "귀도가 충성을 다하여 바다를 든든하게 지키는 수고로운 공적을 가상히 여겨 해마다 하사하는 것이다"라고 설명하면서 대마도를 우리나라의 藩國이라고 규정하였다. 나아가 대마도주에게는 "더욱 충절에 힘써서 길이 번국의 복을 누리라"고 권고하였다. 藩屛으로서의 역할을 강조하면서 도주의 지나친 요구를 꾸짖고, '事大畏天之義'를 지키라고 강한 어조로 훈계하였다.

퇴계의 일본인식을 정리해 보면, 전통적인 일본이적관과 대마번국관을 가지고 있었고 조정의 정책을 계승하였다. 또 국가와 백성을 위해 전쟁을 막아야 하므로 무력보다 회유책을 우선시하였다.[16] 한 마디로 온건한 교린론이라고 할 수 있다. 이에 따라 현실적 안정을 중시한 대응을 강조했으며, 오랑캐에 대해 명분을 내세워 충돌하기 보다는 화친 요구를 수용하면서 조종하는 포용정책을 건의하였다.[17]

그는 理의 도덕성과 절대성을 신봉하는 입장에서 이적을 동화, 순응시킬 수 있다고 보았다. 그런데 주목할 점은 일본을 적극적으로 교화하려 하거나 시비곡직을 따지는 것은 부적절하며, 조선의 제도나 관념을 강요하지 않는다는 태도를 견지하고 있다.

이 점에서 남명 조식과 율곡 이이와 다르며, 학봉과도 차이가 있

15) 『퇴계선생문집』 권8.
16) 안병주, 「퇴계의 일본관과 그 전개」, 『퇴계학보』 36, 1988.
17) 『퇴계전서』 권6 「甲辰乞勿絶倭使疏」.

다. 학봉은 기본적으로 일본과 대마도에 대한 인식 면에서는 퇴계와 마찬가지였지만, 퇴계와는 달리 적극적 교화론자라고 할 수 있다. 의리와 명분을 위해서라면 일본과 시비곡직을 철저하게 따져서라도 관철시켜야 한다는 입장이었다. 이 점을 일본사행 중 그대로 보여주었다.

김성일과 함께 퇴계의 제자인 서애 유성룡은 都體察使로서 7년간에 걸친 임진왜란을 주도하였는데 초기에는 主戰論者였으나 전쟁이 장기화하자 主和論을 주장하였다. 이것 또한 퇴계의 현실을 중시하는 온건론적인 일본인식의 영향이라고 볼 수 있다.

### (2) 남명학파(북인)

南冥 曹植(1501~1572)은 전통적인 화이관을 바탕으로 배타적이며 강경한 일본관을 제시하였다. 그의 사상은 理보다 氣의 중요성을 주장하며, 의리를 중시하고 실천성을 강조하였다. 그는 1530년부터 1548년까지 18년간 김해에 살면서 왜구의 포악함을 목격하였고 1543년의 사량진왜변을 가까이서 지켜볼 수 있었다. 1555년의 을묘왜변 후 올린 상소에서 조정의 굴욕적인 대일정책을 직설적으로 비판하면서 왜구의 침략에 대비할 것을 촉구하였다.[18] 三浦의 왜인과 상경하는 왜인들이 국가기밀을 누설하고 왜구를 유도한다고 경고하였다. 그는 세종대의 대마도정벌과 성종대의 여진 정벌을 좋은 사례로 들면서 왜구의 배후세력은 대마도이고, 또 대마도의 책략으로 일본이 조선을 침략할 것이라고 여겼기 때문에 대마도와의 통상을 단절하

---

18) 『南冥集』 권2 「乙卯辭職疏」.

고, 정벌해야 한다고 주장하였다. 그는 당시 국정의 문란으로 인한 국방력의 약화로 일본의 침략이 있을 것이라는 심각한 위기의식을 가지고 있었다. 그래서 조선정부의 대마도에 대한 유화정책은 재앙의 빌미가 될 수 있다고 비판하였다. 교린과 화평보다는 응징과 토벌이라는 근본적인 해결방안을 찾아야 한다고 강경론을 제시하였다. 당시 왜구의 침략에 위기를 느끼며 왜란을 예견한 그는 제자들에게 병법을 전수하면서 군사적인 대책을 강구하였다.[19] 이런 영향을 받은 50여 명의 제자들이 의병장으로 나서 임진왜란 초기에 경상우도의 의병운동을 주도하였다.[20]

### (3) 율곡학파(서인)

栗谷 李珥(1536~1584)는 華夷論에 입각하여 일본을 바라보면서도, 자신의 다양한 학문적·정치적 경험을 바탕으로 현실적 관점에서 일본과의 현안문제를 해결하려 하였다.

1567년(명종 22) 예조좌랑으로 있을 때 지은 「禮曹答對馬島主書」에서 그는 대마도를 조선의 藩屛으로 규정하면서 신의의 중요성을 강조하였다. 교역 자체는 반대하지 않지만, 대마도가 규정을 위반했다는 사실을 지적하며 정해진 원칙은 지켜야 한다고 주장하였다.[21] 또 「時弊七條策」에서는 대마도를 믿을 수 없는 존재로 규정하고 교역과 경제적 지원으로 문제를 해결하려는 조선 정부의 유화적 대일정책을

---

19)『南冥集』권4 雜著「策問題」.
20) 김강식, 「16세기 후반의 대일인식과 정치사적 의미」,『역사와 경계』43, 2002.
21)『栗谷全書』권13「應製文」.

부정적으로 평가했다.[22] 특히 율곡은 대마도를 일본의 척후로 의심
하면서 통상을 단절해야 한다고 주장하였다.[23] 대신 일본에 대한 국
방강화책을 제기하였다. 그는 1555년 을묘왜변 당시 왜구를 완전 섬
멸하지 못한 만큼 일본의 침입이 언제든 다시 있을 것으로 보았다.
또 당시 조선의 국방상황과 주변 국가의 동향으로 보아 10년 안에 큰
화가 있을 것으로 우려하면서 북변의 여진족은 물론 일본의 침략 가
능성이 있다고 판단했던 것 같다.[24] 따라서 해상방어력을 강화하는
것이 급선무라고 판단한 그는 일본에 대한 대비로 水軍의 육성과 함
께 板屋船의 건조도 필요하다고 역설하였다.[25] 율곡의 일본인식은
전쟁위기론을 제기하면서 일본에 대한 방비책을 주장했다는 점에서
퇴계와 다르다. 경인통신사행의 정사 황윤길은 현실적 입장에서 일
본과의 관계개선을 우선시하였다. 이 점에서 율곡의 일본인식이 서
인이자 율곡학파인 황윤길에 일정한 영향을 주었다고 추측할 수 있다.
  퇴계는 조선정부의 전통적인 일본인식과 대마도관을 계승하였다.
율곡과 남명의 일본인식도 기본적으로는 화이관에 바탕을 두고 일본
이적관을 지니고 있었다. 그러나 구체적인 정책에 들어가서는 각자
차별성이 있다. 대일외교정책에서 일본을 힘이 아닌 덕으로 다스려

---

22) 『栗谷全書』拾遺 권5 雜著2 「時弊七條策」.
23) 방기철, 「율곡 이이의 대일인식」, 『한일관계사연구』 29, 2008.
24) 율곡은 10년 내에 외침이 있을 것임을 예고하고 십만양병설을 주장한 것으로 알려
    져 있다. 하지만 율곡의 십만양병설 자체를 허구로 보는 견해도 있으며, 1583년 尼
    湯介의 난과 그 후 누루하치에 의한 부족통합 등 여진족 대비책의 일환이었다고 주
    장도 있다. 민덕기, 「이율곡의 십만양병설은 임진왜란용이 될 수 없다 —동북방의
    여진 정세와 관련하여—」, 『한일관계사연구』 41, 2012.
25) 『栗谷全書』拾遺 권4 雜著1 「軍政策」 및 권5 雜著2 「時弊七條策」.

야 한다고 주장한 점에서는 퇴계와 율곡이 유사하고, 대마도와의 통상 단절과 일본에 대한 군사적 대비를 주장한 점에서는 율곡과 남명이 서로 통한다. 하지만 율곡은 남명이 제시한바 대마도에 대한 선제공격이 아니라 일본의 침략에 대비해 군비강화를 주장했다는 점에서 다르다. 이런 점에서 보면 율곡의 대일인식은 퇴계와 남명의 가운데에 위치한 것이었다고 할 수 있겠다.[26]

## 4. 실천적 예학자 김성일

性理學의 궁극적 목표가 內聖(=修己)이라면 禮學의 목표는 外王(=治人)으로 禮治社會의 구현에 있다. 양자는 불가분의 관계로 밀접한 정합성을 지니고 있다. 학봉은 19세인 1556년 퇴계에 입문한 이후로 33세 때인 1571년 퇴계가 서거하기까지 15년간 스승으로 모시면서 학문을 전수받았다. 29세 때 퇴계로부터 屛銘을 전수받는 등 퇴계의 적통을 잇는 학자로 인정받았다.[27] 그는 이기론에서 理의 보편성과 義理, 名分과 같은 가치를 중시하였다. 그러나 그는 성리학적 이론보다는 일상생활의 실천에 더 주력하였다.[28] 그가 특별히 관심을 기울

---

26) 김강식, 「16세기 후반의 대일인식과 정치사적 의미」, 『역사와 경계』 43, 2002.

27) "김사순은 행실이 고상하고 학문이 정수하다. 나는 그와 비교할 만한 사람을 보지 못하였다."라고 퇴계가 직접 그의 인격과 학문을 인정하였다.(『퇴계선생언행통록』 권5)

28) 이상은, 「학봉선생의 학문사상의 경향」, 『학봉의 학문과 구국활동』, 여강출판사, 1993.

인 분야는 禮學이었다.

『퇴계언행록』의 문인별 기록통계를 분석해보면 학봉과 관련된 기사가 198건으로 가장 많다. 이것을 내용별로 분류해보면 '예제를 논한 것(論禮制)'이 25건으로 가장 많은 부분을 차지하고 있다. 이에 비해 理氣論에 관한 것은 5건에 불과하다. 학봉의 학문은 성리학보다는 예, 즉 일상적인 실천윤리 문제에 관심이 집중되어 있었다는 것을 시사해준다. 학봉의 문집을 보더라도 예의 실천문제에 관한 기사가 매우 많음을 확인할 수 있다. 『학봉전집』에는 퇴계에게 올린 질문서신('上退溪先生問目')이 6편이 있는데,29) 그 가운데 5통이 예에 관한 내용이다. 학봉이 28세부터 33세 때까지 퇴계와 32개 항목에 걸쳐 예에 관한 문답을 나눈다. 그런데 퇴계와 학봉의 예론에 일정한 차별성도 있다. 이를 축조분석한 김언종은 양자의 성격에 관해 퇴계가 현실적이며 원융주의적 경향이 있다면, 학봉은 상고적이며 원칙주의적 경향이 있다고 정리하였다. 학봉은 기존의 『朱子家禮』와 같은 통상적인 예제보다는 고대의 예를 더 중시하는 상고주의적 경향을 보인다. 이에 비해 퇴계는 古禮보다 今禮를 중시하는 현실주의적 입장을 띠었다.

40대에 이르면 학봉은 예학에서 독자적인 경지와 입장을 확립하게 된다. 아마도 조선전기에서는 예학의 일인자라고 평가할 수 있다고 한다. 그는 『奉先諸規』 『吉凶慶弔諸規』 『喪禮考證』 등의 禮書 편찬에 참여하였다. 조선시대 예학에 관한 저서는 주로 후기에 나왔으며, 전기에는 많지 않다. 그런 점에서 조선시대 예학에서 김성일이 차지하

---

29) 『학봉선생문집』 속집 권4 書.

는 비중은 크다. 나주목사로 갔을 때는『儀禮圖』,『鄕校禮輯』과 같은 예서의 간행과 반포에 주력하였다. 이에 김언종은 학봉학의 진수는 예학이라고 할 수 있으며, 보다 구체적으로는 '극기복례의식'이라고 규정하였다.30) 학봉은 조선전기의 대표적인 실천적 예학자였다. 사행 중 저술해 일본 승려 宗陳에게 준『朝鮮國沿革考異』와『風俗考異』도 조선의 풍속과 예에 관한 기록이 중심이었으며, 오늘날 조선전기 禮制를 연구하는데 가장 기초적인 자료로 평가받고 있다.

　克己復禮 의식으로 충만한 실천적 예학자인 학봉에게 일본사행은 자신의 예학을 실천할 수 있는 현장이기도 하였다. 그는 사행시 국가의 존엄을 위해 목숨을 걸고 몸으로 부딪치며 예를 실천하고자 하였다. 학봉은 예에 관해 매우 치밀하면서도 엄숙한 태도를 견지하였다. 일본사행 도중에 많은 사안을 두고 논쟁을 벌였는데, 그 내용의 대부분이 禮와 非禮에 관한 것이었다. 그런 만큼 일본의 외교담당자뿐 아니라 황윤길, 허성과도 의견 충돌이 많았다. 그는 예에 관한 논쟁에서는 결코 물러서지 않고 철저하게 주장을 내세우고 관철하고자 하였다. 關白에 대한 배례문제를 두고는 수일동안 논쟁을 거듭했는데, 결국 학봉의 주장대로 영외배로 하기로 정해졌다. 사안마다 학봉의 주장이 다 관철되지는 않았지만 최소한 논리적인 면에서는 그들의 주장을 압도하였다.

---

30) 김언종, 「학봉선생의 예학」,『학봉의 학문과 구국활동』, 1993, 여강출판사.

## 5. 김성일의 일본인식

### 1) 경인통신사행과 사명

#### (1) 파견 경위

일본의 戰國時代가 끝나가는 무렵인 1585년 關白에 취임한 豊臣秀吉은 1586년 대마도주를 불러 '征明假道'를 내세우며 조선국왕의 入朝를 주선하도록 명하였다. 이에 대마도주는 그것이 너무나 당치 않다는 것을 알기에 일본의 국왕이 교체되었으니 축하를 위한 통신사 파견을 요청하는 것으로 꾸몄다. 이에 따라 1587년 9월 대마도에서 橘康連을 '日本國王使'를 만들어 일본국왕의 교체사실을 알리고 축하하기 위한 통신사를 파견해 달라고 요청하였다. 이에 조정에서는 논의하기를 秀吉이 국왕을 폐위시키고 찬역하였으니 명분에 어긋나고 歲遣을 핑계로 흉계를 도모할 가능성도 있으니 통신사를 파견하는 대신 명에 보고해 정벌하는 것이 타당하다는 의견이 나오자, 이듬해 3월 海路의 위험함을 들어 파견 요청을 거절하였다. 이해 12월 대마도에서는 다시 橘康廣을 파송해서 통신사 파견을 요청하였다. 선조는 조정에서 일본의 본 의도가 무엇인지 논의하도록 했으나 다시 거부하기로 하였다. 1588년 10월에는 玄蘇, 宗義智, 柳川調信, 島井宗室 등이 왔으나 상경하지 못하고 부산포에 머물다가 돌아갔다.

1589년 3월 대노한 秀吉이 대마도주를 불러 직접 조선에 가서 조선국왕을 입조케 하라고 엄명을 내렸다. 이에 6월 玄蘇를 上官, 宗義智를 副官으로 삼고, 柳川調信 등이 제3차 일본국왕사로 다시 왔다. 이들은 통신사 파견을 강력하게 요청하면서 대마도주가 직접 해로를

안내하겠다고 하여 조선의 거절 명분을 봉쇄하였다. 선조는 계속 통
신사를 요청하는 일본의 진의가 무엇인지 궁금해 하였고 통신사를
파견해 정세를 확인할 필요성도 제기되었다.[31] 이에 조정에서는 조
선 叛民과 왜구의 縛送, 피로인 쇄환이라는 두 가지 조건을 내걸었다.
宗義智가 이를 선뜻 수락하면서 沙火同 등을 압송하고 피로인 160명
을 송환하자 조선에서도 통신사 파견을 결정하였다. 이어 11월에 三
使를 결정하여 준비하고 있었다. 사화동이 처벌된 지 일주일 만에 통
신사가 서울을 출발하였다.[32] 宗義智는 小西行長에게 통신사 파견
사실을 급보로 알렸고, 이는 바로 秀吉에게 전달되었다. 현소 일행은
1590년 4월 통신사일행을 호행해 일본으로 가기까지 조선에 10개월
동안이나 체재하면서 임무를 달성하였다.

　100여 년 만에 일본에 파견된 이 경인통신사행은 기본적으로 대마
도주의 속임수에 의해 진행된 것이다.[33] 통신사행의 성격에 대해서
도 조선과 일본 두 나라가 전혀 다르게 이해하고 있었다. 파견과정에
대한 정확한 실상을 豊臣秀吉도 모르고 조선 조정과 통신사행원들도
몰랐다. 秀吉의 조선국왕 入朝 명령을 대마도에서 통신사 파견 요청

---

31) 1575년(선조 9) 3월 대마도주는 일본에서 조선을 침범할지 모른다는 서계를 올렸다.
　　이에 비변사에서는 각 도의 방어사와 조방장에게 일본의 침입에 대비할 것을 명하
　　는 조치를 내린바 있다.
32) 통신사 파견을 두고 양국 간에 주고받은 방식, 즉 조선의 반적·피로인 쇄환 요구와
　　일본의 수용 등 명분 쌓기 등의 과정은 임진왜란 후 국교재개를 위한 제1차 회답겸
　　쇄환사 파견 때와 아주 유사하다.
33) 1479년(성종 10) 통신사(정사 이형원이 대마도에서 병사하였으므로 사행이 불발됨)
　　파견 시도 이래 111년만에 파견되는 통신사이고, 京都까지 가서 사명을 달성한 통신
　　사로는 1443년(정사 변효문) 사행으로부터 147년만인 셈이다.

으로 바꾸었기 때문이다. 秀吉은 통신사 요청 과정을 전혀 모르고 입
조사절로 인식하였고, 조선에서는 秀吉의 입조 요구 사실을 모른 상
태에서 신왕 즉위축하 사절로 인식하였다. 따라서 출발부터 마찰의
소지를 배태하고 있었으며, 양측의 인식차가 너무 커서 갈등과 파탄
의 소지를 안고 있었다.

경인통신사행에서 三使를 선택한 이유는 무엇일까? 정사 황윤길
(1536~ ? )은 명에 사행을 다녀온 사실이 있었고, 사행 직전에 병조참
판을 맡고 있었다. 부사 김성일(1538~1593)도 40세이던 1577년 謝恩
兼改宗系奏請使의 서장관으로 명에 사행한 경험이 있다. 또 1589년에
는 禮賓寺正으로 일본국왕사 자격으로 온 玄蘇와 宗義智를 접대하면
서 친분을 가지고 있다는 점이 작용하였을 것으로 보인다.34) 서장관
허성(1548~1612)은 1589년 조정에서 통신사 파견 문제를 논의할 때
통신사를 파견해 변경을 안정시켜야 한다고 적극적으로 주장하였
다.35) 이러한 사실 등이 통신사로 선발하는데 고려사항이 되었다고
여겨진다.

---

34) 예빈시는 고려시대 典客寺를 계승해 조선시대에 설치된 예조 산하의 기관이다. 외
   국사신의 영접을 주된 임무로 하였으며 예빈시 정은 종3품의 품계이다.
35) 그는 1589년 일본사신이 통신사 파견 요청을 위해 왔을 때 "사신을 보내 그 정세와
   형편의 허실을 자세히 탐지하게 하면 우리가 미리 방비하는데 매우 유익할 것이다."
   라고 주장하였다 한다.(『大東野乘』 권51, 寄齋史草 上 신묘년 4월 26일) 변방 수비
   의 이로움을 주된 이유로 신사를 파견하자는 주장은 『선조실록』에도 나와 있다.
   (『선조실록』 22년 8월 1일)

## (2) 사행일정

경인통신사행의 대체적인 일정을 보면 다음과 같다.

1589년 11월 三使 인선, 12월 통신사 원역 결정

1590년 3월 5일 辭陛하고, 6일 출발

　　　4월 3일 동래 도착

　　　5월 1일 부산에서 출범, 4일 대마도 府中 도착

　　　6월 壹岐島 정박, 16일 堺濱 도착

　　　7월 22일 京都 도착 : 大德寺에서 머뭄

　　　8월 2일 서장관과 같이 大德寺 관람

　　　9월 3일 秀吉이 東征에서 돌아왔으나 궁궐 완성을 이유로
　　　　　접견 미룸

　　　11월 7일 傳命式, 秀吉 면담

　　　11월 11일 堺濱으로 이동. 秀吉의 答書 수정 문제로 지체

　　　12월 11일 귀로에 오름

1591년 1월 10일 대마도 도착

　　　1월 28일 부산 도착

　　　3월 1일 復命

이상 사폐에서부터 복명까지 12개월이 소요되었고, 일본에서의 여정만 9개월 걸린 대장정이었다.

## (3) 통신사행의 使命에 대한 인식

경인통신사행의 임무로는 공식, 비공식을 포함해 ① 일본 통일과

관백 즉위에 대한 축하 ② 일본의 실정과 동향 탐색 ③ 國體와 왕의 威光 과시[36] ④ 문화 교류 ⑤ 피로인 쇄환 등 다섯 가지 정도를 들 수 있다.[37] 이 가운데 김성일은 공식적인 사명과 교린의 의의에 충실하고자 하였다.[38] 그는 사행을 떠나면서 일행들에게 왕명을 받들어 오랑캐 나라인 일본을 교화시키고 평화를 확보하겠다는 의지를 피력하였다.[39] 또 백년만의 사행으로서 후일의 전례가 되는 만큼 좋은 典禮로 삼게 해야 한다는 사명감을 가졌다. 그래서 더욱더 국가의 체모와 예법에 맞게 외교의례를 갖추는 것에 집중하였다.[40] 그밖에 문

---

36) 사폐시 선조가 하교한 내용 가운데 하나이다. 趙慶南의『亂中雜錄』을 보면, "황윤길 등이 대궐에 들어가 하직하니, 임금이 술자리를 마련해 술을 내리면서 명하기를, '조심하고 힘써서 잘 갔다 오라. 저들의 국경에 들어가서는 행동을 반드시 예로써 해서 조금이라도 업신여기거나 깔보는 생각이 들게 해서는 안 된다. 나라의 체통이 높아지고 왕의 위광을 멀리 퍼지게 하는 것이 이번 사신의 행차에 달려 있으니 경들은 어김이 없도록 하라' 하였다."

김성일은 특히 이 하교에 충실하고자 노력했다. 나라의 체모와 왕의 덕화, 예의와 의리 등은『해사록』에서 가장 많이 나오는 단어이고, 황윤길, 허성과의 논쟁과정에서 자주 인용하였던 핵심개념이었다.

37) 이에 관해서는 하우봉, 「김성일의 일본인식과 귀국보고」,『한일관계사연구』43, 2012 참조.

38) 그는 사행이 출발할 때 "忠信에 의탁해 한 번의 행차로 양국의 우호 이룩하리라. 변방에 전란이 그치고 임금의 은택이 우리 백성에게 흡족하리라."라고 밝혔다.(『해사록』권2「題石門」) 또 사행의 의의에 대해서 "왕의 위엄을 떨치고 사변을 평안하게 하리라."라고 하였다.

39) 해사록 권1「途中述使旨示同行」.

"나라의 위엄이 동으로 전해짐이 몇 해이던가/ 평화 위해 섬사람 잇달아 왔네/ 오랑캐가 明光殿에 포로 바치니 사신이 오늘 아침 바닷가를 달리네/ 박망후는 사행길에 기이한 것을 기록했고 서불은 바다로 들어가 부질없이 신선을 구했네/ 성군께서 먼 나라 회유하려 하시니 한번 통신에 사방이 편안해 질 것을 누가 알리오"

40)『해사록』권3「與許書狀書」.

화교류나 피로인 쇄환 등에 대해서도 왕명을 충실하게 지키고자 노력하였다. 그런데 적정 탐색에 관해서는 큰 관심을 기울이지 않았던 것 같다. 『해사록』을 통독해 보아도 그는 일본의 실상과 정세에 대해 적극적인 관심을 보이지 않았다. 김성일은 京都에 체재하였던 4개월 동안 대부분의 시간을 숙소인 大德寺에서 칩거하였다. 나름대로의 명분론에 입각한 것이었지만 소극적인 자세라고 하지 않을 수 없다. 전후사정을 볼 때 당연히 일본의 국정과 침략가능성에 대한 탐색에 주력했어야 했다. 사실 상대국의 국정을 탐색하는 것은 공식적인 사명이 아니라 하더라도 모든 사행의 기본적인 임무이다. 특히 경인통신사행의 경우에는 이것이 가장 중요한 실질적인 목적이라고 해도 과언이 아니다.[41]

그런데 김성일뿐만 아니라 황윤길과 허성도 사행 중에 敵情의 탐색을 위해 적극적인 시도를 했다는 기사는 거의 보이지 않는다. 三使가 모두 문장에 능하다는 공통점이 있을 뿐 국방이나 외교의 전문가가 아니었다. 문장에 능한 사람으로 선발하였다는 것 자체가 문화상국임을 과시하려는 것으로 당시의 정세를 정확히 파악하지 못한 조정의 판단에서 비롯된 것이었다.[42]

---

41) 이식은 「金鶴峯海槎錄跋」(『澤堂別集』 권5)에서 "왜란의 징조가 나타나게 되자 우리 나라의 조야에서는 의심하고 두려워하지 않는 이가 없었다. 사신을 파견한 것은 잠시 그들의 요청을 들어주면서 그 정형을 정탐하기 위해서이고, 깊이 서로 믿고 교빙에 독실하려 한 것은 아니다."라고 하여 일본국정 탐색이 실질적인 목적이었음을 강조하였다.

42) 강화회담이 진행될 1596년 8월 小西行長의 통역관으로 있었던 要時羅는 경상병사 金應瑞에게 은밀하게 제의하는 자리에서 경인통신사행의 三使에 대해 "황윤길은 술에 취해 혼수상태에 빠져 있었고, 김성일은 절의만 숭상하여 다른 나라의 형세를

## 2) 일본인식

### (1) 일본, 일본인, 豐臣秀吉에 대한 인식

학봉은 일본에 대해 기본적으로 외교의례상 대등한 이웃나라라고 인정하였다.

> "일본으로 말하면 비록 오랑캐이기는 하나 君臣 上下의 분별이 있고, 賓主 간에 접대하는 예절이 있으며 성질 또한 영리하여 남의 뜻을 잘 알아보니 금수로 대접한 것은 아닙니다. 그러므로 우리 조정에서 隣國으로 대우하였고, 그 사신을 접대하는 예절은 북쪽 오랑캐보다 월등하였습니다."[43]

그러나 동시에 일본이적관은 유지하면서. 오랑캐가 무례해 의례를 소홀히 한 것에 대해서는 가르쳐 교화시켜야 한다고 주장하였다.

> "일본과 조선은 지위로서는 대등국이며, 의리로는 우호국입니다. 蠻人이 무례하여 전일에 우리 통신사를 접대하는 것이 아주 소홀했는데 그때에 만약 그럴 만한 사람이 있어 우리나라에서 자기네의 사신을 접대한 예절을 들어 잘 타일렀다면 그들이 비록 무식하나 또한 자못 영리하니 어찌 깨달아 명령을 따르지 않았겠습니까?"[44]

두루 살피려 하지 않았으며, 허성은 스스로 자신이 낮은 지위에 있다고 하여 또한 두루 살피지 않음으로써 마침내 일을 어그러지게 하고 말았다."라고 평하였다. (『선조실록』 29년 1월 23일) 三使 모두 적정 탐색에 적극적으로 노력하지 않았음을 보여주는 기사이다.

43) 『해사록』 권3 「答許書狀書」.
44) 『해사록』 권3 「答上使書」.

학봉은 대마도를 떠나 본주로 향하는 배 위에서 쓴 시에서 "예의에 어찌 오랑캐와 중화가 따로 있으랴. 그것이 있으면 중화이고 없으면 오랑캐 되네"[45]라고 하여 예의만 갖추면 누구나 중화가 될 수 있다고 하면서 일본의 교화가능성을 인정하였다. 또 귀로에 사행을 회고하면서 지은 시에서는 "도리로써 먼 나라 사람 회유하여 가이 없는 어진 소리(仁聲) 퍼뜨리려 하네. 어찌 오랑캐라고 감화되기 어려우랴 또한 같은 기(一氣)로 생명을 타고났음이니"[46]라고 하였다. 그는 일본인에 대해 인류로서의 동질성을 강조하면서 이번 사행의 목적 또한 교화에 있다고 강조하였다.

그러나 사행을 하는 도중에 학봉의 일본인식은 더 부정적으로 변하고 이적관이 보다 강화되는 양상을 보인다.

> "오랑캐가 바다 동쪽 모서리에 났는데 성질이 교만하고 구역이 다르네.
> 되놈 가운데 네가 가장 간교한데 벌집처럼 바닷가에 의지했네.
> 마음은 이리새끼, 음성은 올빼미 같고
> 벌 꼬리에 독이 있어 가까이 하기 어렵네.
> 키처럼 걸치고 쭈그리고 앉는 것을 예절이라 하고
> 말과 섬의 저울대도 성인의 법이 아니네.
> 마소에 옷 입히고 또 몸에 문신을 하였고
> 남녀 구별이 없으니 어찌 동족을 물으랴.
> 허한 데를 습격해 약한 자 능멸하고 못된 짓 다하며

---

45) 『해사록』 권1 「偶書」.
46) 『해사록』 권2 「次五山懷歸賦」.

남의 불행 이롭게 여기고 위태로움 타서 덤비네.
배에 살고 집에 살매 사람이라고 하나
벽에 구멍내고 담을 뚫는 쥐와 같은 도적이네."[47]

이 시는 대마도에 머무는 중 車天輅의 28宿體를 차운해서 쓴 시로
서 대상이 일본인 전체라기보다는 대마도인으로 국한해 보는 것이
타당할 듯하다. 당시 宣慰使 영접 문제와 國分寺 연회 때 대마도주의
무례함에 분노한 상태인지 이적관을 격렬하게 표출하였다. 일본의
습속을 야만적이라고 간주하였고 심지어 도량형까지도 오랑캐방식
이라고 무시하였다. 한편 本州에 가서도 이러한 인식은 크게 바뀌지
않은 것 같다.

"저 바다사람들은 양처럼 팩하고 이리처럼 탐해
이익 보면 의리를 잊고 교활하게 혓바닥 날름거리네. (중략)
우리나라 사람이 더럽게 여겨 보는 이가 그 탐욕에 침 뱉네.
우리 임금이 회유하길 힘써 인의로 무기를 대신하였네."[48]

그는 일본인의 기질이나 성격에 대해 의리보다 이익을 탐하며 교
활하다고 비판하였으며, '우물안 개구리', '쥐 같은 도적' 등으로 묘사
하면서 일본이적관을 노골적으로 표현하였다. 또 그는 일본의 關白
을 '蠻君', 일본의 호족을 '鬼伯'이라고 하였다. 그밖에 『해사록』의 시
에 나타나는 표현을 보면, 蠻人, 小夷, 島夷, 夷狄, 蠻君, 蠻酋, 蠻觸,

47) 『해사록』 권1 「次五山二十八宿體」.
48) 『해사록』 권2 「有感」.

小醜, 夷山, 夷情, 蠻庭, 蠻賤 등 일본의 사람과 사물에 대해서는 접두
어로서 거의 모두 蠻, 夷자를 붙이고 있다. 학봉에게 오랑캐로서 야
만적인 일본의 사회와 문물은 전혀 알아야하거나 배울 필요가 없는
것이 되었다. 그는 시에서 "멀리 떨어진 일본을 지척으로 보니 우물
안 개구리를 배우지 않겠노라"고 표명하였다. 마치 17세기 조선의 연
행사들이 청나라에 가서 문물을 외면하던 모습과 유사하다.

학봉은 일본에 대해 화이관과 소중화의식이라는 자타인식의 틀 속
에서 일본이적관과 일본소국관을 가지고 있었다.[49] 그는 철저한 화
이관적 입장에 서서 일본을 이적시하고 야만시하였다. 대국의 사신
으로 자처하며 우리나라에 대해서는 '箕邦', '箕都', '大國' 등으로 표
현하여 유교문명의 선진국임을 과시하기도 하였다.[50] 또 일본인이
詩와 書를 구하는 태도를 보고 문화우월의식을 드러내기도 하였다.
조선국왕의 국서를 '天書'로 표기하였고, 조선을 漢, 일본을 南越에
비유하기도 하였다.[51] 화이관에 충실한 학봉에게 일본의 天皇이라는
호칭은 수용할 수 없는 참람한 용어였다. 따라서 '가짜 황제(僞皇)'일
수밖에 없었다.

豊臣秀吉에 대한 학봉의 인식은 어떠하였을까?

복명할 때 선조가 秀吉의 용모에 대해 하문하자, 황윤길이 '눈빛이
반짝반짝하여 담과 지략이 있는 사람인 듯 했습니다.'라고 했는데 비

---

49) 이우성, 「학봉 김성일의 조선국연혁고이 및 풍속고이」, 『학봉의 학문과 구국활동』,
　　여강출판사, 1993.
50) 『해사록』 권1 「贈副官平義智詩四首 并序」.
51) 『해사록』 권2 「有感」.

해, 김성일은 "그의 눈이 쥐와 같으니 족히 두려워할 만한 위인이 못 됩니다"라고 대답하였다. 학봉은 그가 사신 일행을 4개월 이상이나 기다리게 하면서 국서 전달을 연기시킨 점, 접견시의 몰상식한 행동 등 秀吉의 무례한 태도에 대해 경멸감을 가지고 있었으므로 이렇게 판단했을 가능성이 충분히 있다. 사행 당시 일본의 오만하고 무례한 태도와 秀吉의 무력시위에 대해서, 황윤길과 허성은 '야심에 가득찬 위협'으로 인식했던 것으로 보인다.[52] 그러나 학봉은 그것을 현실적 위협으로 느끼기보다는 '야만스러움'과 '허장성세'로 보았던 것 같다.

> "仁義는 닦지 않고 힘만 숭상하니 백성들이 언제 전쟁 그칠 날 보 겠나.
> 사람들의 말에 관백이 가장 영웅이라 온 나라 굴복시키고 지금 東征 중이라네.
> 동정한 지 반 년이나 돌아오지 않으니 얼마나 많은 전사자의 뼈가 쌓였으리.
> 도성 안에 고아와 과부가 반이 되니 아침저녁으로 울음소리 시끄럽 도다."[53]

京都 大德寺에서 머물던 중 8월 28일 舟山에 올라 '倭京'을 구경하면서 지은 시이다. 이때 秀吉은 동정 중이었다. 여기서 학봉은 '夷王京', '豪酋', '夷歌', '蠻邦' 등의 용어를 쓰면서 이적관을 표현하였고,

---

52) 이와 관련해 허성은 일본이 병들고 나약한 군사들을 보여준 것이 오히려 자신들을 속이는 平城의 계책(흉노가 한 나라 사신에게 사용했던 속임수)이라고 하면서 일본 이 반드시 쳐들어 올 것이라고 판단하였다고 한다.(『再造藩邦志』권1)
53) 『해사록』권2 「八月二十八日登舟山觀倭國都」.

교토의 웅장함과 번영상에 대해 감탄하면서도 구조에 법도가 없이 사치스럽다고 비판하였다. 秀吉에 대해서는 '豪酋'라고 표현하면서 仁義 대신 무력을 숭상한다고 비판하였고 그를 깨우치기 위해 이 시를 짓는다고 하였다. 秀吉의 국내통일전쟁에 대해서도 일본인들이 영웅이라고 칭하는데 대해 비웃으며 "얼마나 많은 전사자의 뼈가 쌓였으리. 도성 안에 고아와 과부가 반이 되니 아침저녁으로 울음소리 시끄럽다"라고 하면서 그의 호전적인 정책을 호되게 비판하였다.

### (2) 대마도에 대한 인식

조선전기의 대마도 인식을 정리해 보면, ① 대마도가 옛날 우리나라 땅이었다는 對馬故土意識 ② 대마도가 우리나라의 동쪽울타리라고 하는 對馬藩屛意識 내지 屬州意識 ③ 대마도가 일본 本州와는 다르다고 하는 대마구분의식으로 나눌 수 있다.[54]

대마고토의식은 세종대 중기이후로는 관념적인 형태로 존재하였음에 비해 대마번병의식은 현실에 바탕을 둔 것으로서 조선시대 대부분의 한국인이 가졌던 대마도관이었다. 대마도정벌 후 대마도주는 受圖書人이 되어 조선에 조공하였으며 歲賜米豆를 하사 받았고, 도내의 호족들은 受職倭人이 되었다. 이와 같이 조선정부는 대마도주에게 경제적 특혜를 주는 대신 조선의 번병으로서 왜구를 진압하고 통교자를 통제하는 역할을 맡김으로써 南邊의 평화를 보장받고자 한 것이다. 이는 전형적인 外夷羈縻策으로서 조선에서는 대마도를 조선의 東

---

54) 이에 관해서는 하우봉, 「한국인의 대마도인식」, 『조선시대 한국인의 일본인식』, 경인문화사, 2006 참조.

藩으로 인식하였던 것이다. 이에 따라 대마도의 사절단은 물론 교역선에 대해서도 모두 조공적 의례를 갖추도록 하였다.

김성일의 대마도인식은 어떠하였을까?

> "대저 이 섬이 우리나라와 어떤 관계입니까? 대대로 조정의 은혜를 받아 우리나라의 동쪽 울타리를 이루고 있으니 의리로 말하면 君臣之間이요, 땅으로 말하면 附庸입니다. 우리 조정에 생명을 의탁해 생활하는데 만일 關市를 거절해 조공을 허락하지 않는다면 그것은 어린이의 목을 조르며 젖줄을 떼는 것과 같습니다. (중략) 이 섬에서도 우리 조정의 은혜와 신의가 중함을 알아 우러러 신뢰하기를 두터이 하였고 藩臣으로 자칭하며 각별히 屬國의 법도를 지키며 대대로 토산물을 가지고 와 대궐에 머리를 조아렸으니, 그 위엄에 놀라고 은덕에 보답함이 지극했던 것입니다."[55]

사행 초기 대마도에서 벌어졌던 國分寺 연회 사건에 대해 허성에게 보낸 답서의 일부이다. 여기서 학봉은 대마도를 조선의 東藩, 君臣之間, 附庸國, 藩臣, 屬國 등의 용어로 규정하였다. 이른바 조선 초기 이래의 대마번병의식을 계승하면서 대마도가 우리나라의 東藩으로서 군신관계를 맺은 藩邦國임을 확실히 하였다. 나아가 속국, 부용국 등으로 더 강하게 표현하였다. 國分寺 연회사건에 대한 소회를 표현한 시에서는 '平倭'(宗義智)는 조선의 '外臣'이라고 하였고, 大國의 사신이 '小酋'에게 치욕을 당했다고 분노를 표시하였다.[56]

---

55) 『해사록』 권3 「答許書狀書」.
56) 『해사록』 권2 「對馬島記事」.

학봉은 京都에 머무는 동안 宗義智에게 시 4수를 지어 주었는데, 여기에 대마도인식이 표현되어 있다. 조정에서 대마도주를 믿어 각종의 혜택과 함께 외교적 일을 맡겼는데 무엇보다 信義가 가장 중요하다고 강조하였다. "信은 萬事의 基幹이 되는 것인데 족하에게는 이웃나라를 속이지 않는 것이요, 義는 만사의 마땅함인데 족하에게는 이익을 따라 움직이지 않는 것이다."라고 하면서 앞으로도 신의를 바탕으로 노력할 것을 권하였다. 또 구체적으로는 왜구 금압과 피로인 쇄환을 당부하였다.57)

### 3) 논쟁을 통해본 삼사(三使)의 인식 비교

학봉은 일본의 통신사 파견 의도에 대해 표면적인 명분 외에 예의의 나라인 조선을 흠모 한 것이고, 조선국왕의 권위를 빌려 국내에 新王의 국제적 승인과 축하를 통해 대내적인 위상을 높이려는 것으로 해석하였다. 에도시대 德川幕府가 통신사 파견 요청을 한 의도와 동일한데 일본의 '借重之計'로 보았다. 그런데 이것은 秀吉의 본래 의도와는 아주 동떨어진 인식이었다.58) 조선측으로서는 征明假道, 入朝

---

57) 동평관에서부터의 만남을 회상하면서 노고를 치하했고 칭찬하였다. 『해사록』 권2 「卽席走筆書懷示仙巢義智」에서도 玄蘇와 宗義智에게 우정을 과시하며 노고를 치하하였다.

58) 1587년 6월 秀吉이 대마도주 宗義調에게 내린 명령서에, "조선이 지금까지 대마도주에게 순종하고 있지만 내년에는 반드시 일본에 入朝하라"고 되어 있다. 秀吉은 조선이 대마도주 宗氏에게 복속되어 있다고 인식하고 있었다. 마치 琉球가 薩摩의 島津氏에게 종속하고 있다는 것과 같은 차원에서 이해하고 있었다. 秀吉의 조선인식의 오류는 그 정도가 너무 심하다. 조선이 무로마치막부와 150년 이상 국교를 맺어 교류했는데, 관백이 그러한 기본적인 사실관계도 파악하지 못하고 있었다는 것

라는 秀吉의 명령을 알 수 없었다. 학봉 일행은 사행이 끝날 때까지
그러한 사실을 인지하지 못하고 있다. 한편 秀吉 또한 1590년의 통신
사를 조선국왕의 입조를 위한 사절단이라고 인식하고 있었다.

　모두 대마도주의 僞計에 의한 것이었지만, 양국 간의 인식의 갭은
이렇게 컸다. 처음부터 속임수에 의해 진행된 행차였고, 동상이몽이
었던 만큼 사행 중에 모든 일들이 순조롭게 풀릴 리가 없었다. 이러한
인식의 갭은 사행 중 외교의례와 절차에 대한 갈등으로 나타났다. 일
본측과의 마찰뿐 아니라 三使 간에도 의견이 대립되어 제대로 된 합
의하에 진행되는 것이 없을 정도였다.

　이 잘 이해가 되지 않는다. 그만큼 秀吉 자신이 국제정세에 전혀 무식했을 뿐 아니
라 참모들이 정확한 정보를 진언할 수 없었던 분위기에 있었던 것이다. 그래서 무모
한 대외침략을 시도할 수 있었고, 그 결과는 멸문지화와 정권의 몰락이었다.
　한편 조선으로서도 세종대 이후 일본 본주 방문이 두절되면서 대마도를 통한 왜곡
된 정보를 들을 수밖에 없었다. 16세기 이후 일본국내의 정세 변화를 거의 파악하지
못하고 있었다. 정보의 축소와 왜곡 속에서 일본이해는 더욱 경직되어 기존의 일본
이적관 위에 일본소국관까지 가세한 형국이었다. 16세기 사림파 지식인들은 직방세
계 중심의 세계인식으로 축소된 채로 초기 일본, 여진, 동남아시아국가 심지어는
아랍세계와 유럽, 아프리카까지도 지도에 표시했던 그 개방성은 사라지고 오로지
명나라만 바라보는 외교로 축소되고 경직화되었다. 다른 나라와 지역에 관해서는
눈과 귀를 가리고 거의 관심을 두지 않았다. 명과의 관계는 단순한 외국과의 교류가
아니라 부자관계, 군신관계 등 윤리성을 띠는 특수 관계로 인식되었고, 사대는 외교
방책이 아니라 외교의 목적이 되다시피 하였다. 학봉의 대명인식 또한 마찬가지였
다. 그는 "皇明은 우리나라에게 부모의 나라이다. 우리나라 임금이 천조를 외경하며
사대하는 정성은 처음부터 끝까지 변하지 않는다."(해사록 권3 「擬答宣慰使書」)라
고 하였다. 한편으로 명 다음의 문화국, 소중화로서 이적국가를 교화할 임무를 자임
하였다. 한편 1591년 '征明嚮導' 운운하는 秀吉의 국서가 왔을 때 조헌과 양대박은
倭使를 참수해야 한다고 주장하였다.(趙憲, 『重峰集』 권8 「請斬倭使疏」, 梁大樸,
『青溪集』 권3 「請斬倭使書上松江鄭相國」) 당시 조선에서는 일본의 戰國時代와 그
후의 통일과정에 대해 정확한 정보를 거의 모르고 있었다. 그 결과 전면적인 침략을
받았고 7년간 온 나라와 국민이 참혹한 고초를 겪었다.

삼사 간에 논쟁이 된 사항을 보면, ① 선위사 영접건 ② 國分寺 연향건 ③ 왜인예단건 ④ 入都時 예복 착용건 ⑤ 關白 측근에 대한 뇌물건 ⑥ 대마도주의 악공 요청건 ⑦ 관백행차 관광건 ⑧ 전명시 배례건 ⑨ 답서받기 전의 出都 문제 ⑩ 秀吉의 答書 수정건 등이다. 이러한 사건을 둘러싼 논쟁과 대립은 매우 흥미롭다. 이 가운데서 체모론과 관백 배례를 둘러싼 논쟁을 통해 그들의 논리와 일본인식을 살펴보도록 하겠다.

### (1) 체모론

『해사록』 권2의 「對馬島記事」59)에 따라 사건의 경위를 요약하면 다음과 같다. 사신 일행이 대마도 府中에 도착해 공식일정을 마친 후 대마도주가 초대한 國分寺 연회에서 宗義智가 가마를 타고 들어왔다. 이에 김성일은 宗義智의 무례한 태도에 격분해 퇴장하였고, 이어 허성과 차천로도 퇴장하였다. 그런데 황윤길은 남아 宗義智와 술을 나누면서 환담하였다. 宗義智가 퇴장의 경위를 묻자 조선의 역관 진세운이 부사가 몸이 불편해 퇴장했다고 대답하였다. 이에 학봉은 역관이 사유를 정확하게 알리지 않고 제멋대로 답한 것을 징계해 볼기를 쳤다. 사정을 알게 된 宗義智가 책임을 물어 가마꾼을 참수하는 결과가 초래되었다. 宗義智는 이후 수차례 사과하면서 공손하게 예의를 지키자 학봉은 만나 앞으로는 忠順하라고 권고하였다. 이에 대해 허성이 과한 처사라고 질책하는 편지를 학봉에게 보냈으며, 두 사람 간

---

59) 국분사 연회사건의 경과와 학봉의 입장을 시로 표현한 것인데, 『학봉전집』에는 보이지 않는다.

에 국가의 體貌를 둘러싸고 격렬하게 부딪쳤다. 학봉은 후일 자신의 의로운 투쟁을 회고하면서 뜻하지 않은 불상사도 있었지만 결과는 매우 좋았다고 자부하였다.[60]

학봉은 사폐시 선조의 당부[61]를 따라 나라의 체통과 王命의 위엄을 지키는 것이 사신의 첫째 임무라고 여겼다. 또 당시의 사행이 백년 만에 가는 것으로 모든 예의범절이 전례가 되니, 명분에 맞게 처리해 외교상의 관례로 삼아야 한다고 생각하였다. 그래서 가장 강조한 것이 국가의 체모로서 허성과 가장 첨예하게 논쟁한 것도 체모론이다.[62] 이에 대한 三使의 주장을 보면, 정사 황윤길은 "이적은 조선과 비교할 것이 없고, 작은 예의를 다투어도 얻는 것이 작고 잃는 것이 크다"라고 하면서 대마도주의 태도 따위에 신경 쓸 필요가 없다는 입장을 표명하였다. 허성은 "오랑캐를 대하는 도리는 한결같이 보통 예법대로 할 수 없습니다. 옛사람이 이적을 대할 때 반드시 은혜와 신의로 회유할 따름이라고 하였지 어찌 일찍이 체모라는 글자가 있었습니까?"라고 하였다. 또 나라의 안전을 도모하고 왕명을 수행하는 것이 한갓 체모보다 중요하다고 강조하면서 일본측과 상대할 때 체모나 예법에 억매여 사단을 만드는 김성일의 태도를 비판하였다.

이에 대해 학봉은 대마도는 우리나라의 번병이니 만큼 군신상하의

---

60) "나라 위엄 웅장하지 않았더라면 어떻게 회유하였으리/ 왕의 신비한 능력이 오랑캐를 감동시키니 그 응함이 마치 북채로 북치는 것 같도다/ 임금의 덕에 감격하여 북쪽을 바라보고 노래부르네"

61) 사폐할 때 선조는 삼사에게 "일마다 예법대로 하고 국체를 존중하게 하며 임금의 위엄이 멀리 전파되게 하는 것이 이번의 이 길에 있다"라고 교지를 내렸다.

62) 『해사록』 권3 「與許書狀書」.

명분과 나라의 체모를 지키는 것이 춘추의리에 부합한다고 강조하였다. "지금 조선은 중국과 같고 島倭는 실로 오랑캐인데, 대국의 사신으로서 조그마한 오랑캐(小醜)에게 굴욕을 당하고 그 능멸하고 무례함을 당하면서도 부끄러워하지 않고, 도리어 체모의 무거움을 사소한 일이라고 한다. 이것은 춘추의 의리와도 다르고 漢儒들의 견해와도 다르다."고 하였다. 또 "이 몸은 비록 보잘 것 없지만 그대로 대국의 사신이다. 누구도 몸은 가볍게 할 수 있어도 나라를 가볍게 할 수 없고 몸을 욕되게 할 수 있어도 왕명을 욕되게 할 수는 없다. 몸과 나라는 사실 두 가지로 볼 수 없다. 사신이 모욕당하면 왕명도 모욕당하는 것이다. 사신인 사람이 어찌 감히 그 몸을 가볍게 하고 욕되게 하여 나라를 가볍게 하고 왕명을 욕되게 할 수 있겠는가?"[63]라고 하면서 나라의 존중과 경미가 사신에게 달려있다고 강조하였다. 따라서 정사가 자리에 남아 宗義智와 수작한 것은 가벼운 처신으로 나라를 욕되게 한 일(國辱)이라고 비판하였다.

이후의 사건이지만 허성은 또 사사건건 왜인들과 의례논쟁을 벌이며 일의 진행을 늦추게 하는 학봉에 대해 "大體는 놓치면서 小節에 구애 받는다"라고 비판하면서 이전의 사행에서 사명을 성공시킨 정몽주와 신숙주의 사례를 들었다. 스스로 이 두 사람을 모델로 하면서 은근히 자처하기도 하였다. 이에 대해 학봉은 "족하는 정몽주와 신숙주의 일을 인용해 미담이라고 하면서 은연중에 자신을 이들 두 현인 같이 여기니 족하가 자신을 높이는 것이 대단합니다"라고 비꼬았다.

---

63) 『해사록』 권3 「答許書狀書」.

이어 고려말 정몽주와 나흥유의 사례를 들면서 체모를 지키면서 일본으로부터 존중받고 사명을 완수한 정몽주, 체모를 지키지 못함으로써 대우도 못 받고 사명도 실패한 사례가 나흥유라고 하였다. 즉 체모를 지키는 것이 사신의 당연한 도리이면서 성공요인이라고 강조하였다.

체모에 관한 논쟁은 몇 차례에 걸쳐 이어졌으며 사행 중 내내 계속되었던 것 같다. 학봉은 "체모라는 두 글자를 족하는 이미 듣기도 싫어할 것입니다. 그러나 나의 지키는 바는 이 두 글자이고 사신의 일에도 이 두 글자보다 중한 것이 없습니다."라고 하였다. 체모론 논쟁에서 학봉은 양자의 입장을 체모와 굴욕으로 대비해 정리하였다. 양자의 갈등과 대립이 격해지면서 학봉은 두 사람의 왜인들의 비위를 맞추기 위해 아첨, 굴용, 순종적인 태도는 잘못된 것이라고 지적하면서 죽음을 두려워함('怕死')에서 온 것이라고 극언하였다. 학봉의 주장과 충고를 황윤길과 허성이 외면하고 배척하자 다시 항의하면서 우리들이 나라의 체모를 존중하고 예법대로 해야 오랑캐도 존중하고 사명도 달성할 수 있다고 주장하였다.

### (2) 의례론

關白에 대한 배례문제를 둘러싼 논쟁이다. 국서를 전달할 때 秀吉을 접견하게 되는데, 楹外拜로 하느냐 庭下拜로 해야 하느냐는 문제를 김성일은 허성과 며칠간에 걸쳐 치열하게 논쟁하였다. 이에 관해 학봉은 「與許書狀論禮書」에서 상세히 논했는데, 의례와 일본 정세에 대한 두 사람의 인식이 극명하게 드러난다. 여기에서 학봉은 수차례

대화를 통해 논의했지만 중요한 문제이므로 서신으로 보낸다 하면서 자신의 주장을 상세히 개진하였다.

허성은 秀吉이 관위로는 관백으로서 천황의 신하이지만 실제로는 국왕으로서 대내외적 권력을 행사하는 존재라는 점, 조선국왕의 국서에 '日本國王殿下'로 표기되어 있다는 점, 이번 통신사행의 事目과 儀註에서 정하배로 정해졌다는 점, 일본국왕사가 조선에서 정하배를 했다는 점 등을 들면서 정하배로 하는 것이 적절하다고 주장하였다. 이에 대해 학봉은 조목조목 비판하면서 자신의 논리를 전개하였다.[64)

> "대저 일본이란 어떤 나라입니까? 우리 조정의 與國입니다. 그리고 관백이란 어떤 관직입니까? 僞皇의 대신입니다. 그렇다면 일본을 맡아 다스리는 자는 위황이지 관백이 아닙니다. 관백이란 자는 임금을 보좌하는 자일뿐 국왕은 아닙니다. 오직 그가 한 나라의 권력을 제마음대로 하기 때문에 우리 조정에서는 그 실정을 모르고 국왕이라고 하면서 우리 임금과 대응한 예로써 대우했던 것입니다. 이렇게 되면(정하배를 하면) 우리 임금의 존엄을 낮추어서 아래로 이웃 나라의 신하와 대등하게 한 것이니 또한 치욕스럽지 않겠습니까?"[65)

> "전부터 일본의 여러 영주(殿)들이 보낸 서계에 우리 임금을 황제폐하라고 이른 것은 그들도 위황이 우리 임금과 대등한 것으로 알았기 때문에 이와 같이 높인 것으로, 관백은 감히 우리 임금과 대등한 위치

---

64) 이 논쟁에서 양자의 주장과 논거에 관해서는 민덕기,「경인통신사의 활동과 일본의 대응」,『1590년 통신사행과 귀국보고 재조명』, 경인문화사, 2013 참조.

65) 『해사록』권3「與許書狀論禮書」.

에 놓지 못했던 것입니다."

"우리 전하께서 마땅히 일본의 위황에게 통신을 했을 것이나, 위황이 국사에 관여하지 않으므로 국서를 위황에게 보내지 않고 관백에게 한 것입니다. 그런데 임금과 신하의 분별은 하늘과 땅을 바꿀 수 없는 것과 같아, 사신이 관백을 보는데 정하배를 하는 것은 예법이 아닙니다."

첫째, 관백은 '僞皇'(가짜황제)의 신하이므로 일본국왕으로 인정할 수 없다는 것이다. 둘째, 일본의 서계를 보면 우리 국왕을 황제폐하로 썼는데, 일본인들도 조선국왕과 일본천황이 동격임을 알았기 때문이 아니겠느냐는 것이다. 셋째, 국서에 일본국왕이라고 표기한 것은 관백이 국왕이 아님을 모른 상태에서 잘못 기록한 것이다. 넷째, 통신사사목에 정하배라고 한 것은 뒤에 예관이 삭제하였다. 요컨대 조선국왕과 관백은 동격이 아니므로 임금에게 하는 정하배를 하는 것은 불가하다는 것이다.

구체적으로 검토해보자. "관백은 신하일뿐 국왕이 아니다"라는 첫 번째 주장은 매우 명분론적인 인식으로 당시 동아시아국제질서의 현실에도 부합되지 않으며 이에 기반한 조선조정의 외교정책과도 맞지 않는다. 오히려 관백이 일본국왕이라는 현실을 수용해서 조선국왕과 대등한 의례를 해야 한다는 허성의 주장이 현실적인 인식으로 타당성이 있다고 볼 수 있다. 직전의 室町幕府시대부터 막부 장군이 일본의 국내정치와 외교권을 장악한 존재로서 대외적으로는 일본의 대표자로 인정을 받았다. 막부 장군이 명의 황제로부터 일본국왕으로 책봉을 받음으로써 조선국왕과 대등한 의례를 교환하는 것이 공인되었다. 조선과 일본 또한 그러한 전제 하에 중앙정부 간에 150년 이상 통신사와 일본국왕사를 교환하였다. 豊臣秀吉이 戰國時代 일본을 통일한 후 1585년 관백이 되었는데, 관백의 권력은 무로마치막부 장군보다 훨씬 더 강화되었다. 사실 막부 장군도 천황의 신하이다. 관백이 정1위 太政大臣과 동급이라면 장군은 정3위에 해당하였다. 이 점을 예빈시 정을 지낸 학봉이 사행 이전에 몰랐다고 하는 것은 좀 이상하다.

둘째, 세조대와 성종대에 걸쳐 일본의 서계에 '황제폐하', '佛心의 天子' 등의 표현이 있었던 것은 사실이다. 그런데 현재의 연구결과로는 이러한 서계를 보낸 사절은 다 僞使임이 판명되었다. 당시 조정에서 공식적으로 위사라고 판정하지 않았던 만큼 학봉이 당시 그러한 사실을 모를 수 있으므로 고의로 이러한 주장을 했다고는 보이지 않는다.

논리상으로만 보면 허성의 주장이 더 현실적고 타당한 측면이 있었지만 결국 군신간의 의례인 정하배는 불가하고, 영외배로 해야 한다고 강하게 주장한 학봉의 논리가 관철되었다. 이를 위해 학봉은 실로 치밀하고 끈질긴 노력을 벌였다. 그는 다방면으로 과거와 현재의 사례를 검토하였다. 1443년 통신사행에서 변효문 일행이 영외배로 했다는 사실을 확인하였고, 玄蘇에게 일본의 大名들이 관백에게 정하배를 하는지의 여부를 물어보았다. 또 다른 승려와 都船主를 통해 유구국의 사신이 관백에게 정하배를 하는지의 여부 등을 면밀하게 조사하였다. 그러한 노력을 통해 국내의 영주나 외국 사신들이 모두 관백에게 정하배를 하지 않고 영외배를 한다는 사실을 확인해 허성에게 제시하였다. 이것이 중요한 논거로 작용해 황윤길과 허성을 설득 시켰다. 만일 영외배로 할 경우 문제가 없을지도 현소에게 확인했는데, 현소 또한 관백이 결정할 문제라면서 정하배를 강요하지 않았다. 실제 접견할 때 秀吉은 그 문제에 대해 언급하지 않아, 三使는 당상에 올라 배례를 하였다.

사실 이 문제는 무가막부체제가 시작된 이래 천황과 막부장군(관백)의 이원적 권력구조 때문에 발생한 것으로서 이에 대응하는 조선으로서도 어떻게 받아들일 것이냐를 둘러싸고 논쟁의 소지를 안고 있는 주제이다.[66] 학봉의 주장은 일본의 정치현실보다 성리학적 주자학적 명분론을 지향하는 한 흐름을 보여주는 것인데, 조선후기 성호 이익과 순암 안정복으로 계승되었다. 학봉이 누누이 강조한바 이 문제는 후일의 중요한 전례가 될 것인 만큼 치열한 논리와 치밀한 노력으로 영외배를 끝까지 관철시켰다. 그 결과 조선후기 통신사들이 德川幕府 將軍을 인견할 때 영외배가 아니라 그보다 더 가깝게 실내

----

66) 현실적으로 대내적인 통치권과 외교권까지 행사하는 무가막부의 장군을 대외적 주권자인 '일본국왕'으로 인정하고 조선국왕과 대등한 존재로 인정하느냐 하는 문제인데, 무로마치막부 3대 장군 足利義滿이 1403년 명에 입조하여 책봉을 받자 당시 명을 비롯한 동아시아 국제사회에서는 일본국왕으로 인정하였다. 무가막부체제 하에서 천황이란 존재는 오늘날 일본의 상징천황제와 아주 비슷하다. 정치적 실권을 완전히 상실한 채 일본신도의 최고사제, 상징적 존재로서의 의미만 지니고 있다. 따라서 조선과의 외교에서 일체 배제되었고, 통신사 행차에서 아무런 의례나 행사가 없었다. 국제사회에서는 철저하게 숨겨진 존재이자 현장에서 배제되었다. 따라서 현실적으로는 아무런 문제가 없었다. 단지 하늘에 두 태양이 없고 백성에게 두 임금이 없다는 주자학적 명분론에 따르면, 장군(혹은 관백)은 천황의 신하라는 문제를 제기할 소지는 안고 있었다. 이것이 나중에 明治維新 후 천황이 권력을 회복하고, 양국관계서 힘의 균형이 무너지자 우려했던 의례문제가 현실화되었다. 국서거부사건으로 시작되어 운양호 사건, 강화도조약 체결로 이어지는 사건이다.

에서 배례하게 되었다. 학봉의 희망대로 좋은 전례를 창출한 셈이다.

## 6. 맺음말

학봉은 퇴계학맥의 적통을 이은 수제자로서 성리학에서는 스승의 학설을 계승했으나 예학에 있어서는 독자적 경지를 개척하였다. 학봉의 일본인식의 특징은 화이관과 예론에 철저하다는 점이다. 학봉은 中華와 夷狄의 구별기준도 바로 禮義의 유무에 있다고 하였다. 그에게서 道는 禮이고, 義理로 연결되는데, 이를 국제사회에 적용하면 도는 화이관이고 예는 명 중심의 책봉체제이며 행동원리는 의리가 된다. 그는 이러한 道理觀을 국제사회에 적용해 일관된 논리체계 속에서 이해, 적용하고자 하였다. 일본사행은 그것을 적용하고 실천할 수 있는 좋은 기회이기도 하였다. 사행에서 그는 실천적 예학자로서의 면모를 유감없이 과시하였다.67) 일본에 대해 조선은 문화적 상국이자 대국으로서 양자의 관계를 宋나라와 遼나라에 비유하였다. 그는 '小中華'라는 표현을 별로 사용하지 않고 대신 '箕邦'이라고 자주 표기하였다. 내심으로는 중국과 대등한 문화국이라는 자부심을 지니

---

67) 학봉의 사상은 功利主義를 철저하게 배격하고 義理, 道, 禮 등 보편적 가치를 중시하면서 현실에서 그것을 그대로 구현하려고 했다는 점에서 조광조의 至治主義 사상과 아주 유사하다고 여겨진다. 正統과 異端, 善惡, 是非, 王道와 覇道, 中華와 夷狄 등을 엄격히 구분하는 특징이 있다. 조광조는 用兵(군사대책이나 전략)에서도 王道와 仁義에 맞추어야 한다고 주장하였다. 1512년 여진족에 대해 조정에서 계책을 쓰자고 하자 속임수는 王者가 이적을 대하는 도리가 아니라면서 權道를 부정하였다.

고 있었다고 추정된다.[68] 구체적으로는 국가의 체모를 존중하고 위
엄으로써 이적을 교화하며 모든 사안을 예법에 맞게 하는 것이 사신
의 본분이라고 강조하였다.

당시 사행의 의미에 대해서도 일본의 요청에 응한 것이고 반적의
박송과 피로인 송환이라는 성의를 보여준 것에 대해 감사의 뜻을 표
하기 위한 것이라고 몇 차례나 강조하였다. 학봉은 사행시 조선을 '中
國'. '大國'으로 자처하는 한편 일본에 대해서는 島夷, 蠻夷로 표현함
으로써 화이관에 바탕을 둔 소중화의식과 일본이적관을 확실하게 드
러내었다.

학봉의 경우 국제관계나 조일 간의 외교의례에 등에 관해 당위적
인식이 현실적 판단을 압도하였다고도 여겨진다. 사행 중 허성과의
논쟁에서도 그는 "나라의 大小와 強弱으로 판단해 대응하는 것은 禽
獸의 도리일 뿐이며, 交隣의 의의는 信義에 있다."고 하였다. 또 귀국
후 1591년 5월 東平館에서 玄蘇를 만났을 때, 그가 침략을 예고했음
에도 불구하고, 김성일은 그것의 가능성을 심각하게 받아들이기보다
는 대의명분에 맞지 않는 일이라며 부당성에 대해 훈계하려고 했다
는 사실에서도 엿볼 수 있다.[69]

그는 전형적인 일본이적관의 바탕 위에 일본을 야만국으로 무시하
였고, 일본사회의 변화상에 대해 외면하며 문물에 대해서도 관심을

---

68) 그는 춘추관 기사관으로 재직하면서 주체적 사관에 입각한 역사인식을 가지고 있었
    다. 그가 사행 중 저술한『조선국연혁고이』와『풍속고이』도 조선이 예가 제대로 행
    해지는 문명국이라는 자부심을 과시한 것이다.
69)『선조수정실록』24년 3월 1일.

두지 않았다. 사행하면서 그들의 무례한 행태와 이질적인 문화, 풍속을 보고는 일본에 대한 이적관과 멸시관이 더 심화되고 재확인하게 되었다. 심지어는 산과 도량형, 정원까지도 오랑캐의 그것이라고 표현하였다, 일본의 문물과 사회를 객관적으로 이해하려는 자세보다는 문화수준이 낮은 나라로 무시하면서 별다른 관심을 두지 않았다.

京都를 보며 일본의 번화상에 대해 "참람하고 사치스럽게 벌여놓은 아이들 장난에 지나지 않는다"고 과소평가하거나 무시하였다. 철저하게 문화적 우월감 속에서 일본을 관찰했는데 일본이적관에서 벗어나지 않고, 소국관에 어긋나는 현실에 대해서도 애써 인정하지 않으려는 자세를 보인다. 일본의 군사적 위세나 경제적 번영을 도외시한 자세는 귀국보고에도 반영되었다.

일본소국관을 가지고 있었던 학봉에게 일본은 조선을 쉽게 침략할 수 있는 역량을 갖추었다고 보지 않았다. 아니 인정할 수 없었다는 것이 더 정확할지도 모른다.

사행을 마치고 귀국한 후에도 "일찍부터 두려워할 것은 天命과 人心이요, 섬오랑캐(島夷)는 두려워 할 것이 없다."고 하여 귀국보고가 자신의 신념에 입각한 것임을 표방하였다.[70] '小國'인 일본은 침략할 능력이 없으며, 설사 침략하더라도 민심이 안정되기만 하면 조선이 제압할 수 있다는 자신감이라고도 볼 수 있다. 이러한 자신감은 퇴계에게서도 볼 수 있다. 그런데 퇴계의 온건론과 달리 학봉은 명분과 의리 면에서는 철저한 원칙론자의 입장에서 강하게 대응하였다.

---

70) 李魯, 『龍蛇日記』.

학봉의 이러한 현실인식과 일본관은 일본 측의 생각이나 현실과는 매우 동떨어진 것으로 갈등과 대립의 소지를 가지고 있었던 셈이다.[71]

학봉은 백년만의 사행이기 때문에 올바른 전례를 확립해야 한다는 사명감에 충실하였다. 그래서 기존의 잘못된 관행이나, 명분에 어긋나는 경우에는 갈등을 무릅써서라도 고치고자 하였다. 이로 인해 일본측은 물론 황윤길, 허성과도 치열하게 논쟁하면 싸웠다. 구체적인 사안을 보면 학봉의 인식에 오류가 있는 부분도 있었고, 명분론에 지나치게 집착하거나 협상과정에서 무리한 요구를 해 사행일정을 늦춘 것도 있었다. 그 가운데 학봉의 논리가 통해 달성한 것이 적지 않은데, 일정한 성과가 있었다. 그 중에서도 관백에 대한 배례를 영외배로 관철한 것은 중요한 의미가 있다. 택당 이식이 「해사록발문」에서 평가하였듯이 학봉의 행적은 후세의 사행의 전범이 되었고, 영외배는 조선후기(일본의 에도시대) 통신사행에서 그대로 준용되었다.

한편 학봉은 일본정세를 정탐한다는 사명에는 그다지 성공적이지 못하였다. 이에 비해 귀국보고에서 침략가능성을 인정한 황윤길과 허성은 현실적 입장에서 일본과의 관계 개선을 중시하였다. 황윤길은 각종 사안에서 자신의 의견을 별로 내세운 바 없다. 그가 율곡의

---

71) 그런데 秀吉 또한 군사적 대국의식 속에서 조선을 약한 나라로 보고, 『日本書紀』 이래의 朝鮮蕃國觀을 계승하여 神功皇后의 三韓征伐을 이어받아 조선을 다시 속국으로 만들겠다는 의지에 충만하였다. 그래서 조선의 사절도 국왕 대신에 내조하는 복속사절, 조공사절로 인식하였다. 답서에 보이는 "一超直入大明國 貴國先驅入朝" 등의 표현에 잘 드러난다. 양국 모두 자민족·자국가중심적 사고에 빠져 우월감 속에 상대방을 과소평가하고 멸시하는 양상이었다.

영향권에 있었던 만큼 허성보다는 상대적으로 온건하였고, 독자적인 이론이 없었기 때문에 논쟁에서 학봉과 치열하게 다투지 않았던 것으로 여겨진다. 오히려 허성이 학봉과 강하게 논쟁을 벌였다. 여기서는 허성의 논리와 일본인식의 특성을 대비해 봄으로써 맺고자 한다.

허성은 일본 사행을 하면서 학봉과 달리 事勢, 즉 현실적 상황을 중시하였다.[72] 허성은 허엽의 아들인데, 許曄(1517~1580)은 동인의 영수이면서 花潭 徐敬德의 적통을 계승한 인물이다. 허성은 가학으로 서경덕 – 허엽으로 이어지는 학맥을 계승하였다. 화담은 주자학에 몰입하지 않고 道家 사상을 수용해 절충하기도 하고, 주자보다는 북송대 성리학자인 邵康節의 象數學에 경도되었다. 그 결과 성리학에서는 氣一元論을 제창함으로 조선시대 主氣論의 선구를 이루었다. 허성은 이 영향을 받으면서 四書보다 六經을 중시하고 兵書를 섭렵하였다.[73]

허성도 또한 일본이적관을 지니고 있었지만 『해사록』에서 보는 한 거의 표현하지 않았다. 중요한 것은 변방의 불안을 방비함으로써 백성을 위한 대책을 강구하는 것이라고 보았다. 그래서 1589년 일본국왕사가 왔을 때 일본의 정세를 알아보기 위해 통신사를 파견해야 한다고 적극적으로 주장하였다. 조정에서 秀吉의 찬역론에 대한 비판론이 제기되자 그것은 그 나라의 국내문제일 뿐 우리나라와 무관한 일이라고 주장하였다. 통신사의 사명에 대해서도 공식적인 보빙과

---

72) 이에 대해 힘의 강약을 신의보다 중시하는 것은 이웃나라를 사귀는 도리가 아니라 시정잡배들의 사귐일 뿐이라고 규정하였다.(『해사록』 권4 「擬答對馬島主書」)
73) 허성의 사상에 관해서는 김정신의 앞의 논문에 힘입은 바 컸다.

우호보다는 '일본정세의 정탐'으로 인식하였다. 허성에게서의 大義는 선악이나 명분이 아니라 백성의 보호와 국가의 이익이었다.[74] 보편적이거나 선험적인 절대가치를 인정하지 않고 경험적 가변적 실제를 중시하면서 事勢에 따라 대응하는 것이 올바르고(正), 시의적절(宜)하다는 입장이었다. 상황적 타당성, 즉 時中을 최고가치로 삼았다. 필요하면 權道를 써서라도.[75]

허성은 통신사행의 임무에서 일본을 교화해야 한다는 학봉의 주장에 대해 반대하였다. 일본문화의 독자성을 인정해 주어야 한다고 생각했으며, 은혜와 신의에 바탕을 두고 대등한 차원에서 회유해야 한다고 주장하였다. 그런 입장에서 학봉의 체모론에 대해 정면에서 맞받아쳤다. 심지어는 국서전달을 빨리 하기 위해서는 관백 측근에게 예단과 폐백을 먼저 보낼 수도 있다는 입장이었다. 성과를 이루기 위해서는 사신의 재량('使臣專對')으로 할 수 있는 일이라고 생각하였다. 이에 비해 학봉은 道, 義, 名分과 같은 보편적인 가치를 중시하며 그 것을 常道라고 하였다. 학봉 또한 時中을 강조하기는 하는데, 그 비중에서 상도를 지키는 것(守經)이 결과적으로 가장 타당하다고 주장하였다. 학봉이 '守經'이라면 허성은 '行權'에 보다 비중을 두고 지향하였다고 대비할 수 있을 것 같다. 학봉은 "常道인 經을 지키다 죽을지언정 權道를 써서 구차하게 살고 싶지 않다"고 고백한 바도 있다.[76]

---

74) 김정신, 앞의 논문.

75) 權道論者들은 주관성을 억제하고 객관적 현실을 수용하는 입장으로 절대보편인 理보다 가변적인 數를 더 중요시하였다. 당시 조선에서는 서경덕, 이지함, 이덕형 등 북인계에 권도론자들이 많았던 사실이 주목된다.

76) 『학봉전집』 권2 「首陽山歌」, "無寧守經而死 不願達權而苟生"

이러한 학봉의 시각에서 보면 허성의 權道는 時中이 아니라 오랑캐를 두려워해 아첨하는 것으로 보일 수밖에 없었다.

흥미로운 사실은 학봉과 허성 모두 기존의 관례나 예법을 바꾸려 할 때, 혹은 자신의 주장을 옹호하거나 상대의 논리를 공격할 때 時中과 使臣專對의 논리로 설명하였고, 롤모델로 정몽주와 신숙주를 들고 있는 점이다.

그런데 일본사행 중 학봉은 황윤길과 허성에 대해 사신으로서 국가의 체모를 유지하지 못하고, 오직 일신의 안위를 위해 일본인에게 겁을 내어 시종 위축되고 굴종하는 사람들로 인식하였다.[77] 秀吉의 답서를 받지 못한 상태에서 학봉은 京都를 떠날 수 없다고 버텼지만, 황윤길과 허성 두 사람의 재촉에 의해 결국 출발하였다. 이에 대해 학봉은 "두 사람은 호랑이아가리에서 몸이 빠져나오는 것만으로 다행이라 여기고, 義를 도외시한 채 빈손으로 나왔다"면서 통탄하였다. 또 관백이 天宮 유람을 권유할 때 나간 허성의 행태에 대해 '정신병든 사람같은 모양새', "마치 코 뚫린 소가 사람 시키는대로 움직이는 것과 같다"라고 격하게 비판하였다. 결국 허성이 자신과 전혀 의논 없이 독자적으로 나가자, "이제부터는 각자 들은 것을 높이고 아는 대로 행동하는 것이 좋겠소. 어찌 다시 간여할 것이 있겠소?"고 사실상 '절교선언'을 하기에 이르렀다.[78]

---

77) 『선조수정실록』의 史評에 "대저 김성일이 일본에 갔을 때 황윤길 등이 겁에 질려 체모를 잃은 것에 분개하여 말마다 서로 다르게 하였다."고 기록되어 있다.(『선조수 정실록』 24년 3월 1일)
78) 『해사록』 권3 「與許書狀論觀光書」.

학봉은 사행을 뒤돌아보면서 "이번 행차에 많은 실수가 모두 '怕死(죽음을 두려워함)'라는 두 글자에 있었으므로 욕된 일이 헤아릴 수 없다"라고 하면서 두 사람의 태도를 죽음을 두려워 해 겁에 질려 굴종하는 것으로 보고 비판하였다.[79] 그런데 귀국하자마자 황윤길이 부산에서 일본이 미구에 반드시 침입할 것이라고 치계하고, 복명할 때 또한 장황하게 과장해서 보고하는 태도를 보고 경멸감과 혐오감을 가졌을 수 있다. 더구나 그런 태도가 사행 중 명분과 의리를 지키지 못하고 굴욕적인 태도를 보인 것에 대한 과오를 덮으려는 것으로 비쳤기 때문에 반감을 가졌고, 그것에 대한 반발심리로 과격한 언사로 반박하였을 가능성이 충분히 있다. 택당 이식도 「金鶴峯海槎錄跋」에서 그 점을 지적하였다.

학봉은 제반 상황과 사안을 天理, 義理, 名分 등의 보편적 이념과 예법으로 규제할 수 있다고 보았다. 보편적인 문화의 우열에 입각해 일본사회의 현실과 역사성, 독자성을 간과한 측면이 있다. 이념이 현실을 압도했다고도 할 수 있다. 사건마다 두 사람이 대립했던 배경에는 이와 같은 사상과 인식론의 근본적 차이가 깔려있었다고 판단된다.

마지막으로 지적할 사항, 『해사록』은 학봉이 전란 중에서 휴대하면서 계속 검토하고 있었던 것으로 보인다. 그래서 후일 편찬된 『학봉집』과 비교해 보면 내용에 다소 출입이 있고, 같은 서신의 제목에서도 다르게 표기되어 있는 부분이 있다. 그런데 분실했다는 해사록

---

79) 『해사록』 권4 「倭人禮單志」.

의 1권의 내용이 무엇일까? 현전하는 문집과『해사록』을 꼼꼼하게 분석해 추론할 필요가 있다. 만일 그것이 사행일기라면 해사록의 사행록으로서의 가치는 증대되며 보다 중요한 의의가 있을 것이다.

# 학봉 김성일의 『해사록』에 보이는 일본 인식 양상

## 1. 머리말

『해사록(海槎錄)』은 학봉(鶴峯) 김성일(金誠一, 1538~1593)이 일본에 다녀오면서 쓴 시와 서간 등이 정리되어 있는 문헌이다. 같은 문장이 『학봉집(鶴峯集)』에도 실려 있는데, 시는 2권에, 서간은 5권에 "海槎錄"이라는 명칭으로 실려 있고, 산문은 6권 「雜著」에 들어가 있다. 문집에 보이는 "以下海槎錄"이라는 부기를 보아 본래 『해사록』의 시와 문장을 문체에 따라 문집에 나누어 실어놓은 것으로 추정된다. 문집 편찬 이전에 『해사록』이 이미 편집되어 읽혔음을 짐작케 한다.

학봉은 문학적인 면모보다는 그가 미친 역사적 궤적에 초점이 맞추어져 연구된 인물이다. 김학수는 학봉에 대한 후대 평가를 "서인계의 '失報誤國論'"과 "남인계의 '嶺南再造論'"으로 나누어 고찰한 바 있다.[1] 한 인물에 대해 통신사행에 참여하였으나 일본의 침략의도를 놓친 것에 대한 책임론과 임진왜란 때 초유사 및 경상우감사로서의

공로라는 두 가지 상이한 평가가 내려져 있는 것이다. 한편 하우봉은
『선조수정실록』에 실린 복명 기사를 검토하여, 당파적인 해석이 가
미되었음을 지적하였다.[2] 민덕기 역시 경인통신사의 復命이 왜란 대
비에 영향을 끼쳤는지, 과연 쓰시마조차 일본의 침략 의도를 제대로
간파할 수 있는 상황이었는지에 대해 의문을 제기한 바 있다.[3] 학봉
이 백여 년만에 파견된 통신사로서 이후 통신사의 모범이 되려고 의
식하고 있었음을 아울러 지적하였다.

　사행 내내 외교의 예를 세우려는 학봉과 쓰시마와 여타 인물들과
의 의견충돌이 『해사록』 곳곳에서 발견된다. 이런 갈등이 학봉이 지
닌 화이관(華夷觀)을 드러내는 증거로 해석되기도 하였다.[4] 쓰시마
와의 갈등보다는 조선인 사이의 비교에 초점을 두어, 상도(常道)를 추
구하는 김성일과 현실적인 권도(權道)를 중시하는 허성(許誠)의 인식
론적 차이로 접근한 연구도 있다.[5] 한편 화이관의 문제를 떠나서 마
쓰우라 가쇼(松浦霞沼)가 편찬한 『조선통교대기(朝鮮通交大紀)』에 예

1) 김학수, 「조선후기 사림계의 金誠一에 대한 인식과 평가」, 『한일관계사연구』 43,
　　한일관계사학회, 2013, 35~84면.
2) 하우봉, 「김성일의 일본인식과 귀국보고」, 『한일관계사연구』 43, 한일관계사학회,
　　2013, 127~174면.
3) 민덕기, 「경인통신사의 활동과 일본의 대응」, 『한일관계사연구』 43, 한일관계사학
　　회, 2013, 85~126면.
4) 오바타 미치히로, 「鶴峰 金誠一의 日本使行에 대한 思想的 考察 -학봉의 사상과 華
　　夷觀의 관련을 중심으로」, 『한일관계사연구』 10, 한일관계사학회, 1999, 58~84면;
　　방기철, 「鶴峯 金誠一의 對日認識」, 『통일인문학』 42, 건국대 인문학연구원, 2004,
　　21~47면.
5) 김정신, 「16 세기말 성리학 이해와 현실인식 -대일외교를 둘러싼 허성과 김성일의
　　갈등을 중심으로」, 『조선시대사학보』 13, 조선시대사학회, 1~31면.

에 관한 논변을 담은 서한이 부기된 것은, 학봉이 제기했던 문제가 이후 통신사의 의례 확립에 큰 영향을 주었음을 보여주는 사례라 하겠다.

　학봉이 일본에 사행을 다녀오면서 지은 『해사록』은 그의 일본 인식을 보여주는 텍스트로 많이 다루어져 왔다. 학봉의 사행일기가 현전하지 않은 상황에서 일본을 부정적으로 그린 작품들이 주로 거론되면서 전체 사행시의 인상을 규정하는 경향도 보인다. 그러나 일본을 오가며 지은 시편이 학봉의 화이론을 대표하는 것만 있는 것은 아니다. 일본과 직접적으로 충돌한 임진왜란 전이었기 때문에 조선 후기 사행에 참여하였던 인물들의 인식과는 분명 차이가 있었을 것이다.

　『해사록』은 1권과 2권에는 사행을 다녀오는 동안의 시문이 실려 있고, 3권에는 8편의 서한이, 4권에는 9편의 서한이, 5권에는 행장이 실려 있다. 사행일기가 없으므로, 『해사록』은 여정을 따라가며 지은 시문이 중심이 된다고 할 수 있다. 본고에서는 성리학적 논의를 떠나 일본을 관찰하고 일본인을 만나면서 어떻게 느꼈는가를 중심으로 『해사록』을 고찰해보고자 한다.

## 2. 학봉의 시문을 통하여 본 일본 경험의 형상화

### 1) 이국 경험으로서의 일본

　『해사록』 첫 머리에 실린 시는 1589년 조정에서 통신사 파견을 한다는 논의를 듣고 지었다는 시로, 부사로 낙점되기 전에 지었으므로

스스로 "詩讖"이라고 일컬은 것이다.[6) "日域千年地 三韓一介臣"으로
시작한 이 시는 頭聯에서 일본을 뜻하는 "日域"과 조선을 뜻하는 "三
韓"을 대구로 사용하고 있다. 또 미련의 "뱃머리에서 한 번 머리를 돌
리면 만 리 먼 나루까지 통한다네[槎頭一回首 萬里是通津]"라는 구절
은 호쾌하게 바다를 건너는 사신의 모습을 떠올릴 수 있다. 같은 시기
지은 시를 『학봉집』에서 발견할 수 있다.

| | |
|---|---|
| 일본 땅 푸른 산은 좋을 터인데 | 日域靑山好 |
| 그대 집은 몇 번째 봉우리일까 | 君居第幾岑 |
| 난간 열려 푸른 바다 펼쳐질 테고 | 軒開蒼海闊 |
| 문은 닫혀 흰 구름에 잠겨 있겠지 | 門掩白雲深 |
| 수만 그루 흰 눈 같은 매화가 피고 | 萬樹梅成雪 |
| 수천 가지 금 같은 귤이 나리라 | 千頭橘嫩金 |
| 차 달이는 노구솥과 경전이 있어 | 茶鐺與經卷 |
| 곳곳마다 선심이 드러나리라 | 隨處著禪心[7) |

위 시는 1589년 사행을 떠나기 전 외교승 겐소(玄蘇, 1537~1611)에
게 준 시이다. 직접 본 풍경이 아닌 상상 속의 쓰시마를 표현한 것이
다. "日域靑山好" 구에서 보듯 일본 경치의 아름다움으로 시를 시작하
고 있다. 그리고 겐소의 거처는 매화와 귤(橘)로 형상화되고 있다. 귤
은 조선에서는 제주 특산물로서 보기 힘든 열매였기 때문에, 쓰시마

---

6) 金誠一, 『海槎錄』 권1. : "丑秋八月 聞朝議將通信日本 偶占一律 是冬乃膺副价之命
追思前作 實詩讖也 人生行止豈偶然哉 玆書卷首以志云 日域千年地 三韓一介臣 風濤
仗大信 生死付高旻 海若淸前道 馮夷殿後塵 槎頭一回首 萬里是通津"
7) 金誠一, 『鶴峯集』 권1 「贈倭僧玄蘇 己丑」.

의 이국적인 경물로 끌어오기에 적당한 것이다. 그런데 매화는 어디에서 기인한 것일까?

| | |
|---|---|
| 들 절에는 봄바람에 푸른 이끼 자라니 | 野寺春風長綠苔 |
| 놀러와 종일토록 돌아갈 줄 모르네 | 來遊終日不知回 |
| 정원에는 셀 수 없는 매화나무 있으니 | 園中無數梅花樹 |
| 여기 사는 스님이 손수 다 심었다네 | 盡是居僧手自栽[8] |

위는 1377년 사행을 떠나 하카다(博多)에 머물고 있던 정몽주(鄭夢周, 1337~1392)가 지은 시이다. 관음사(觀音寺)라는 절에 놀러가서 절의 풍경을 읊은 것인데, 가장 눈에 띄는 경물이 바로 매화이다.

| | |
|---|---|
| 시냇물은 바위 돌아 푸름이 이어지니 | 溪流遶石綠徘徊 |
| 지팡이 짚고 계곡 따라 골짜기로 들어왔네 | 策杖沿溪入洞來 |
| 옛날부터 문 닫히고 스님 뵈지 않다더니 | 古來閉門僧不見 |
| 눈처럼 떨어진 꽃 못과 대를 덮었어라 | 落花如雪覆池臺[9] |

위는 관음사에 두 번째 갔을 때 정몽주가 지은 시이다. 이 시에는 매화라는 말이 보이지 않는다. 그러나 앞의 시와 함께 읽으면 4구에 보이는 "눈처럼 떨어진 꽃"이 곧 매화임을 쉽게 알 수 있다. 정몽주가 일본에 사행을 갔을 때 지은 시에는 "梅" 자가 자주 등장한다. "日借肩輿訪早梅", "梅窓春色早" 등의 시구에서, 일찍 핀 매화는 따뜻한 남국의 정취를 알려주는 경물로 활용된다. 특히 이 시에서는 관음사라는

---

8) 鄭夢周, 『海行摠載』, 「鄭圃隱奉使時作·遊觀音寺」
9) 鄭夢周, 『海行摠載』, 「鄭圃隱奉使時作·再遊是寺」

절과 매화를 매우 긴밀하게 포치하고 있다. 후대에 일본으로 사행을 가게 된 학봉으로서는 정몽주의 시에서 영향을 받아 승려인 겐소의 거처와 매화를 연결시키는 것이 자연스러웠을 것이다.

| | |
|---|---|
| 누가 낙매곡을 관산 피리로 부는가? | 落梅誰捻關山笛 |
| 꿈속에 옥설 같은 가지가 아련하네 | 夢裏依俙玉雪枝 |
| 포은 노인 시내 남쪽 아직도 땅 있으니 | 圃老溪南今有地 |
| 매화 형에게 진 맑은 빚을 갚을 때가 어찌 없으랴 | 償兄淸債豈無時10) |

위는 학봉이 차천로(車天輅, 1556~1615)의 시에 차운한 절구 가운데 한 수이다. 1구의 "落梅"는 피리 곡조인 「梅花落」을 가리킨다. 3구 "圃老"은 곧 포은 정몽주를 가리킨다. 그의 시 가운데 "배 돌릴 때 매화를 얻어가서 시내 남쪽 향해 심어두고 성긴 그림자 보려네[舟回乞得梅花去 種向溪南看影疎]"라고 읊은 시구가 있다. 일본의 매화를 구해서 돌아가 고향의 "溪南"에 심겠다는 말이다. 학봉은 이 구절을 점화하여 매화 심을 땅이 있으니 매화를 가져가 빚을 갚겠다고 말하고 있다. 매화를 일본의 경물로 활용하는 방식이 정몽주의 시에서 유래되었음을 알 수 있다.

학봉의 사행시는 시어를 활용하는 면에서 뿐만이 아니라 일본을 관찰하는 면에서도 정몽주와 유사하다.

| | |
|---|---|
| 섬 | 島 |
| 그리고 섬 | 島 |

---

10) 金誠一, 『海槎錄』 권1 「次五山慶雲寺」.

| 아득하고 | 茫茫 |
| 넓고 넓네 | 灝灝 |
| 밭에는 돌이 많고 | 田多石 |
| 산에는 흙이 적네 | 山瘦肌 |
| 귤과 유자 숲 이루고 | 橘柚成林 |
| 꽃과 나무 우거졌네 | 花木交葵 |
| 땅은 달팽이 뿔처럼 작고 | 壤地同蝸角 |
| 집은 새 둥지와 비슷하네 | 人居似鳥巢 |
| 절역에 끼어 있어도 | 雖介處乎絶域 |
| 실로 같은 인류에서 나온 사람이네 | 實含生乎一胞 |
| 패엽경이 전해져 다투어 부처를 받들고 | 貝葉書傳爭奉佛 |
| 부상에서 해가 뜨니 아침이 가장 먼저라네 | 扶桑日出最先朝 |

목숨 가볍게 여기고 싸우기 좋아해 옛날엔 봉시였으나

輕生好鬪昔焉封豕

위엄을 두려워하고 덕에 보답하여 지금은 상효가 되었네

怛威報德今也桑鴞

두 섬돌에서 순임금의 간우를 추자 유묘가 감복하였고

舞虞干於兩階苗卽工

한의 부절이 백월에 가자 남쪽 오랑캐 모두 기뻐했네

馳漢節於百越蠻胥悅

| 왕자는 외방 없이 천지를 포용하여 | 王者無外仰天地之包荒 |
| 통한 지 않은 곳을 건너니 헌원씨가 만든 배가 훌륭하도다 | 以濟不通美軒轅之刳木[11] |

위 시는 잡체시로, 한 글자에서 열 글자까지 출구와 대구가 반복되

---

11) 金誠一, 『海槎錄』 권1 「次上使一字至十字格」.

는 형태를 띤다. 내용을 보면 일본 전체라기보다는 쓰시마를 읊은 것을 알 수 있다. 전반부는 작은 섬의 척박한 토양과 귤과 유자가 자라는 풍광을 읊어서 풍토의 다름을 이야기하고 있으나 멀리 떨어져 살아도 "實含生乎一胞", 즉 한 종족에서 나온 인간임을 밝혔다. "封豕"와 "桑鳴"의 대조에서 볼 수 있듯이, 본래 상국을 범하는 큰 돼지처럼 노략질을 하며 쳐들어왔던 왜구였으나 지금은 상효, 즉 좋은 소리를 내는 올빼미처럼 변했다고 하였다. 이어서 순임금에게 교화된 유묘씨(有苗氏)와 한문제에게 복속한 남월의 고사를 들어 쓰시마를 비유한다.

정몽주는 일본의 풍습을 "행인은 신을 벗고 어른을 맞이하고 지사는 칼을 갈아 대대로 원수를 갚네[行人脫履邀尊長 志士磨刀報世讎]", 혹은 "이를 검게 물들이는 것이 귀한 것이요 신발을 벗는 것이 공손함이네[染牙方是貴 脫履是爲恭]"라고 노래하였다. 그들만의 "異俗"을 관찰한 것일 뿐 이에 대한 거부감은 보이지 않는다. 학봉의 시를 보면 쓰시마의 옛 행적이나 쓰시마 풍속을 말하고는 있어도 현재는 조선에 복속하는 존재로 그려져, 야만시하거나 적대시하는 것은 아니다.

| | |
|---|---|
| 아름다워도 내 고향이 아니니 | 信美非吾土 |
| 선방에서 홀로 읊으며 그리워하네 | 禪房獨詠思 |
| 한 해의 절서는 저물어가고 | 一年時序晚 |
| 만 리의 나그네 길 늦어지네 | 萬里客行遲 |
| 참대는 사람과 함께 여위어가고 | 苦竹和人瘦 |
| 황감은 비를 띠고 여물어가네 | 黃柑帶雨肥 |
| 오랑캐 산에도 연분이 있어 | 夷山猶有分 |
| 때때로 수판으로 턱을 괴네. | 時自版扶頤[12] |

1구의 "信美非吾土"는 왕찬(王粲)의 「登樓賦」에 나오는 "비록 진실
로 아름다우나 내 고향이 아니니 어찌 잠시라도 머물 만하랴[雖信美
而非吾土 曾何足以少留]"라는 구절에서 온 것이다. 이 구절은 정몽주
의 시 뿐 아니라 1479년 쓰시마에 다녀왔던 김흔(金訢, 1448~1492)의
「詠對馬島」에서도 보인다. 객회(客懷)를 읊는 관용구로 사행시에 자
주 보이는 구절이다. 위 시에서는 이 구절과 함께 날씨가 따뜻하여
계절감이 조금 늦는 듯한 이국땅에서의 느낌과 함께 "苦竹"과 "黃柑"
은 다른 날씨를 보여주는 이국의 경물로 사용되었다. 학봉의 사행시
는 정몽주 이래로의 일본 사행시 유형을 계승하고 있다고 할 수 있다.

미련의 대구는 진(晉)의 왕휘지(王徽之) 고사에서 나온 것이다. 일
을 잘 하고 있는 지 묻는 상관의 물음에 홀을 턱에 괸 채 딴 짓을 하다
가 "서산에 아침이 오면 상쾌한 기운이 감돌지요[西山朝來 致有爽氣
耳]"라고 대답했다고 한다. 이는 학봉의 생각을 설명해 준다. 고향이
아닌 오랑캐 땅에 사신의 일이 늦어져 체류하고 있으나 아름다운 풍
광으로 인해 감흥을 일으켜 시를 지을 만하다는 뜻이다.

이렇듯 풍광이나 경물을 그대로 받아들여 읊는 모습은 교토의 대
덕사(大德寺)에서 지은 시에도 마찬가지이다. 후기 사행시에 자주 보
이는 일본의 아름다운 경치와 오랑캐 풍속을 대비하거나, 일본인을
야만인으로 보거나 적대하는 감정은 거의 보이지 않는다. 겐소나 소
친(宗陳), 후지와라 세이카에게 준 시나 절의 풍경을 읊는 시에도 후
기에 많이는 보이는 불교를 비판하는 의식도 보이지 않는다. 학봉의

---

12) 金誠一, 『海槎錄』 권1 「次」.

사행시는 화이관을 떠나 일본의 이국적 경물이나 감상을 읊는 것이 대략적인 경향이라고 할 수 있다.

### 2) 쓰시마에 대한 인식의 변화

학봉의 사행시에 변화가 여실히 느껴지는 것은 쓰시마에서의 시이다. 쓰시마에 체류하던 5월 국분사(國分寺)의 연회에서 소 요시토시(宗義智)가 가마를 타고 당(堂)에 오르는 무례를 범하였다. 학봉은 요시토시와 인사를 하지 않고 자리를 떴고, 잘 타이르지 못한 죄로 역관 진세운(陳世雲)에게 곤장을 쳤다. 이로 인해 쓰시마 측에도 알려져, 도주인 요시토시가 가마를 멘 자들의 잘못으로 돌려 이들을 베어 죽였다. 이를 학봉은 "國分之辱"이라 표현하였다. 허성이 사람이 죽게 된 것에 이르자 지나친 것이 아닌가 허물하였고, 학봉은 답서를 써서 논변하였다.[13]

이 사건의 전말을 학봉은 시로 기록하였는데, 바로 「對馬島記事」이다. 140구에 이르는 긴 시로, 제 100구까지 「許書狀官答」에 보이는 그대로의 상황이 기술되어 있다.

......

| 요시토시가 뵙기를 청하며 | 義智請來謁 |
|---|---|
| 날마다 안부를 물었네 | 日問安與不 |
| 겸손한 말로 예를 게을리 않아 | 卑辭禮不怠 |
| 사나운 성격이 순해진 것을 알았네 | 狼性知已揉 |

---

13) 金誠一, 『海槎錄』 권3 「許書狀官答」.

| | |
|---|---|
| 대 위에서 처음 만나길 허락하니 | 臺上始許見 |
| 스스로 먼저 종자들을 물렸네 | 先自屛其騶 |
| 문까지 백 보도 남기 전에 | 未到門百步 |
| 말을 내려 길을 돌았네 | 下馬循道周 |
| 대 아래 사부(射夫)에게 읍을 하고 | 臺下揖射夫 |
| 문을 들어와 옷매무새 가다듬었네 | 入門整衣裘 |
| 공손히 진퇴의 명을 기다리니 | 恭俟進退命 |
| 모습이 어찌 그리 삼가고 정중한 지 | 形容何慺慺 |
| 나도 낯빛과 말투를 부드럽게 해 | 余亦降色辭 |
| 마음과 뜻이 비로소 서로 맞았네 | 情意始相孚 |
| 따르는 술을 내가 사양치 않아 | 酌我我不辭 |
| 병을 무릅쓰고 몇 동이를 기울였네 | 力疾傾數甌 |
| 충순(忠順)을 권면하고 | 勉之以忠順 |
| 원대한 계책을 수시로 알렸네 | 辰告用遠猷 |
| 돌을 물에 던지듯 말을 들었고 | 聞言石投水 |
| 매가 깍지에 앉듯 사람을 가까이 했네 | 附人鷹在韝[14] |
| …… | |

    위는 「對馬島記事」의 일부로, 허성과 편지를 주고받은 이후의 상황을 기술한 것이다. 병 때문에 배에 있지 못하고 서산사(西山寺)에 칩거하고 있던 학봉에게 요시토시가 매일 뵙기를 청하였고, 허락을 받자 매우 공손한 태도로 들어왔으며, 술을 마시면서 우의를 회복하였다는 것이다. 다른 기록에는 보이지 않으나 학봉의 요구가 관철되는 것으로 마무리되었음을 짐작할 수 있다.

---

14) 金誠一, 『海槎錄』 권1 「對馬島記事」.

위 시에 보이는 "勉之以忠順 辰告用遠猷"의 내용이 무엇인지 다른 시에서도 찾아볼 수 있다. 다음은 학봉이 소 요시토시에게 준 시의 서문 일부이다.

> 아아! 잘 끝맺는 도는 다른 것에서 구할 수 있는 것이 아니라 신(信) 과 의(義)일 뿐입니다. 신(信)은 만사의 근간이니 족하에게 있어서는 이웃나라를 속이지 않는 것이 신입니다. 의(義)는 만사의 마땅함이니 족하에게 있어서는 이익 때문에 움직이지 않는 것이 의입니다. 족하는 선세 이래로 삼가 번후의 법도를 지켜서 대대로 소홀함이 없었으니, 이른바 불신과 불의를 범한 적이 없습니다. 다만 도서가 별처럼 흩어 져 있어 시도 때도 없이 출몰하여 우리 어부 집을 노략질하는 일이 실 로 많았습니다. 그러나 이것이 어찌 족하가 알 일이겠습니까? 새 왕이 건국한 처음에 강경한 자를 베어 없애서 난리를 막고, 포로를 돌려보 내고 벤 머리를 바쳤으니 예로 대하는 뜻을 더하였습니다. 교린의 믿 음과 나라를 제어하는 의가 사방 나라에 드러났기 때문에 우리 전하께 서 가상히 여겨서 사신을 보내 답례하고 예물이 오가게 되었으니, 새 왕의 신과 의는 우방을 믿게 하고 사람을 따르게 한다고 할 만합니다. 족하는 신의를 지닌 주군을 받들어서 신의의 도를 행하여 풍파를 무릅 쓰고 건너오면서도 일이 어렵다 사양하지 않았으니 역시 군신의 도가 합하여 상하가 모두 닦은 것이라 할 만합니다. 지금부터 섬들에 남아 있는 남은 무리들이 배반할 마음을 여전히 품고 있다면 족하는 군대를 일으키고 방백에게 고하여 먼저 주벌하여서 번성하지 못하도록 하고, 포로로 잡힌 우리 백성을 애처롭게 여겨서 미처 쇄환되지 못하였다면 족하가 문덕을 닦고 국령을 내려 돌려보내서 혹시라도 빠뜨린 자가 없 도록 하여야 이것이 신의의 큼이 아니겠으며, 이것이 잘 끝내는 도가 아니겠습니까?[15)]

학봉은 시를 요청한 소 요시토시에게 상당히 긴 분량의 서문을 적어서 보냈다. 위는 그 서문 가운데 일부이다. 이 인용문의 앞은 쓰시마가 일본에 새로 선 왕을 도와 조선과의 외교를 시작한 것에 대한 치하이다. 이어서 이를 잘 마치기 위해서 할 일로 학봉은 "信義"를 강조하고 있다. 신, 즉 믿음은 조선을 속이지 않는 것이고, 의는 예에 마땅하게 하는 것, 즉 법도를 지키는 것이라 할 수 있다. 신의가 발현되는 방법은 두 가지이다. 조선을 범하는 왜구를 막는 일과 포로로 잡혀가 있는 조선인을 찾아서 보내 주는 것이다. 조선을 노략질하는 왜구를 막는 것은 이웃나라인 조선을 속이지 않는 "交隣之信"이고, 조선인을 포로로 잡아간 자를 적발하여 처벌하고 조선인은 조선에 돌려보내는 것은 "制國之義"에 해당한다.

앞서 「對馬島記事」에 보이는 "忠順"을 권면했다는 것이 이 두 가지의 다른 표현이라 할 수 있다. 쓰시마의 "侯度"로서, 조선에게 지켜야 할 것이다. 소 요시토시를 회유함으로써 양국의 신의를 지킬 수 있다고 학봉은 판단하였던 듯 하다. "돌에 반응하여 물에 파문이 생기듯" 요시토시가 응대하였고 "사냥에 쓰는 매처럼 사람에게 가까이 하였

---

15) 金誠一, 『海槎錄』 권1 「贈副官平義智詩 四首○幷序」. "嗚呼 善終之道。非可以他求。不過曰信義而已。夫信爲萬事之幹。而在足下。則不欺隣國。其信也。義爲萬事之宜。而在足下。則不爲利動。其義也。足下自先世以來。恪守侯度。永世無忒。所謂不信不義者。未嘗犯之也。但島嶼星羅。出沒無時。侵我邊圉。攜我漁戶者。寔繁有徒。然此豈足下之所知也。新王建國之初。誅鋤强梗。式遏亂略。還俘獻馘。禮意有加。交隣之信。制國之義。布著四國。故我殿下嘉之。發使報聘。玉帛相交。新王信義。可謂孝友邦而足人聽矣。　足下奉信義之主。而行信義之道。風波冒涉。事不辭難。亦可謂君臣道合。上下交修者也。繼自今諸島餘孽。猶懷反側。則足下詰戎兵告方伯。先事誅之。勿令滋蔓。哀我俘氓。尙未刷盡。則足下修文德布國命。反其旄倪。罔或有遺。此非信義之大乎。此非有終之道乎。"

다"고 표현한 것은, 요시토시가 매우 설복되었다는 뜻이기 때문이다.

여기에서 주목할 점은 쓰시마를 학봉이 쓰시마를 "懷柔"되어야 할 대상으로 상정하고 있다는 점이다. 쓰시마에 도착하여 겪은 소 요시토시의 무례한 행동이 이러한 생각을 확정시키는 데 큰 영향을 미쳤던 것이 아닌가 한다.

| | |
|---|---|
| 바다 동쪽 한쪽 구석에 오랑캐가 사는데 | 有夷生在海東角 |
| 성질은 교만하고 지역도 별스럽다 | 性氣驕亢區域別 |
| 오랑캐들 중에서도 네가 가장 간교한데 | 氐羌之中爾最黠 |
| 웅덩이인가 벌집인가 바닷가에 의지했네 | 水渦蜂房依海窟 |
| 심보는 이리 같고 목소리는 올빼미며 | 心如狼子音如鶚 |
| 독을 품은 전갈이라 가까이 하기 어렵네 | 蠆尾有毒難可押 |
| 걸터앉거나 쭈그리고 앉는 것을 예절이라 하고 | 箕踞蹲坐是爲禮 |
| 말과 되 저울 등도 성인의 법이 아니어라 | 斗斛權衡非聖法 |
| 마소에 옷 입힌 듯 또 몸에는 문신을 하고 | 馬牛襟裾且文身 |
| 남녀가 구별이 없으니 어찌 친족을 묻겠는가 | 男女聚麀寧問族 |
| 허한 데를 습격하고 약한 자 능멸하여 못된 짓 다하고 | 擣虛凌弱逞狙詐 |
| 남의 불행을 이롭게 여기고 위태로움을 타서 덤비네 | 利災乘危爭豕突 |
| 배에 살고 집에 사니 사람이라 하겠으나 | 舟居室處雖卽人 |
| 벽에 구멍 내고 담을 뚫는 쥐와 같은 도적이네 | 穴壁穿墉眞鼠竊 |
| 규성(奎星)이 빛을 발하여 성군(聖君)이 나시자 | 奎文騰輝聖神興 |
| 읍루족(挹婁族) 오환족(烏桓族)이 모두 와서 복종했네 | 挹婁烏奴渾率服 |
| 짐승 벌레 같은 무리 저절로 길이 들고 | 虫肝獸胃自馴擾 |
| 호묘성과 천랑성도 요사한 기운 못 부렸네 | 胡昴天狼妖不作 |
| 글 읽는 선비 가슴에 만갑을 간직하였는데 | 佔畢書生胸萬甲 |
| 주둥이 발톱으로 누가 만인적을 자랑하나 | 觜距誰誇萬人敵 |

멀리 떨어진 일본 땅이 지척에 바라뵈니                     參商日域視咫尺
우물 안 개구리는 배우지 않겠노라                         不學井蛙空適適
오랑캐의 임금 신하 앞 다투어 우리를 환영했지만           蠻君鬼伯爭我迎
버들가지 꺾어 이별할 때 마음 더욱 감격하였네             折柳離亭膽愈激
오랑캐와 화친하고 먼 나라 평정함도 하나의 복성이니       和戎定遠一福星
장건이 절역에 간 것에 어찌 비할 것인가                   肯數張騫窮絶域
다만 충신을 가지고 성스러운 조정을 도울 뿐이니           都將忠信翼聖朝
남월(南越)의 재물 실어오는 것 내 하고 싶은 바 아니로세

越橐連軫非所欲16)

　위는 차천로의 시를 차운한 것으로, 별 28수의 이름을 각 구에 차
례대로 사용하여 지은 시이다. 이 역시 잡체시의 일종으로 볼 수 있
다. 그러나 황윤길의 시를 차운하여 지었던 「次上使一字至十字格」에
묘사된 쓰시마와 이 시에 묘사된 쓰시마의 간격은 매우 크다. 앞서
인용한 「次上使一字至十字格」에서는 "壤地同蝸角 人居似鳥巢"는 쓰시
마의 지형과 가옥을 간단히 기술하였을 뿐 선악의 판단은 들어있지
않다. 전혀 다른 지역에 살더라도 "含生乎一胞", 즉 같은 인류임을 드
러냈다. 또한 "輕生好鬪昔焉封豕 怛威報德今也桑鴉"라는 구절을 통해
"封豕"에서 "桑鴉"로 변화한 쓰시마를 강조하였다.

　그러나 위 시는 전반부 매 구마다 부정적인 글자를 사용하여 쓰시
마인을 평가한다. 2구의 "驕亢", 3구의 "最黠"이라 하였고, 4구에는
"水渦蜂房"이라 하여 하찮은 짐승의 소굴로 묘사하였고, "狼子", "鴉",

---

16) 『국역 해행총재 Ⅰ』 해사록(海槎錄) 1/ [시(詩)] 〈차오산의 '이십팔수체(二十八宿體)'
　　를 차운하다〉

"蠹" 등 해로운 짐승에 빗댄다. "舟居室處雖卽人 穴壁穿墉眞鼠竊"라는 구절을 보면, 겉으로 보기에는 사람이지만 하는 행동은 쥐 같은 도적이라고 하여 비하하는 표현까지 보인다. 풍속이 달라도 "含生乎一胞"라고 한 「次上使一字至十字格」와는 반대되는 내용을 담고 있는 것이다.

"蠻君鬼伯爭我迎 折柳離亭膽愈激"는 학봉의 심정을 보여준다. 쓰시마 도주가 반겨 맞이하지만 작자의 심정은 더욱 북받쳐 오른다. 그 이유는 다음 구절에서 찾을 수 있다. 이번 사행의 목적이 바로 오랑캐와 화친하고 먼 지방을 평정하는 "和戎定遠"에 있기 때문이다. 「次上使一字至十字格」에서 쓰시마는 이미 회유된 곳이었으나, 이 시에서는 여전히 화친을 이루어야 하는 대상으로 바뀌어 있는 것이다. 북쪽의 이민족이었던 "挹婁"와 "鳥奴"처럼 우리 "聖朝"에서 복종시켜야 하는 곳이다. 쓰시마 도착 후의 경험이 이런 인식의 변화를 가져왔던 것으로 보인다.

> 예의에 어찌 오랑캐와 중화의 구별이 있었으랴　　　禮義何嘗有夷夏
> 보존하면 중화요, 버리면 오랑캐가 되네　　　　　存能爲夏去爲夷
> 생사 때문에 내 절개를 바꾸지 않으리니　　　　　莫將生死渝吾節
> 이 도는 예로부터 떠나서는 안 되네　　　　　　　此道從來不可離[17]

쓰시마를 떠나 배를 타고 교토로 향하던 도중 쓴 시로 보인다. 제목에서 보듯 떠오르는 시상을 그대로 읊은 것이다. "禮"와 "義"의 보존 여부에 따라 화이(華夷)가 나뉜다는 기본적인 명제를 기술하고, 스

---

17) 金誠一, 『海槎錄』 권1 「偶書」.

스로의 절개를 지키겠다는 결심을 말하였다.

쓰시마를 지나오면서 겪었던 경험은 앞의 시참(詩讖)에 예상하였던 "뗏목 머리에서 고개 한 번 돌리면 만 리에 나루가 통하리라[槎頭一回首 萬里是通津]"는 상상과는 매우 달랐던 것으로 보인다. 가는 도중 도를 지키겠다는 굳은 결심을 해야 할 정도로 쓰시마의 상황은 어렵고 힘들었던 것이 아닌가 한다. 따라서 정몽주의 사행시와 같은 정조를 유지하였던 이국적인 경물의 쓰시마가 교화 대상인 오랑캐의 소굴로 바뀌었던 것이라 할 수 있다.

### 3) 유감(有感) 시 등에 보이는 감정의 토로와 현실에 대한 인식

『해사록』의 시는 차천로, 허성에게 차운한 시와 일본인에게 부친 시가 다수를 차지한다. 이가운데 흥미를 끄는 시는 "有感"이라는 제목을 달고 있는 세 편의 시이다. 이 시는 학봉이 일본에서 겪은 어려움을 그대로 읊은 것이기 때문에, 사행에서 부딪힌 현실을 가장 잘 반영한다고 할 수 있다.

첫 번째 「有感」은 "이때 동행 가운데 매매한 일이 있었다.[時同行有買賣事]"라는 부기가 있다. 사행 도중 무역행위가 일어났던 것인데, 학봉은 "이익을 보면 의를 잊고 교활하게 쨀쨀거린다.[見利則忘義 狡獪舌喃喃]"라고 하여 사적인 매매행위를 의에 어긋나는 일이라 보았다. 조선인이 물건을 사고 판 것이지만 시의 처음은 이익을 좇는 일본의 풍속에 대한 비판으로 시작하여, 조선인에게 진중하기를 권고하는 것으로 맺는다.

두 번째 「有感」은 "5월 초 출항하여 7월에 경도에 들어왔으나 관백이 동쪽으로 갔기 때문에 전명식을 할 수 없었다. 9월 3일 관백이 비로소 돌아왔으나 또 전우(殿宇)가 완성되지 못하였다고 핑계를 대며 만날 수가 없었다. 요시토시가 악공을 청하여 내가 전명하지 못하여 빌려줄 수 없다고 하였으나 상사와 서장관이 따르지 않았다. 그러므로 느낀 바가 있어 짓는다."18)라는 서문이 달려 있다. 시는 이 내용을 그대로 읊은 것이다.

　전반부는 "東征"과 "殿宇"를 핑계로 전명식을 늦추는 관백에 대한 비판이다. "저들 오랑캐 풍속 황폐하여 신의를 본래 소홀히 하였지[彼哉蠻俗荒 信義元自忽]"라는 구절을 통해 蠻俗을 비난으로 시작하여, 방치된 모멸감을 그대로 드러내며 "예가 중한 줄 모르고 도리어 궁궐을 자랑하고 싶어하네[不知禮爲重 反欲誇宮闕]"라며 조소를 보낸다. 중반부에 이르면 소 요시토시에 대해 "우리의 번신과 다름없으면서 감히 외람된 뜻을 가졌는가[無異我藩臣 敢有志越厥]"라고 하며 그의 무례한 태도에 대한 분노를 여과 없이 말한다. 그러나 결국 사신은 악공을 빌려주었고 이에 대해 "국사는 함께 결정해야 하니 어긋남이

---

18) 金誠一, 『海槎錄』 권2 「有感」. "五月初入海。七月中入都。而關白東征。故未克傳命。九月初三日。關白始還。而又稱殿宇未成。不時接見。平義智請借樂工。余以爲王命未傳。不可借也。上使, 書狀不從。故感而賦之。王命滯日域。如今五閱月。東征亦云急。久淹寧咄咄。戎車旣載旋。奉書待明發。彼哉蠻俗荒。信義元自忽。隣交視若無。星槎敢侮蔑。舍置空山中。無意通我謁。不知禮爲重。反欲誇宮闕。方營廈渠渠。工役豈易訖。坐待雀賀日。流年何卒卒。三秋已云暮。轉眄迫冬日。天札委草莽。晨夕抱飢渴。吁嗟老舌官。往來筋力竭。義智何爲者。大邦依穴窟。無異我藩臣。敢有志越厥。屬我抱幽憂。請樂何唐突。芝函尙未開。慷慨痛至骨。何敢放天樂。先之向夷羯。誘以命未傳。開諭亦有說。云胡同事人。謂我事情闊。五佾具禮服。庭跪鹽奴末。縱曰悅夷心。事體何屑越。國事宜共濟。不宜有乖剌。嘿嘿坐空菴。秋岑日欲沒。"

있어서는 안된다[國事宜共濟 不宜有乖刺]"라고 하여 논의에서 소외된 자신의 처지를 읊는 것으로 마치고 있다.

세 번째 「有感」은 "이때 뇌물을 써서라도 전명의식을 하자는 의견이 있었다 [時有行賂傳命之議]"라는 부기가 있다. 이 문제에 대해서는 황윤길에게 직접적인 의견제시가 아닌 아닌 설(說)을 지어 답한 「答客難說答上使書」이 『해사록』에 실려 있다. 학봉이 지은 이 글을 보더라도 황윤길이 도요토미 히데요시(豊臣秀吉)의 측근에게 "私禮單"을 먼저 주겠다는 것을 명분으로 삼았으므로, 학봉이 말한 그대로 뇌물[行賂]라고 치부하기는 어렵다. 그러나 학봉은 공예단(公禮單) 전에 베푸는 私禮 역시 뇌물로 보는 엄격함을 견지하고 있었다.

이상의 有感 시는 사행 도중 일어난 일을 그대로 기술했을 뿐 아니라 학봉의 심정 역시 그대로 노출시키고 있다. 함축성을 위주로 하는 시가 아니라 형식을 시로 취하였을 뿐 기록문학에 더 가깝다고 할 수 있다. 황윤길과 허성에게 보낸 편지와 대조해 보면 문맥의 흐름 역시 유사하게 전개되는 것을 확인할 수 있다.

이러한 일련의 사건들이 학봉이 일본의 현실을 파악하는 데 영향을 미쳤던 것으로 보인다. 그 일면의 시 「二十八日登舟山觀倭國都」를 통해 볼 수 있다.

......

| | |
|---|---|
| 인의를 닦지 않고 힘을 숭상하니 | 不修仁義尚以力 |
| 백성들이 전쟁 먼지 그칠 날을 언제 보랴 | 居民那見風塵淸 |
| 말하기를, 관백이 최고의 영웅이라서 | 人言關白最雄豪 |
| 온 나라 신하 삼고 지금 동쪽 정벌 나섰다고 | 臣妾一國今東征 |

| | |
|---|---|
| 떠난 지 반 년인데 돌아오지 않으니 | 東征半歲尙未還 |
| 허다한 해골들이 높이높이 쌓였으리 | 許多戰骨高崢嶸 |
| 고아와 과부가 도성의 반 차지하고 | 孤兒寡婦半都中 |
| 주루에서 날마다 울어대리 | 邾屢日夕啼喤喤 |
| 거두지 않으면 스스로 불타는 법 | 從來不戢必自焚 |
| 세상에서 겨룰 자 없다고 하지 말라 | 莫言域內無爭衡 |
| 시를 지어 오랑캐 추장에게 경계하고 싶으나 | 題詩我欲警蠻酋 |
| 어리석어 내 마음 누가 알겠는가 | 蚩蚩誰能知余情 |
| 해 저물어 돌아오니 오래된 절 비어있고 | 日暮歸來古寺空 |
| 뜰 가득 오동나무 대나무 가을 소리 내는구나 | 滿庭梧竹生秋聲19) |

  학봉 연보에는 8월 28일 현재 후나오카야마(船岡山)로 추정되는 주산(舟山)에 올라 교토를 구경하였다고 하였다. 전반부는 교토의 지형과 번성한 모습을 읊었다. 위 인용문은 그 후반부이다. 일본을 비판하는 것이 주된 내용이나, 학봉의 의도는 "題詩我欲警蠻酋"의 구절에 보이듯 관백을 경계하는 것에 방점이 찍혀 있다.

  외국의 사신이 왔는데도 동쪽으로 정벌을 나가 반 년째 돌아오지 않는다는 것은 전세가 만만치 않음을 알려주는 징조이다. 실제로 히데요시는 저항하는 오다와라(小田原)를 정벌을 위해 간토 지방으로 나선 상태였다. "孤兒寡婦半都中 邾屢日夕啼喤喤"는 오랜 전쟁으로 인한 피폐함을 예측한다. 오랜 정벌은 많은 전사자를 내게 되고, 지아비와 아비를 잃은 과부와 고아만이 남게 된다. 도성과 지방에는 고통 받는 백성들의 울음소리로 가득 차게 될 것이다. 결국 민심을 얻지

---

19) 金誠一, 『海槎錄』 권2 「八月二十八日登舟山觀倭國都偶書」.

못한 군주는 정권 또한 잃게 될 것이 분명하다. 아무리 호걸이라고 하더라도 백성이 떠나면 패권을 손에 넣기 어렵기 때문이다. 이때 학봉은 국도를 오래 비우고 있는 히데요시에게 의심을 눈초리를 보내고 있었던 것이 아닌가 한다. "仁義"를 닦지 않고 무력을 숭상하는 일본의 현실을 미루어 보건대 히데요시에게서 국가의 안정을 기대하기 어렵다고 판단하였던 것으로 보인다.

「有感」에는 "예의"를 준거로 하여 양국의 접대 예절에 옳고 그름을 따지는 것이 주된 내용이다. 학봉은 "예의"를 지키지 않는 히데요시의 태도는 곧 쇠락으로 연결될 것이라 예측하였던 것이다. 대덕사(大德寺)를 비롯한 여타 도성의 풍경을 읊은 시에는 보이지 않으나, 有感 등의 시와 국도(國都)를 관찰한 위 시에서 학봉이 일본의 현실을 어떻게 파악하고 있는 지 엿볼 수 있다.


## 3. 맺음말

학봉의 시의 대부분은 정몽주의 사행시 전범을 따른다. 매화, 귤, 대나무와 같은 국적인 경물과 함께 기이한 풍속을 읊는 것이 주된 정조를 이룬다. 조선에서부터 만난 승려 겐소에서 교토에서 만난 소친에 이르기까지 존중하고 우호적인 태도를 견지하였다. 이는 두 가지 점을 주목하게 한다. 이 시기 정몽주의 사행시가 이미 일본 사행시의 전형으로 조선 문인에게 받아들여졌다는 점이다. 다른 하나는 임진왜란 이후와 달리 일본을 적대시하거나 야만시하는 경향을 크게 보이지 않는다는 점이다.

그런데 뚜렷하게 다른 인식을 보여주는 시가 「對馬島記事」이다. 소요시토시의 무례함을 여러 차례 겪으면서 쓰시마에 대한 이미지가 확연히 변화했다는 점을 알 수 있다. 이 시에서는 교화된 번국으로 간주하고 있던 쓰시마가 갈등을 겪으면서 "忠順"하도록 권면하여야 하는 대상으로 바뀌었다.

한편 일본에 대한 인식의 현실적인 문제를 지적한 시가 등장한다. "有感"이라는 제목을 달고 있는 시 세 편에서는 여타 시와 차별되는 정조가 발견된다. 교토에 도착하여 전명의식을 둘러싸고 갈등을 일으키면서 문학적인 함축성 보다는 의견과 감정을 그대로 노출시키는 직접적인 언명이 주조를 이룬다. 이는 다른 사신과 논변한 서한의 내용을 그대로 압축하여 시로 옮겨놓은 형상이다. 또한 「二十八日登舟山觀倭國都」에서 관찰된 일본은 오랜 전란으로 피폐해질 징조를 곳곳에서 드러내고 있다.

학봉의 사행시는 정몽주의 사행시의 연장선상에서 일본을 이국적인 경물로 그려낸다. 그러나 쓰시마 및 히데요시 정권과의 갈등을 겪으면서 현재하는 일본에 주목하였던 것으로 보인다. 일본에 대한 부정적인 시각의 시편에 그의 현실적인 변화를 드러낸다. 쓰시마는 유화하여 순종하게 해야 하는 번국으로, 히데요시 정권은 지나친 전쟁으로 인해 영속성이 의심되는 권력으로 파악하였던 것이다. 따라서 침략에 대한 의심보다는 쓰시마를 통한 "信義"의 실현을 통해 교린을 이어가는 편이 합리적이라 판단하였던 것이 아닌가 한다.

# 학봉『해사록』소재
# 한시의 문예적 특질과 주제 의식

## 1. 머리말

漢文 문화권에서는 學者, 政治家, 武人, 中人, 심지어 노비까지 계층을 막론하고 글을 배운 식자들은 예외 없이 모두 詩人이었다. 이는 인류사에서 다른 어느 언어권에서도 예를 찾기 힘든 경이로운 사실이다. 국가를 경영하는데 필요한 관료를 임용하는데 作詩 능력이 중요한 잣대가 되었다는 것 역시 특기할 만한 일이다. 이런 배경 하에서 漢詩는 문학은 말할 것도 없고 철학, 예술 등 문화의 전 영역에 걸쳐 깊은 영향력을 발휘하였으며, 따라서 동양 문화 전반을 깊이 있게 이해하기 위해서는 한시에 대한 이해가 필수적이다.

특히 두말할 필요 없이 문학에 있어서 한시는 절대적 비중을 차지하고 있으며, 식자층·문인들의 생애는 평생을 시와 함께한 세월이었다고 해도 과언이 아니다. 일부 피상적인 견해로는, 經學이나 道學에 투철한 학자들은 詩文을 餘技로 여기고 경시했다고 보기도 하는데, 이는 사실과는 맞지 않는 생각이다. 일부 그런 언급을 남긴 학자들이 있기는 하지만, 그것은 개인적인 취향의 문제이거나 道學을 詞章보다 우위로 여겼던 경직된 생각에서 나온 宣言的인 발언에 불과하다. 실제 문인들의 文筆 활동은 시에 대해 매우 진지하였고 높은 수준을 추구하기 위해 부단한 노력을 기울였다. 철저한 성리학자인 朱子만 하더라도 전하는 시가 1,500여 수에 이를 정도로 활발한 詩作 활동을 한 시인이었으며, 우리나라의 대표적 학자인 退溪 선생도 2,000여 수, 茶山 선생도 약 2,500수에 이르는 방대한 작품을 남기고 있다. 이들은 모두 훌륭한 학자인 동시에 뛰어난 시인이었다. 이러한 문화적 전통 아래에서, 詩文을 남긴 역사적 인물을 연구하기 위해서는 그가 남긴 시 작품을 제대로 분석하고 이해하는 과정이 필요불가결하다. 鶴峯 金誠一(1538~1593)도 退溪 선생의 高弟로서 학자의 면모가 강하지만, 그에 못지않게 1,500여 수[1]의 시를 남긴 시인으로서의 면모도 중요하다.

鶴峯에 대한 연구는 지금까지 다양한 측면에서 상당히 많은 성과가 축적되었다. 여러 편의 시를 남긴 만큼 문학적 측면의 연구도 학위논문을 비롯하여 꽤 많은 편 수를 헤아린다. 석사 논문[2]만도 여러 편에 이르고, 특히 박사 학위 논문[3]이 나오면서 鶴峯 시의 종합적인

---

1) 呂運弼, 「鶴峯 金誠一의 삶과 詩」, 『韓國漢詩作家研究』 7(한국한시연구회, 2002), 33면.
2) 구태자, 「학봉 김성일의 한시 연구-장편고시와 이체시를 중심으로」, 안동대학교 석사학위논문, 2005; 金炅珉, 「鶴峯金誠一의 漢詩에 나타난 現實意識 研究」, 울산대학교 교육대학원 석사학위논문, 2008; 金時晃, 「鶴峯漢詩研究 ―北征錄, 海槎錄을 中心으로―」, 경북대학교 교육대학원 석사학위논문, 1981; 신익철, 학봉 김성일 시의 연구-민족적 시세계를 중심으로」, 성균관대학교 석사학위논문, 1988.
3) 김현일, 「鶴峯 金誠一 漢詩 研究」, 단국대학교 박사학위논문, 2012.

면모가 대부분 밝혀졌다고 볼 수 있다. 따라서 이제 시에 대해 새롭게
연구를 한다는 것은 어느 정도 한계가 있는 것이 사실이다. 그러나
기존 연구들은 유사한 내용이 반복되는 것이 많으며, 시에 대한 이해
가 깊지 못하여 잘못된 견해를 드러낸 경우도 없지 않다. 鶴峯의 문학
에 대한 올바른 이해를 위해서는 이제 양적인 연구의 축적보다도 그
동안의 성과에 대한 반성이 필요한 시점이 되었다.

이 글에서는 '鶴峯 海槎錄의 재조명'이라는 취지에 부응하여, 학봉
의 전체 문학 중에서도 海槎錄에 초점을 맞추어 기존의 연구에서 드
러난 오류의 시정은 물론이고 미진한 부분에 대한 보완과 함께 주제
적 측면을 재검토하여 여태껏 주목하지 못한 몇 가지 새로운 측면을
추가로 더 확인하기로 한다.


## 2. 기존 연구의 검토 및 문제점

지금까지 시문학 분야의 선행 연구 성과를 시대 순으로 개략적으
로 점검해보기로 한다. 학문과 사상, 정치가로서의 經世的 측면, 의
병 활동 등 문학 외적인 연구는 논외로 한다. 본 연구는 해사록을 대
상으로 하는 것이므로, 北征錄만을 대상으로 한 논문도 굳이 거론하
지 않는다.

현재 확인되기로는 金時晃(1981)의 「鶴峯漢詩硏究 ―北征錄, 海槎錄
을 中心으로―」가 가장 이른 시기의 논문이다. 이 논문은 鶴峯의 시를
北征錄과 海槎錄으로 나누어 고찰하였는데, 두 사항에 대해 공통적으

로 '1. 槪略'과 '2. 詩의 內質性' 두 가지로 나누어 서술하였다. '槪略'
에 대해서는 언급할 필요성이 없고, 내질성에서 북정록은 1) 憂國·愛
民, 2) 孝悌, 3) 禮敎, 4) 追慕, 5) 氣節, 6) 鄕愁·孤獨을 들었으며,
해사록은 1) 憂國·戀君, 2) 禮敎, 3) 主體意識, 4) 文化意識, 5) 鄕愁·
孤獨, 6) 自然, 7) 交遊를 들었다. 나열된 항목에서 알 수 있듯이 憂國,
禮敎, 鄕愁·孤獨은 중복이 되어 굳이 북정록과 해사록을 양분하여
서술한 의의가 보이지 않으며, 항목의 분류도 기계적으로 나열한 느
낌이다. 특히, 북정록과 해사록을 중심으로 연구한 것이라면 둘 사이
의 내용상의 同異를 비교하는 것이 중요할 것인데, IV장에서 '北征錄
과 海槎錄의 比較'라고 하여 한 장을 설정은 하였으나 겨우 한 面 남짓
으로 지극히 소략하게 서술하고 말았다. 특히 이 장에서 둘 사이의
공통점을 지적하면서 "문학 형식은 節(絶의 오기로 보임)과 律이 대부
분으로 雜體詩는 별로 없으며 體制과 格律을 중시하였다."고 한 것은
매우 적절하지 않은 지적이다. 문인들의 대부분의 시가 近體詩 위주
여서 絶句 아니면 律詩가 절대적 비중을 차지하는 것은 보편적인 현
상이므로 굳이 언급할 문제거리가 되지 않은데다, 오히려 鶴峯은 다
른 문인에 비하여 五言古詩에 능하여 월등하게 많은 작품을 남기고
있으므로 사실과도 어긋난다.[4] 雜體詩도 일반 문인들은 전혀 남기지
않았거나 한 두 작품 남기는 정도인데 鶴峯은 다양한 잡체시를 남기
고 있어 흥미로운 측면이다.

---

4) 이는 작품을 일별해 보면 바로 알 수 있는 사실이며, 특히 寒岡 鄭逑는 「行狀」에서
"시율(詩律)도 맑고 깨끗하며 이치가 깊었고, 더욱 오언 고시를 잘 지어 도연명과
소동파의 체제를 깊이 터득하였다.[詩律亦沖淡理到, 尤善於五言古詩, 深得陶蘇體]"
라고 명시하고 있다. 『鶴峯集 附錄 卷二』, 「行狀」.

신익철(1988)은 백성의 삶과 국토 개척의 시를 소개하면서 민족에 대한 주체적 의식이 있는 시 세계로 파악하였다. 이는 극히 한 가지 측면에만 주목한 연구여서 학봉 시의 본질을 이해하기에는 미흡하다. 후속의 다른 논문5)에서는 鶴峯의 사회시를 소개하면서 16세기 말 사림파 문학의 한 국면으로 현실 비판적 시각을 표출한 후기 사림파 문학의 작품으로 파악하였다. 그러나 이는 논문 발표 당시 우리 사회 전반을 휩쓸던 시대 상황에 맞추어 사회시의 성격을 부각시킨 것이 아닌가 하는 판단이다. 사회시를 사림파 문학의 국면으로 파악하는 것은 적절하지 않다.6)

金周漢은 학봉의 시 세계를 親親, 仁民, 愛物의 세 가지로 나누었다.7) 그러나 이 글은 설정된 주제에 대한 논거로 제시된 작품이 너무 소략하며, 특히 仁民과 愛物의 예로는 장편 고시 한 편씩만 들어 설득력이 약하여 鶴峯 시의 진면모를 전혀 드러내지 못하였다. 더구나 海槎錄 소재의 시는 愛物 항목에 인용된 한 편 뿐이다.

金榮淑은 「海槎錄」 전체를 대상으로 해서 그 성격을 규명하였는데8) 한시에 국한해서는 'Ⅲ, 海槎錄 所載 詩의 使行文學的 性格'한

5) 신익철, 「학봉 김성일의 사회시-16세기 말 사림파 문학의 한 국면」, 『성대문학』 제27집, 성균관대학교 국어국문학과, 1990.

6) 이와 연관해서, 茶山 丁若鏞 詩의 실학적 성격을 사회시에서 찾는 연구가 한때 성행하였는데, 이 역시 본질을 벗어난 것이다. 사회시는 최초의 漢詩集인 『詩經』에서부터 면면히 이어져 온 전통을 가지고 있으며, 儒者라면 누구나 백성들의 생활을 걱정하는 기본적인 태도를 견지하였다. 茶山 시의 실학적 특성은 後期 四家와 궤를 같이하는 것으로, 삶의 진실을 읊은 사실주의적 시풍에서 찾아야 한다.

7) 金周漢, 「「鶴峯 金誠一의 詩世界 -愛民・仁民・愛物의 詩를 中心으로-」, 『嶠南漢文學』 제4집, 교남한문학회, 1992.

장에서 다루었다. 여기서는 海槎錄 所載 詩를 和答次韻詩, 일본의 景物을 읊은 시, 개인의 내면세계를 읊은 시 등 세 가지 유형으로 나누었다. 그리고 사행시에 있어서 특별히 강조된 주제로 '客愁와 憂國', '事體와 禮法의 중시'를 들었다. 이런 주제는 외국에 사신 가 있는 사람으로서 당연히 나타날 수 있는 보편적인 성격이어서, 작품 전반에 두드러지게 나타나기는 하지만 鶴峯만이 고유한 특성이라고 하기는 어려운 측면이 있다. 그러나 '事體와 禮法의 중시'는 같이 사신 간 正使나 書狀官들과도 의견이 부딪치면서 발생한 정황도 드러나 있어 鶴峯의 강직한 성격을 알려주는 특성으로 지적할 수 있다.

呂運弼의 연구(2002)에서는『海槎錄』에 실린 작품들에 대해 왜인들의 무례와 포악에 대한 경멸과 분노, 조선의 문명에 대한 자부, 목숨을 걸고 君命을 욕되게 하지 않으려는 의지, 예의에 바탕을 둔 올바른 善隣觀 등이 잘 드러나 있다고 규정하였다.[9] 특히, 수양인보다는 관료·생활인의 입장에서 떠오른 감정과 사유를 형상화하고 있다고 하고서, "거기에는 理學的 수양과 탐구를 읊은 理學詩·濂洛體가 별로 없는 반면에, 인간적 윤리나 사회적 모순을 제재로 한 교훈시·사회시의 비중이 매우 높다"고 하였다.[10] 이러한 견해는 다른 여러 연구자들이 鶴峯의 시에서 載道的 특성을 강조하여 도학자로서의 면모를 부각시키려는 방향[11]과는 상치된다.

---

8) 金榮淑, 「鶴峯의 「海槎錄」 硏究」, 『嶠南漢文學』 제4집, 교남한문학회, 1992.

9) 여운필, 앞의 글, 71~72면.

10) 여운필, 앞의 글, 33면.

11) 李聖炯, 「鶴峯 金誠一 燕行詩의 載道的 意境 考察」(漢文學論集 제40집, 근역한문학회, 2015)을 비롯하여 많은 연구에서 확인된다.

이정화의 연구12)는 여운필의 평가와는 달리 학봉의 樓亭詩가 도학적 서정시의 경계를 창조적으로 계승하였다고 보고 스승을 닮으려는 溫柔敦厚한 資稟과 칼을 찬 선비의 굳센 기상이 시 속에 있다고 주장하였다.

구태자의 연구(2005)는 학봉의 장편고시와 이체시를 소개하면서 도학자이면서 詞章에 관심을 가진 문인으로서의 면모를 갖추었다고 양면성을 인정하였다.

金炅珉의 연구(2008)는 鶴峯의 시를 현실인식이라는 단일 측면에서 살펴서 愛民意識, 憂國意識, 對外意識이라는 세 가지 범주로 분류하였다.

김현일(2012)의 논문은 박사학위인 만큼 학봉 시를 종합적으로 다루어서 그동안의 연구를 진전시킨 성과를 보여준다. 그러나 III장 '詩의 主題와 形式'은 기존 연구에서 반복적으로 다루어진 내용이라 새로울 것은 없으며, 다만 IV장에서 최초로 鶴峯 시의 風格을 다루어서 시의 문예미를 들여다 볼 수 있는 중요한 계기를 마련하였다. 그는 鶴峯의 시풍을 司空圖의 24詩品 용어를 빌려 沖澹, 豪放, 飄逸의 셋으로 분류하고 例詩를 제시하였다. 그러나 이를 '精神的 含意'와 결부시켜 논의한 것은 사실과 잘 부합하지 않은 너무 作意的인 방법이며, 모처럼의 진전된 논의에 오히려 의의를 손상시켰다. 이에 대해서는 본론에서 자세히 논의하기로 한다.

이상의 연구 성과를 검토해 보면, 양적인 축적에도 불구하고 논의

---

12) 이정화, 「학봉의 누정시 연구」, 『퇴계학과 한국문화』 제34호, 경북대 퇴계연구소, 2004.

가 피상적으로 이루어진 측면도 있고 대동소이한 논지들이 반복적으로 진행되어 독창성이 결여된 측면도 있다. 또 작품의 성격을 제대로 파악하지 못하여 논의상의 문제점을 드러내 보이는 부분도 있다. 이런 문제점들은 논의를 진행하면서 필요한 부분을 거론해 보기로 한다.

## 3. 학봉 시의 문예적 특질

鶴峯의 연구사에서 최초로 시의 風格을 다루어서 문예미를 거론한 김현일의 연구는 중요한 의의가 있다. 앞에서 언급한 대로 풍격을 司空圖의 24시품에서 가져와 沖澹, 豪放, 飄逸의 세 가지로 파악하였다. 그런데 司空圖의 24詩品은 한 개인의 관념에 따른 설정일 뿐이고 후대에 이를 墨守하지는 않는다. 24시품은 지극히 추상적이고 자의적인 분류여서 여러 가지 문제가 있다. 예를 들어 雄渾・豪放・放達의 차이점, 纖穠・綺麗・縝密의 차이점을 찾기는 쉽지 않다. 司空圖 자신이 4언 고시로 그 성격을 규정한다고 했지만 대단히 추상적인 표현으로서 뜬구름 잡는 설명이 많다. 24시품은 후대에 수많은 사람들의 입에 오르내렸지만, 추상적인 프레임에 갇혀서 자의적인 논의를 벗어나지 못한다. 예를 들어 雄渾의 例詩로 거론한 작품을 豪放이나 放達의 항목에 집어넣었을 경우 변별하기란 쉽지 않으며 그 역의 경우도 마찬가지다. 그 중에 洗練, 自然, 含蓄, 精神, 實景, 形容 등은 시풍으로 사용하기에 적절하지 않은 성격이고 후대에 시풍 용어로 잘 쓰이지도 않는다. 후대에는 24시품에 얽매이지 않고 다양한 용어들이 변용되어 쓰이고 있다.

## 1) 호장한 시풍

鶴峯의 詩風에 주목한 바 있는 김현일의 논문에서는 沖澹, 豪放, 飄逸을 제시하였다. 그러나 이는 학봉의 전체 시 작품을 대상으로 한 것이며, 沖澹은 海槎錄에서는 매우 드물게 나타나므로 본고에서는 논외로 한다. 이중 豪放이라고 분류한 것을 필자는 약간 유사하지만 좀 더 엄밀하게 평가하여 豪壯으로 규정하기로 한다. 이 두 가지의 評語은 일견 변별성이 약해보이지만, 사전적 의미로 '豪放'은 "기백(氣魄)이 크고 구속됨이 없음. 사람의 감정이 분방하여 자잘한 예절에 구속되지 않음.[大而無所拘束. 指人的感情奔放, 不拘細節.]"[13]이라고 하여, 감정이 분방하고 細節에 구속되지 않는다는 의미가 있다. 鶴峯은 持身을 엄격하게 하고 禮法을 중시하였으며, 그러한 정신이 시에 반영되었기 때문에 '자잘한 예절에 구속되지 않음'이라는 규정과는 약간의 편차가 있다. 이에 비해 豪壯은 "호쾌하게 뻗어나가고 웅장함.[豪邁雄壯]"[14]이라고 규정되듯이 기상이 호쾌하면서도 웅장한 것을 뜻한다. 일본에 使行가서 그들의 무례에 대해 적당히 타협하지 않고 꿋꿋하게 자존심을 지킨 학봉의 태도에 비추어 보면 조금 더 적확한 용어라고 할 수 있다.[15]

---

13) 『漢語大詞典』, '豪放'조.

14) 『漢語大詞典』 '豪壯'조.

15) 崔滋의 『補閑集』에서는 "詩에 있어서는 新奇하고 絶妙하며, 逸越하고 含蓄性이 있으며, 險怪하고 俊邁하며, 豪壯하고 富貴하며, 雄深하고 古雅한 것을 으뜸으로 하고, 精舊하고 遒緊하며, 爽豁하고 淸峭하며, 飄逸하고 勁直하며, 宏瞻하고 和裕하며, 炳煥하고 激切하며, 平淡하고 高邈하며, 優閑하고 夷曠하며, 淸玩하고 巧麗한 것이 그 다음이 되고, 生拙하고 野疏하며, 蹇澁하고 寒枯하며, 淺俗하고 蕪雜하며, 衰弱하고

『海槎錄』의 첫 작품은 鶴峯이 使命을 받들기 전 8월에 조정에서 사
행의 논의가 일어났을 때 가상해서 지어 본 작품을 詩讖의 사례로 싣
고 있다. 「기축년(1589, 선조 22) 가을 팔월에 조정에서 장차 일본(日
本)에 통신사를 보내려고 의논한다는 말을 듣고 우연히 율시 한 수를
지었다. 그런데 이해 겨울에 통신 부사의 명을 받고서 전에 지은 시를
돌이켜 생각해 보니 실로 시참(詩讖)이었다. 인생의 가고 머무는 것이
어찌 우연한 것이겠는가. 이에 책의 첫머리에 기록해 둔다.[己丑秋八
月, 聞朝議將通信日本, 偶占一律. 是冬, 乃膺副介之命, 追思前作, 實詩
讖也. 人生行止, 豈偶然哉. 玆書卷首以志云.]」[16]라고 하는 긴 제목의
작품이다. 이 첫 작품부터 豪壯한 시풍이 잘 드러난다.

해 뜨는 곳 천 년 역사 간직한 땅에 　日域千年地

삼한의 한 명 신하가 사명을 받들어 　三韓一介臣

바람과 파도쯤은 큰 조수에 의지하고 　風濤仗大信

생과 사는 높은 하늘에 내맡겨 두면 　生死付高旻

바다 신은 앞길을 맑게 해주고 　海若淸前道

강물 신은 뒤에서 호위하리니 　馮夷殿後塵

뱃머리에서 한 차례 고개 돌리면 　槎頭一回首

만 리 길이 바로 곧장 통하는 나루이리라. 　萬里是通津

5언 율시인데 首聯도 대구를 구사하였다. 이 작품은 특히 時制를
주의해야 한다. 제목에 밝힌 대로 1589년 겨울에 통신사의 副使로 임

---

淫靡한 것은 病痛이다."라고 하였다.

16) 金誠一, 『鶴峯集』 제2권(『海槎錄1』).

명되었는데 이 작품은 그 전 8월에 지은 것이다. 따라서 시의 내용은 앞으로 있을 일을 가상으로 지은 것이다. 또 大信은 큰 潮水를 뜻한다.[17)

거센 풍랑이 일어날 때 驚動하지 않고 큰 조수에 의지해서 생사는 하늘에 맡긴 채 태연하게 바다를 건너는 모습을 묘사한 것이다. 南朝 시대 宋의 宗慤이 말한 '願乘長風, 破萬里浪'의 기백을 연상시킨다. 이렇게 담대한 기상을 보이면 바다 신이나 강물 신이 앞뒤에서 안전하게 호위해 줄 거라는 것이고, 뱃머리에 서서 의연하게 머리를 한 번 돌려보면 만 리 먼 뱃길도 순조롭게 통하는 나루 역할을 하리라는 것이다.

> 「次五山題對馬島韻」(차오산이 지은 대마도 시에 차운하여)[18)
> 시야 속의 외로운 섬 크기가 탄알만 한데                眼中孤島大如丸
> 드높은 산은 하늘 찌른 채 기운이 짙게 서렸네.          危嶂磨天氣鬱蟠
> 누가 왕의 위엄 힘입어 먼 변방 풍속 위무할까          誰仗王靈綏遠俗
> 지주가 되어 광란의 물결 막기를 원한다오.              願爲砥柱障狂瀾
> 어려움에 처할수록 도리어 마음 장해짐을 깨닫고        艱危轉覺心期壯

---

17) 고전번역원의 『海行摠載』 소재 『海槎錄』 번역과 『학봉집』 번역에서 大信을 忠信으로 번역하고, "공자가 여량(呂梁)의 폭포를 구경할 때에, 폭포가 3천 길이나 되고 물거품이 40리나 되는데 한 남자가 무사히 들어갔다가 무사히 나왔다. 공자가 '그대는 무슨 도술이 있는가?' 하니, 그가 말하기를, '나는 충신(忠信)으로 들어갔다가 충신으로 나온다.' 하였다."라고 하는 『列子』의 전고를 주석으로 단 것은 잘못이다. 열자의 전고는 이 작품의 내용과 아무런 상관관계가 없다. 또 이 구절은 律詩의 頷聯이므로 아래 구의 高聳과 대구가 되어야 하는데, 忠信은 高聳과 대구로 어울리지 않는다.

18) 金誠一, 『鶴峯集』 제2권(『海槎錄1』).

| 위태로워도 외려 손으로 홀을 단정히 잡으리. | 顚沛猶能手笏端 |
|---|---|
| 포도주 석 잔에 호탕하게 노래하니 | 蒲酒三杯歌浩浩 |
| 여섯 자라 머리 위에 바다 하늘 드넓도다. | 六鰲頭上海天寬 |

五山은 사행길에 수행한 車天輅의 號이다. 오산은 당대 최고의 시인으로, 鶴峯이 가장 많이 酬唱한 인물이다. 대마도를 탄알만 하다고 비유한 것에서 호탕한 시야를 읽을 수 있다. 대상을 축소시켜 자신의 거시적인 시야를 과시하였다. '危嶂摩天'은 수직적인 시선으로 하늘 높이 솟아 있는 산의 모습을 묘사하였다. 砥柱는 黃河의 중류에 마치 기둥처럼 우뚝 서 있는 바위산으로, 격류 속에서 꼼짝도 하지 않고 서 있으므로 세속에 휩쓸리지 않고 꿋꿋하게 자신의 절조를 지키는 군자를 비유하는 말로 흔히 中流砥柱, 또는 黃河砥柱이 형태로 쓰인다. 어려움에 처할수록 마음가짐을 壯하게 가진다고 한 표현에서 豪壯의 壯을 확인할 수 있다. 석 잔 술에 호탕하게 노래한다는 것은 "三杯通大道"라고 호탕하게 노래한 李白의 기상이 연상되며, 마지막 구는 신화에서 차용하여 대마도를 자라가 짊어지고 있다는 신화속의 삼신산의 하나로 比定하였다.

「次五山詠宋道君畵鶻」(차오산이 송나라 도군의 송골매 그림을 읊은 시에 차운하다)

| 서리 내린 수천 숲에 가을 기운 드높은데 | 霜落千林秋氣高 |
|---|---|
| 송골매가 양 날개 펴 힘찬 기상 뽐내더니 | 胡鷹竝翼擅雄豪 |
| 별안간에 한번 날아 하늘 위로 솟았다가 | 瞥然一擧凌霄漢 |
| 홀연히 평원에다 피와 털을 흩뿌렸네. | 忽地平原灑血毛 |
| 붕새가 바다에서 솟구쳐도 외려 어쩔 줄 모르고 | 鵬擊重溟猶失措 |

토끼는 세 굴을 판 들 도망갈 수 있으랴만　　　　兎營三窟可能逃
애석해라 잘못해서 사냥꾼의 그물에 걸려　　　　惜哉誤掛虞人網
풍진 속에 날개 처진 채 매인 끈을 풀지 못하네.　側翅風塵未解縧

　제목의 송나라 道君은 花鳥圖에 뛰어난 솜씨를 발휘한 徽宗을 가리
킨다. 도교를 숭상하여 道君皇帝라고 자칭한데서 온 별칭이다.

　이 작품은 杜甫의 「畫鷹」과 「見王監兵馬使, 說近山有白黑二鷹, 羅者
久取, 竟未能得. 王以爲毛骨有異佗鷹, 恐臘後春生, 騫飛避暖, 勁翮思
秋之甚, 渺不可見, 請余賦詩. 二首」에서 차용한 표현이 많아 두보의
시에 대한 이해가 선행되어야 의미를 제대로 파악할 수 있다. 首聯에
서는 서리 내린 뒤 드높은 가을 하늘을 배경으로 두 날개를 가지런히
편 송골매의 모습을 묘사하고, 頷聯에서 갑자기 하늘로 솟구쳐 올라
순식간에 사냥한 동물의 피와 털을 벌판에 흩뿌리는 장면으로 넘어
갔다. 頷聯 제4구는 두보의 「畫鷹」에서 "何當擊凡鳥, 毛血灑平蕪"라고
한 표현을 빌려온 것이다. 頸聯의 첫 구는『莊子』에 나오는 붕새의
설화를 끌어와 송골매의 기상을 극대화시켰다. 바다에서 鯤이라는
물고기가 변하여 鵬鳥가 되면 구만리 장천을 날아 오른다는데, 그런
거대한 붕새도 이 송골매 앞에서는 두려워 어쩔 줄을 모른다는 것이
며, 교활한 토끼는 굴을 세 개씩이나 파 놓아 위험을 대비한다고 하지
만 역시 이 송골매 앞에서는 꼼짝 못하고 잡힐 것이라는 말이다. 이
頸聯은 두보의 「見王監兵馬使……黑白二鷹……」에서 차용한 표현이
다. 두보의 시에서는 "붕새는 구만리 하늘을 거대한 날개로 가릴지라
도 이 매를 만나면 모름지기 피해야 한다.[鵬礙九天須却避]"라고 해서
鶴峯의 이 시와 유사한 표현이다. 그러나 뒤 구절은, 두보의 시에서

는 "토끼는 세 개의 굴을 영위하니 깊이 근심하지 말라.[兔經三窟莫深憂]"라고 한 것을 反用하여 "도망갈 수 있겠는가."라고 매의 사냥을 벗어나지 못한다고 하였다. 尾聯은 抑揚法으로, 그렇게 날랜 매도 인간의 손에 붙잡혀 끈에 묶인 채 속박된 모습을 묘사하였다. 그림 속의 매인데 인간에게 잡혀 길들여진 사냥매의 모습으로 본 것이며, 이는 그림을 대상으로 한 사실적인 표현이다.

### 2) 잡체시에 대한 보론(補論)

잡체시는 구태자와 김현일의 논문에서 다룬 바 있다. 여기에서는 기존 논의에서 미흡한 점과 간과한 점을 보충하기로 한다. 기존 연구에서는 학봉의 잡체시로 「大谷書堂董役偶得進退體示諸生(4首)」(進退體), 「次上使一字至十字格」(寶塔詩), 「次松堂玉聯環體」(玉連還體), 「次山前建除體」(建除體), 「次五山八音體」(八音體), 「次五山二十八宿體」(二十八宿體), 「次五山擬宋玉詩」(諸言體)를 들었다. 이중 「大谷書堂……」은 총 4수인데 한 수는 『鶴峯集』 제1권 「錦城錄」에, 한 수는 『鶴峯續集』 제1권에, 두 수는 『鶴峯逸稿』 제1권에 각각 분산되어 실려 있다. 나머지는 모두 『海槎錄』에 실려 있다.

이 중 玉連還體를 분석한 것에는 몇 가지 문제가 있다. 해당되는 작품은 다음과 같다.

「次松堂玉聯環體」[19]
근심은 눈앞에 있고 생각은 더욱 아득한데　　　憂在眉端思更悠

---

19) 金誠一, 『鶴峯集』 제2권(『海槎錄1』).

마음은 매단 깃발처럼 흔들리고 길은 어찌 멀기만 한지.

心如懸旆路何脩

둥근 달은 이지러져 밝은 빛 다시 어두워지고　　月輪生魄明還暗

해는 탄환처럼 내달려서 봄 지나고 또 가을이 됐네.　日馭跳丸春又秋

덥고 습한 기운 하늘 가득하여 한 폭 돛을 태울 듯하고

炎瘴漲空燒片颿

풍파가 땅을 휩쓸어 두 눈은 어찔한데　　　風濤捲地眩雙眸

보리 익고 매실 떨어지는 시절 외로운 섬을 지나자니

车明梅落經孤島

산촌의 쉬지 않는 일손에 부끄럽도다.　　　山郭多慙不輟穮

　이 작품은 제목에 명시하고 있듯이 玉連還體라는 잡체시인데, 일명 藏頭體라고도 한다. 우선 기존 연구에서 이 옥련환체를 회문시의 일종이라고 본 것[20]은 잘못이다. 회문시는 읽는 순서를 이리저리 여러 방향으로 읽어도 시가 성립하는 것을 말한다. 옥련환체는 읽는 순서가 바뀔 수 있는 것은 아니다. 회문시의 일종으로 보았기 때문에 이 작품을 수함경미를 거꾸로 읽어도 의미가 잘 통하는 묘미가 있다고 하고서 다음과 같이 재배열하여 해석하였다.[21]

보리 익고 매실 질 때 외론섬 지나자니　　车明梅落經孤島

산촌의 바쁜 농부에게 미안 하네　　　　　山郭多慙不輟穮

더운 기운 하늘 덥쳐 조각 돛 사르고　　　炎瘴漲空燒片颿

풍파는 땅을 말아 두 눈이 아찔하네　　　　風濤捲地眩雙眸

---

20) 김현일, 앞의 글, 93면.
21) 김현일, 앞의 글, 94면.

달은 점점 작아 밝은 것이 어둡게 되고 　　　　月輪生魄明還暗
해는 탄환처럼 달려 봄은 또 가을이 되었네 　　日馭跳丸春又秋
걱정거리 눈앞 닥쳐 생각다시 하염없고 　　　憂在眉端思更悠
마음은 깃발 같고 길은 멀기만 하네 　　　　心如懸斾路何脩
(번역 및 표기는 인용 논문의 원문대로 따름)

　이렇게 배열하고서, "거꾸로 배열하여도 시상이 자연스러워 어떤 제약에도 얽매인 느낌을 주지 않는다."[22)]라고 평하였는데, 이는 詩法을 전혀 고려하지 않은 말이다. 우선 어떤 회문체 시라도 이런 식으로 연을 거꾸로 배열하는 법은 없다. 그리고 역으로 배열해 놓은 위의 해석은 시상이 자연스럽지 못하다. 원 작품은 首聯에서 異國 멀리에서 사신의 일은 잘 풀리지 않고 마음만 다급한 심정으로 시상을 일으키고, 頷聯에서 속절없이 세월만 흘러가는 안타까움을 토로한 다음, 頸聯에서 남쪽 땅 일본의 열악한 풍토에 고생하는 모습을 묘사하고, 尾聯에서 자신도 나름대로 고생하지만 보리가을을 맞아 산촌에서 쉬지 않고 일하고 있는 일본 농부들의 모습에서 미안한 마음을 느끼는 인도주의 정신을 드러내어, 정연한 시상의 흐름을 갖추었다. 이것을 역으로 배열하면 유기적인 흐름을 찾기 어렵게 된다.

　또 원 작품은 7언시의 일반 원칙에 맞추어 1구에도 押韻을 한 正格의 시인데, 재배열한 구성에서는 7구와 8구에 압운이 되어 있어 작시법에 어긋나므로 성립할 수 없다. "옥련환체시는 운자의 서로 맞물림으로 이루어진 시의 형식으로 여타 한시와 다를 것이 없어 보이지

---

22) 김현일, 앞의 글, 95면.

만……"23)이라는 서술도 부주의한 표현이다. 옥련환체는 운자의 맞
물림이 아니라, 운자와 상관없이 각 구의 끝 글자와 다음 구의 첫 글
자가 부수 등 일부 구성 요소로 맞물리는 것이다.

기존 연구에서 간과하고 거론하지 않은 雜體詩가 하나 더 있는데,
바로「許山前의 시 '뻐꾸기 소리를 듣고'에 차운하다(次山前聞布穀韻)」
이다. 이는 외형적으로 보면 잡체시인지 알아보기 어렵지만, 내용을
잘 분석해 보면 이른바 禽言體라는 잡체시이다. 금언체는 새의 울음
소리를 音借하여 새 이름으로 삼은 鳥類를 題材로 삼은 작품을 말한
다. 울음소리에서 音借한 이름을 다시 한자의 뜻으로 풀이하여 일정
한 의미를 부여한 내용으로 시를 짓는 방식이다.24) 이런 금언체 시는
새 울음소리를 음차한 한자의 의미를 잘 파악해야 시를 제대로 이해
할 수 있다.

> 숲 저 편에 숨은 새는 마음 다해 울어대도          隔林幽鳥盡情鳴
> 섬나라의 어느 누가 네 소리를 이해하랴.          海島何人解爾聲
> 만 리 먼 길 사신만이 마음 홀로 괴로워라,          萬里征夫心獨苦
> 큰 바다 속 이 나라엔 농사지을 땅 없으니.          滄溟無地可耘耕

겉으로만 해석해서는 詩行 하나하나에 표현된 의도가 무엇인지 명
확하지 않다. 뻐꾸기는 그 울음소리 '뻐꾹'을 '布穀'으로 음차해서 布
穀鳥라고 한다. 그리고 布穀을 글자대로 풀이하여 '씨를 뿌리라'는 勸
農의 의미로 해석한다. 첫 구에서 새가 마음 다해 우는 것은 권농의

---

23) 上同.
24)『漢語大詞典』'禽言': "以禽鳥爲題, 將鳥名隱入詩句, 象聲取義, 以抒情寫態."

마음을 다해 '布穀, 布穀'이라고 울어댄다는 말이다. 그런데 섬나라에서는 그 의미를 이해할 사람이 없다고 하였다. 이는 섬나라 일본의 문명에 대해 폄하하는 시각이 담겨 있다. 뻐꾸기의 울음을 권농의 의미로 이해하는 것은 漢文에 대한 소양이 있어야 한다는 전제가 깔려 있다. 일본 사람은 그 의미를 모를 것이고, 의미를 아는 자신만이 혼자 마음속으로 괴로워한다고 하였는데, 그 이유가 아래 구절에 도치되어 제시되었다. 즉 이 큰 바다 가운데 섬나라인 일본에는 농사지을 만한 땅이 없으니, 뻐꾸기가 아무리 '씨를 뿌리라'고 울어대 봐야 부질없는 헛수고에 불과하기 때문에 그 사실을 안타까워한다는 것이다.

　이처럼 금언체 시를 이해하는 데는 그 이름의 의미가 어떻게 활용되고 있는지를 찾아내는 것이 중요하다. 같은 뻐꾸기를 제재로 한 금언체 시를 대상으로, 작품 이해를 어떻게 해야 하는지 하나의 사례를 들어 본다.

> 「偶吟」崔承老
>
> | 밭 있어도 곡식 씨를 누가 뿌리며 | 有田誰布穀 |
> |---|---|
> | 술 없는데 술병 들 수 있겠는가만 | 無酒可提壺 |
> | 산새들은 무슨 마음 간직했기에 | 山鳥何心緒 |
> | 봄을 만나 괜히 자기 이름 부르나. | 逢春謾自呼 |

　문맥대로 번역만 해서는 무슨 말을 하려고 한 것인지 알기 어렵다. 이 시는 봄이 되어 '布穀'이라고 부르는 뻐꾸기와 '提壺蘆'라고 부르는 직박구리 새가 여기저기서 울어대는 상황을 제재로 삼아 지은 작품이다. 첫 구의 의미는, 장정들이 전쟁 등에 동원되어 농사지을 사람이 없는 상황을 간접적으로 표현한 말이다. 뻐꾸기는 '뻐꾹 뻐꾹' 울면서 "씨 뿌리라, 씨 뿌리라" 울어대지만 밭은 있어도 사람이 없다. 둘째 구는 직박구리의 울음소리를 '提壺蘆'라고 음차하여 提壺蘆鳥라고 부르는 표현을 활용한 것이다. 壺蘆는 조롱박인데, 그 박을 타서 만든 술병을 뜻하기도 한다. 그래서 提壺蘆를 글자대로 풀이하면 '술병을 들라'는 뜻이 되어 勸酒의 의미로 보았다. 여기서 술이 없다는 것은 먹을 식량도 부족하다는 것을 나타낸다. 곡식으로 술을 담가야 하는데 먹을 식량도 부족한 판이니 술이 없는 것은 당연하다. 3, 4구는 바로 연결되는 표현으로, 그런데 저 뻐꾸기와 직박구리는 무슨 심사인지 속절없이 '布穀, 布穀' '提壺蘆, 提壺蘆'하며 자신들의 이름을 불러대는가라고 한탄하는 것이다. 백성들의 삶의 고단함을 대변하고 있는 사회시인 것이다.

鶴峯이 상당수의 잡체시를 남겼다는 것은, 문학의 문예적인 기능을 인정하고 관심이 많았다는 것을 보여준다. 기존의 여러 연구에서 반복적으로 너무 도학자적 성격을 강조하는 것은 지나치게 경직된 평가라고 본다.

## 4. 학봉 시의 주제 의식

지금까지의 많은 시 연구들이 주로 주제적 측면을 위주로 다루었다. 따라서 鶴峯시에 드러난 주요 주제는 거의 다 반복적으로 언급되었다. 그러나 아직 주목되지 못하고 간과한 내용이 더 발견된다. 여기서는 우선 두 가지를 거론하기로 한다.

## 1) 일본의 인물, 풍물에 대한 객관적 인식

그동안의 연구에서는 일본에 대해서 문화적 우월 의식을 가지고 이를 일본에 인식시키고 나아가 미개한 일본을 교화시키려는 의지가 드러난 것으로 파악하였다.[25] 그러나 물론 이러한 태도가 지배적으로 드러나기는 하지만, 다른 한편으로는 일본인 중에서도 학덕을 갖춘 사람에게는 그를 인정하고 칭찬하는 내용도 있으며, 새로 접한 일본 풍물에 대해서도 미개함을 탓하는 측면도 있지만 새로운 풍광에 대한 賞讚도 병존함을 간과해서는 안 된다. 대부분의 일본 사신들이 사행 문학에서 일본을 부정적으로 묘사하는 사례는 무수히 많기 때문에 따로 거론할 필요는 없고, 여기서는 鶴峯이 일본을 객관적 입장에서 긍정적으로 표현한 작품을 위주로 거론해 본다.

> 「題慶雲寺」(경운사를 읊다)
> 생황 소리 우는 仙鶴이 바다 위에서 날아오니   笙鶴聲從海上來
> 儒仙이 우연하게 이곳에 돌아왔네.   儒仙偶向此中回
> 내일 아침 한 번 떠나면 외로운 구름 아득한 채   明朝一去孤雲杳
> 옥대 가득히 맑은 바람만 남아 있으리.   留與淸風滿玉臺

연작 2수 중 제2수이다. 첫째 首도 경운사의 淸淨한 모습을 豪壯한 풍격으로 읊었는데, 이 두 번째 시에서는 더욱 속세를 벗어난 맑고 깨끗한 분위기를 묘사하였다. 笙鶴은 『列仙傳』에 나오는 전고에서 유

---

25) 金時晃, 앞의 글, 42면. "鶴峯은 문화 민족으로서의 긍지를 가지고 우리 민족 역사의 정통성과 문화 禮俗의 우수성을 日本人들에게 올바르게 인식시켜 우리의 국위를 선양하려고 매우 힘썼다.

래하여 仙鶴을 말한다. 선학이 바다 위에서 날아왔다는 것은 그 선학을 타고 학봉 자신이 왔다는 말이다. 2구의 儒仙이 바로 자신을 가리킨다. 이곳 경운사를 仙界로 미화한 것이다. 오래 머물 수 없는 처지인지라 아쉽지만 내일 이곳을 떠나게 되면 맑은 바람만 옥대 가득히 남아 있을 것이라는 말로 이곳의 청정한 모습을 묘사하였다. 이 작품 다음에 車天輅의 慶雲寺 시에 차운한 4수의 연작시가 있는데, 모두 비슷한 意境이다.

「多田浦」(다전포에서)26)

| | |
|---|---|
| 외딴섬은 三神山인가 의심스럽고 | 絶嶼疑三島 |
| 밝은 모래벌은 바로 十洲로구나. | 明沙是十洲 |
| 하늘은 높아 바람이 거침없는데 | 天高風浩浩 |
| 호수가 저물어 해는 아득하여라. | 湖晩日悠悠 |
| 바다 학은 소나무 위에서 울고 | 海鶴鳴松頂 |
| 구름 속 종소리는 절 누각에서 울려오네. | 雲鐘出寺樓 |
| 바위 곁엔 물가 정자 세워져 있고 | 巖頭開水榭 |
| 문 밖에는 고깃배가 매어 있는데 | 門外繫漁舟 |
| 금빛 귤은 마당 가득 주렁주렁 열려 있고 | 金橘羅庭實 |
| 은빛 고기는 낚시 바늘에 걸려 오르네. | 銀花上釣鉤 |
| 신선 돛배 반나절을 머무르고서 | 仙帆留半日 |
| 마음껏 기분 좋게 유람하노라. | 隨意作天遊 |

마지막 두 구를 제외하고 모두 대구로 된 排律 형식의 작품이다. 저 멀리 뚝 뚝 떨어져 있는 섬들은 신선이 산다는 三神山이 아닌가

---

26) 『海槎錄』에는 次韻한 작품으로 되어 있다.

싶고, 밝게 펼쳐진 모래사장은 역시 신선들이 산다는 十洲인 듯하다. 유람하고 있는 多田浦를 첫 연부터 직설적으로 仙界化하였다. 仙境의 구체적인 경물들을 대구로 차례차례 열거하였는데, 역시 자신을 선계에 노니는 신선인양 표현하였다. 마지막 연의 仙凡은 신선이 탄 돛 배인데, 자신이 탄 배를 미화한 것이다. 이곳에 반나절 머물면서 천상의 세계를 노니는 듯한 유람을 하였다고 흡족함을 드러내었다.

이런 긍정의 시선은 사람에게서도 나타난다.

> 「次大仙院僧宗珍一絶」(대선원의 중 종진의 절구 한 수에 차운하다)
> 창해의 동쪽 지방 땅 한 구석에 　　　　　　　　滄海東頭地一邊
> 돛단배가 푸른 하늘과 멀리 떨어져 있지 않은데 　風帆不隔蔚藍天
> 매번 禪師가 시를 지어 인사 오니 　　　　　　　每逢禪客投詩謁
> 붓끝 아래에서 밝은 구슬이 알알이 둥글구려. 　　筆下明珠箇箇圓

宗珍이라는 일본 승려가 보내온 시에 대해 고마워하면서 칭찬하는 작품이다. 동해 바다 속의 먼 이국땅에서 머물고 있는데 일본의 禪師가 늘 시를 지어 보내 준 것에 고마움을 표하였는데, 그 작품이 붓끝에서 알알이 쏟아진 明珠 같은 명품이라는 말이다. 조선시대에 崇儒抑佛로 인해 불교에 대한 탄압과 천대가 심하였지만, 학덕을 갖춘 개별 승려에 대해서는 儒者들이 활발한 친교를 유지하였는데, 일본 승려에 대해서도 鶴峯은 그를 인정하고 그의 작품을 칭찬하였다.

> 「贈副官平義智 四首 幷序」(부관 평의지에게 주다. 4수. 서문을 아울러 쓰다.)
> 바다 밖 나라의 뛰어난 남자로 　　　　　　　　海外奇男子

| 붉은 얼굴에 바야흐로 젊은 나이. | 紅顔政妙年 |
|---|---|
| 관직은 태수의 귀한 자리요 | 官登五馬貴 |
| 여덟 성을 도맡아 다스리시네. | 節制八城專 |
| 지역은 청구 땅과 경계 가까워 | 地近靑丘界 |
| 마음은 늘 임금 계신 대궐 생각이라네. | 心懸紫極躔 |
| 길이 동도의 주인이 되어 | 長爲東道 |
| 제후의 법도에 영원히 허물없게 하시구려. | 侯度永無 |

對馬島主 平義智²⁷⁾에게 주는 시로, 4수 연작 중 첫 수이다. 시 앞에 幷序한 장편의 서문에서는 대마도와 조선의 오랜 우호 관계를 언급하고 평의지의 충실한 역할을 칭찬하였다. 이어서 시에서도 그가 젊은 나이에 출중한 인물임을 찬양하고 앞으로도 내내 법도를 지켜 우호를 유지하기를 희망하였다.

「相國寺僧宗蕣, 以一詩一扇投謁, 次其韻贈之」(상국사의 승려 宗蕣이 시 한 수와 부채 한 자루를 가지고 와서 뵙기에 그 시에 차운하여 주다.)

| 가을비 부슬부슬 절간은 고요한데 | 秋雨淙濛一院空 |
|---|---|
| 새벽 창 앞 서책 속에 園公을 마주하던 차에 | 曉窓黃卷對園公 |
| 詩僧이 홀연 성 남쪽에서 찾아오니 | 詩僧忽自城南過 |
| 소매 가득 바람결에 한바탕 전단향을 풍기네. | 一陣栴檀滿袖²⁸⁾風 |

---

27) 平義智: 대마도주 종의지(宗義智)를 말한다. 임진왜란이 발발하기 전에 조선을 두 차례 방문하여 도요토미 히데요시의 외교사절을 수행하였다. 원래 대마도주의 성(姓)은 宗氏인데, 임진왜란 때의 공로로 풍신수길로부터 平氏를 하사받아 대마도주의 공식 문서에 平氏를 많이 사용하였다.

28) 한국고전번역원 발행의 『海行摠載』 소재 『海槎錄』에는 '袖'가 '樹'로 되어 있으나 의미가 통하지 않아 『鶴峯集』을 따른다.

이 시는 일본의 근세 주자학의 鼻祖라고 일컬어지는 후지와라 세이카[藤原惺窩]와의 만남을 알려주는 작품이다. 후지와라 세이카는 나중에 환속하여 儒學에 귀의하고 큰 학자가 되었는데, 이 당시는 상국사의 學僧으로 법명이 宗蕣이었다. 학봉은 이때 別號가 園公인 송나라 문인 陳與義의 『簡齋集』을 읽고 있었는데 宗蕣의 방문과 선물을 받고 화답하는 지를 지었다. 상대방의 인품을 불가에서 귀하게 여기는 栴檀香에 비유하면서 환대하고 있다. 『해사록』에는 실려 있지 않지만, 같은 상대에게 지어 준 「뜰의 소나무를 읊어 종순에게 주다(詠庭松贈宗蕣)」29)라는 작품에서도 후지와라 세이카를 푸른 소나무와 짝할 수 있는 인격으로 묘사하며 찬사를 보내고 있다.

학봉의 시에 드러난 대상에 대한 이런 태도는, 일본이라고 하여 무조건 미개한 오랑캐로 보거나 백안시하지 않는 객관적 인식을 보여주며, 이를 토대로 학봉이 中庸之士로서의 면모를 견지하였다고 확대해석할 수 있다.30)

## 2) 사신간의 갈등

鶴峯의 일본 사행에서의 활동은 무례하고 오만한 일본인들과의 갈등만 있었던 것이 아니다. 같은 조선인 사신 일행들과도 뜻이 맞지

---

29) 『鶴峯逸稿』 제2권, 詩.

30) 이는 필자가 학봉의 시문학을 통해서 추론한 중용지사로서의 면모인데, 학봉의 전반적인 저술을 통하여 '時中 인식'으로 평가하는 견해가 있어 不期而同임을 밝힌다. 함영대, 〈『해사록』에 나타난 학봉 김성일의 時中 인식〉, 열상고전연구회 제92차 학술발표회 발표 요지.(2018년 11월 30일)

않아 많은 갈등이 있었고, 이를 일부 시에도 드러내었다. 대개는 외
국에 사신 가면 일행들 간에 일심 단결하여 나라의 체통을 지키고 交
隣의 임무를 완수하는데 협력을 다한다는 것이 일반 상식이다. 그러
나 학봉이 참여한 통신사 일행은 여러 가지 사건으로 서로 의견이 맞
지 않아 갈등을 일으켰고, 이를 학봉은 『海槎錄』에서 시와 산문으로
자세하게 남겼다. 이는 正使와 書狀官 등 주로 다른 사람들이 일본의
무례한 행동에 강하게 대응하지 못하고 적당히 타협하려는 태도를
보인데 반해 鶴峯은 철저하게 나라와 임금의 체통을 생각하고 자존심
을 지키려고 했던 데서 빚어진 갈등이 주를 이룬다.

「對馬島記事」(대마도에서의 일을 기록하다)
(前略)

| 문득 보니 가마 한 채 다가오는데 | 忽看一轎至 |
| 앞뒤에서 창을 들고 호위하고서 | 前後擁戈矛 |
| 당돌하게 중문으로 들어오거늘 | 唐突入中門 |
| 그 이유를 도무지 알 수 없는데 | 莫知其所由 |
| 계단을 거쳐서 당에 오르니 | 歷階且升堂 |
| 우리 일행은 모두가 유린당했네. | 一行被躙踩 |
| 주렴을 걷고 깎은 머리 드러내자 | 擧簾露圓頂 |
| 그가 바로 대마도의 군주였으니 | 乃是馬州侯 |
| 온 좌중의 사람들이 비로소 팔 뻗으며 | 四座始扼腕 |
| 서로 돌아보고 입 다물 줄 몰랐네. | 相顧迭呀咻 |
| 아, 내가 정사에게 고하여 | 嗟余告正使 |
| 이 치욕은 부끄러움 참기 어려워 | 此辱難包羞 |
| 객관으로 돌아가는 것만 못하니 | 不如且還館 |
| 어찌 마주하고 정담 나누랴 했으나 | 何可接綢繆 |

| 정사는 관용을 베풀기에 힘써 | 正使務寬容 |
| 마소 같은 짐승들과 따지지 않았네. | 不與較馬牛 |
| 나는 성질이 평소에 좁아서 | 余性素狷狹 |
| 분연히 발길을 재촉하여 되돌렸네. | 奮然催還輈 |
| (하략) | |

대마도에서 일본 측의 무례한 행동에 대해 정사는 묵인하고 자리를 지켰으나 鶴峯은 아프다고 핑계대고 벗어났다. 무례함에 대한 분노가 심하였는지 엄청나게 긴 장편 고시로 심정을 절절하게 토로하였다. 이 일에 대해서는 서장관인 許箴에게 장문의 편지로 세세하게 논박한 글이 따로 전한다.[31]

| 「有感」(느낌이 있어) | |
| (前略) | |
| 국서를 아직 전해 주지 못해 | 芝函尙未開 |
| 통분함이 뼈에 사무쳤는데 | 慷慨痛至骨 |
| 어찌 감히 악공을 내어 놓아서 | 何敢放天樂 |
| 먼저 오랑캐에게 주랴. | 先之向夷羯 |
| 왕명을 아직 못 전했다 핑계대고 | 諉以命未傳 |
| 타이르면 역시 할 말이 있는데 | 開諭亦有說 |
| 어찌하여 함께 일을 맡은 사람들은 | 云胡同事人 |
| 나를 보고 사정에 서툴다 하나. | 謂我事情闊 |
| 다섯 악공이 예복을 갖추어 입고 | 五伶具禮服 |
| 왜놈의 말석에 꿇어앉으니 | 庭跪鹽奴末 |

---

31)『해사록』권3「書書狀官答」.

| 비록 오랑캐 마음을 기쁘게 한다고 해도 | 縱曰悅夷心 |
|---|---|
| 일의 체모가 어찌 그리 구차스럽나. | 事體何屑越 |
| 나랏일은 의당 함께 처리하여서 | 國事宜共濟 |
| 어긋남이 있어서는 안 되는 건데 | 不宜有乖剌 |
| 묵묵히 빈 암자에 앉아 있자니 | 默默坐空菴 |
| 가을 산에 해는 장차 지려 하도다. | 秋岑日欲沒 |

사신 일행은 7월 초에 일본 도성에 들어갔으나 關白이 동쪽 정벌 중이라고 해서 조선 왕의 국서를 전하지 못하고 세월만 보내고 있었다. 9월 3일에 관백이 돌아왔으나 다시 殿閣이 완성되지 못했다는 핑계로 접견해 주지 않았다. 이때 平義智가 조선 사신의 樂工을 빌려 달라고 청하였다. 鶴峯은 왕명을 전하지 못해서 빌려줄 수 없다고 하였으나 상사와 서장관은 따르지 않고 빌려주고 말았다. 이에 대해 통분한 심정으로 쓴 작품이다.

「有感」(느낌이 있어)

(前略)

| 남아의 일처리는 반드시 올바름으로 해야 하니 | 男兒行事必以正 |
|---|---|
| 구차하게 살길을 도모함은 바라는 바 아니라네. | 苟免偸生非所期 |
| 청컨대 그대는 예물이라 하지 마오 | 請君莫謂爲禮物 |
| 예물을 주는 것도 때가 있는 법이니. | 禮物之行亦有時 |
| 손에 받든 국서를 아직 전하지 못했는데 | 手捧芝函尙未傳 |
| 먼저 사사로이 예물 주기를 어찌 할 수 있겠는가. | 先行私饋胡爲哉 |
| 공과 사를 따져 봐도 둘 다 근거 없으니 | 揆以公私兩無據 |
| 말해봐야 추하고 또 탄식만 나온다네. | 言之可醜亦可欷 |
| 아 나는 정성이 없어 남을 감동 못시키니 | 嗟我無誠不 |

| 홀로 내 몸 깨끗이 한들 무슨 보탬 되겠는가. | 獨自潔身終何益 |
| 한밤중에 팔 휘두르며 거듭 거듭 탄식하자니 | 中宵扼腕三歎息 |
| 검의 기운 무지개 같이 하늘에 뻗치도다. | 劍氣如虹橫軫翼 |

앞과 같은 제목의 이 작품은 국서 전달이 차일피일 미뤄지자 관계자에게 뇌물을 써서라도 빨리 전달하자는 의론이 나오니 한탄하면서 지은 것이다. 늘 다른 사람에 비해 혼자 정도를 지키려다 보니 사신 일행 간에 갈등이 생겨났다. 이런 답답한 마음을 풀 길이 없었는지 대부분 장편 고시로 답답한 심사를 풀어내었다. 나라의 체통과 자존심을 지키려는 鶴峯과 강단이 부족하고 현실에 타협하기 좋아하는 다른 사람들과의 사이에 매울 수 없는 간극으로 인해 생겨난 현상이다.

여기서 또 하나 짚고 넘어가야 할 점이 鶴峯과 黨色의 논란이다. 일반인들은 흔히 이때의 일본 사신들이 귀국하여 復命할 때 일본의 침략 가능성에 대해, 정사인 黃允吉은 침략 가능성을 말한 반면 鶴峯은 당색이 달라서 西人인 황윤길의 의견에 반대하며 그 가능성을 부인했다고 알고 있는 경우가 많다. 그러나 이때 사신간의 갈등을 보면 같은 東人인 許筬과도 처신을 놓고 심하게 대립하였음을 알 수 있다. 이는 許筬과 주고받은 서신에서도 잘 드러난다. 鶴峯은 자신이 생각하는 옳고 그름을 기준으로 판단하고 행동한 것이지 당색이 좌우한 것은 아니라는 점을 시문학을 통해서 확인할 수 있다.

## 5. 맺는말

鶴峯의 문학에 대한 연구는 양적인 성과에도 불구하고 기본적인 사실 관계의 오류, 漢詩 이론에 대한 미흡한 이해로 인한 잘못들이 산견된다. 학봉의『海槎錄』을 재조명하는 차원에서 이는 한번 쯤 지적되고 시정되어야 할 문제이다. 이 글에서는 그런 문제점들을 일단 정리하고, 나아가 지금까지의 연구에서 미진한 점과 새롭게 밝힐 수 있는 점을 드러내어 논고를 진행하였다.

우선 문예미 차원에서 시의 풍격을 '豪壯'으로 규정하였다. 이는 鶴峯의 평소 풍모에서 기인한 것이겠지만, 특히 일본 사행에서 일행과의 갈등을 감수하면서도 꿋꿋하게 正道를 추구한 자세와도 부합하는 시풍이라고 할 수 있다.

잡체시에서 보여준 분방한 문학 의식은 경직된 도학자의 태도만을 고집하지 않고 시문학에도 상당한 관심과 취향이 있었다는 점을 확인할 수 있다. 지나치게 도학자적 면모만을 부각시키는 기존의 연구는 재고할 필요가 있다고 생각한다.

주제 의식에서, 일본의 인물이나 풍물에 대해 객관적 태도를 견지하며 대상에 따라 긍정적으로, 때로는 賞讚을 하는 경우를 많이 볼 수 있다. 이는 선입견에 사로잡히지 않고 있는 그대로 사실적으로 인식하는 태도로서, 中庸之士의 면모로 파악하였다.

鶴峯의『海槎錄』에는 사행문학으로서는 이례적으로 詩뿐만 아니라 書簡 등 산문에서도 일행간의 갈등을 여과 없이 드러내고 있는데, 이는 당시 조선 識者들의 對日本 인식을 알려주는 정보이다. 특히 학봉의 일행에 대한 태도는 正道를 추구하는 입장에서 견지한 것이지 黨色과는 무관하다는 것을 알 수 있다. 이런 점들이 임진왜란이라는 조선 최대의 변란을 당했던 당시의 政勢와 관련하여 그 중심에 있었던 鶴峯을 이해하는데 중요한 점이라고 생각한다.

# 학봉 김성일과 일본 유학

◆

학봉의 군자유(君子儒) 풍모가
후지와라 세이카에게 끼쳤을 영향에 대하여

## 1.

학봉 김성일(金誠一, 1538~1593)은 1568년 증광문과에 병과로 급제하여 벼슬길에 오른 후 1575년 이조·병조 좌랑을 역임하고 사가독서(賜暇讀書)를 하였다. 1577년 사은사 서장관으로 명나라에 파견되어 종계변무(宗系辨誣)를 위해 힘쓰고, 1580년 함경도순무어사(咸鏡道巡撫御史)로 함흥·삼수·길주·종성 등을 살피고 돌아왔다. 1588년 사성을 역임하고 1590년 통신부사(通信副使)로 일본에 갔다가 이듬 해 돌아와 일본의 국정을 보고하였다.

학봉은 일본에서 여러 인사들과 만났는데, 학봉이 일본의 유학에 끼친 영향에 대하여 많은 여러 논의가 있어 왔다. 특히 일본 근세 주자학의 비조(鼻祖)라고 운위되는 등원성와(藤原惺窩, 후지와라 세이카, 1561~1619)가 배불귀유(排佛歸儒)하게 된 것은 학봉이 퇴계학을 전해 주었기 때문인가 하는 문제에 대해 깊은 논의가 있어 왔다. 즉, 1590년(조선 선조 23년, 일본 天正 18년) 7월, 조선 통신사 일행이 일본 교토

(京都) 대덕사(大德寺) 소겐인(總見院)에 묵을 때 쇼코쿠지(相國寺) 승려였던 후지와라 세이카가 찾아가 정사 황윤길(黃允吉), 부사 학봉(김성일), 서장관 허성(許筬) 등에게 부채와 자작 한시를 증정하였다.

당시까지 일본 유학은 오산(五山, 고잔)이라는 폐쇄된 세계에서 내전(內典, 불전)과의 겸수(兼修)를 통해 연구되거나 조정에서 공인하는 공가(公家, 쿠게)가 가학으로서 세습하여 왔다. 하지만 후지와라 세이카는 유학을 더욱 공적이고 보편적인 지식학으로서 확대하고자 노력하였다. 후지와라 세이카가 죽은 다음 해에 문도 하야시 라잔(林羅山, 1583~1657)은 스승의 사상적 전회를, 정이(程頤)가 「명도선생행장(明道先生行狀)」에서 정호(程顥)의 사상적 전회를 서술한 방식에 따라 「성와선생행장(惺窩先生行狀)」을 작성하였다.[1] 그런데 후지와라 세이카의 사상적 전회의 계기에 대해서 일본의 여러 학자들은 강항(姜沆, 1567~1618)의 영향을 어느 정도 인정하면서도[2] 1590년 대덕사에서 그가 학봉 등과 한시를 교환한 사실에 대해서는 큰 비중을 두지 않고 있다. 대덕사의 만남을 중시하는 경우에도, 후지와라 세이카에게 「시립자설(柴立子說)」을 써 준 허성의 역할에 초점을 맞출 따름이다.

대덕사의 만남과 관련하여 다음과 같은 주장은 매우 설득력이 있다.[3]

---

1) 『惺窩先生文集』卷頭, 林羅山, 「惺窩先生行狀」.

2) 德富蘇峰, 『近世日本國民史』第10 「豊臣氏時代庚篇」(日本國立國會図書館近代デジタルライブラリー) ; 阿部吉雄, 『日本朱子學と朝鮮』, 東京大學出版會, 1965 ; 平元道雄, 「儒者という生き方 - 惺窩が姜沆に學んだもの - 」, 『退溪學論叢』第26輯, 2015, 117~138면.

3) 김언종, 「조선 유학(朝鮮儒學)의 일본 전파 경로에 관한 재론(再論)」, 『퇴계학논집』

  김성일 역시 조선 유학의 일본 전파자로 관심을 받는 인물 중 하나이다. 그가 퇴계의 제자라는 사실은 의심의 여지가 없지만 1590년 당시 세이카에게 조선의 유학, 그 중에서도 퇴계학을 전했을 것이라는 일각의 주장은 설득력이 없어 보인다. 김성일이 다른 통신사 일행과 함께 세이카를 접견한 것은 사실이지만 이들이 지속적으로 만남을 가진 흔적은 확인되지 않으며, 진지한 학문적 교유가 있었을 가능성 역시 극히 낮아 보이기 때문이다.

  후지와라 세이카가 불교에서 유교로 전향한 계기는 허성이 그에게 준 「시립자설을 순상인에게 준다[柴立子說贈舜上人]」에서 살필 수 있으나, 후라와라 세이카의 응수 문장이 없으므로 그의 의향을 알 수는 없다. 행장과 문집을 통해 볼 때 후지와라 세이카는 1590년 대덕사에서 조선 통신사 일행과 시를 수구받은 이듬해인 1591년(일본 天正 9년), 풍신수차(豊臣秀次)가 상국사에서, 오산 승려를 모아 제시연구(題詩聯句)를 행하는 모임에 단 한 번 출석하고는 다시는 가지 않았다. 하야시 라잔 작성의 행장에 따르면, "사물은 부류에 따라 모이는 법이니, 한유·맹교[4]와 같은 이후에 연구(聯句)를 한다면 옳다.[夫物以類聚, 如韓孟相若, 而後聯句可也.]"라고 그 이유를 말했다고 한다. 『주역』「계사전(繫辭傳)」의 "方以類聚, 物以羣分, 吉凶生矣."에서 나온 '물

---

  20, 영남퇴계학연구원, 215~254면.
 4) 당나라 한유(韓愈)와 맹교(孟郊)가 합작하여 「성남연구(城南聯句)」 154운 308구를 지었다. 연구는 두 사람 또는 여러 사람이 각각 지은 구절을 연결하여 만든 한시를 가리키는데, 「성남연구」는 한 사람이 기구(起句)를 지으면 다음 사람이 대구(對句)와 다음 연의 기구를 짓고, 그 다음 사람이 앞사람의 기구를 받아 대구와 다음 연의 기구를 지어 내려가 마지막 한 사람이 대구만을 지어 마무리하는 방식이다.

이유취(物以類聚)'를 거론하여, 고잔(五山) 승려들과 달리 가이세키료(會席料)나 부죠마이(扶助米)를 목표로 하는 학문을 포기한 것이다.

후지와라 세이카의 사상적 전회는 일본지성사에서 매우 특기할 만한 사건이며, 그 전회는 바로 대덕사의 만남 이후에 이루어진 것이 사실이다. 당시 상호간에 지은 시가 현재 21수나 확인되는 것[5]을 보면 이때의 만남은 우발적인 일로 끝난 것이 아니라 상당히 의미가 있는 것이었음을 알 수 있다.

학봉이 후지와라 세이카와 일본 지식인들에게 영향을 준 것은 유학의 이념이 아니라 문풍을 포함한 한국 유학자로서 53세의 학봉이 지녔던 '군자유(君子儒)로서의 풍모'였으리라고 보는 것이 옳을 듯하다. 한 인물의 풍모는 이념의 직접적 전수보다도 훨씬 강력한 영향력을 행사할 수 있다는 점을 우리는 늘 생각해야 할 것이다. 조선에서 유학은 이념을 확인하는 개인이나 집단에 의해서만 유지된 것이 아니다. 현실정치나 지역공동체 삶에서 예치(禮治) 이념을 실현하고 재도문장(載道文章)·경국문장(經國文章)·화국문장(華國文章)을 통해 문치를 구현하는 유학자에 의해 지탱되었다. 학봉과 그 일행이 교토 대덕사에서 젊은 일본의 지식인에게 큰 영향을 줄 수 있었던 것은 그 유학자적 인격이었을 것이라고 보아야 할 것이다.

---

5) 惺窩의 한시는『惺窩先生文集』卷一에 8首, 卷六에 2首를 실었고, 통신사의 11수는 『惺窩文集』卷四에 실었다.

## 2.

1587년 도요도미 히데요시는 규슈(九州) 정벌에 성공한 후 유구(琉球)와 조선을 정벌하려고 마음 먹었다. 9월에 대마도 번주 소씨(宗氏)는 유주야 야스히로(柚谷康廣, 橘康廣)를 일본 국왕의 사신으로 꾸며 조선에 보내어 신국왕이 된 히데요시를 축하하는 통신사를 파견하라고 요청하고 히데요시의 '가도(假途)' 주장을 받아들이라고 종용하였다. 조선 조정은 서간문이 오만하다고 분개하였고, 선조는 대의로 효유하면서 서간을 되돌려 보냈다. 1589년 3월 히데요시는 대마도 번주(藩主) 소 요시시게(宗義調, 1532~1589)의 아들 소 요시토시(宗義智, 1568~1615)에게 '입조(入朝)'의 알선을 명하였다. 6월에 소 요시토시는 하카타(博多) 쇼후쿠지(聖福寺)의 외교승 게이데즈 겐소(景轍玄蘇, 1537~1611)를 정사로 삼고 자신은 부사가 되어 조선에 와서 국왕을 배알하고 통신사 파견을 요청하였다. 조선 조정은 수년 전 왜구 사건 때 대마도로 도망한 반민(叛民) 사을배동(沙乙背同)을 건네라고 요구하였는데, 대마도 측이 사을배동과 서너 명의 왜구를 보내오자, 조선은 통신사 파견의 요청을 받아들이지 않을 수 없었다.

1590년(선조 23년) 3월 정사 황윤길(黃允吉), 부사 학봉, 서장관과 관악중(管樂衆) 50여 명으로 구성된 통신사 일행은 한성부를 출발하였다. 차천로(車天輅)와 백대붕(白大鵬)도 수행하였다. 그리고 4월 29일에 부산에서 대마도로 건너가 1개월 머물다가 7월 하순에 교토에 들어가 대덕사에 묵었다. 이때 도요도미 히데요시(豊臣秀吉)는 오다와라성[小田原城]의 호조씨[北條氏]를 정벌하는 등의 이유로 9월 1일까지 외지에 있었고, 개선 이후에도 통신사 일행을 만나주지 않았다. 11월 7일(양력 12월 3일)에 풍신수길은 쥬라크데이(聚樂第, 현재 京都市 上京區)에서 인견하였다. 이때 소 요시토시와 그 장인 고니시 유키나가(小西行長)가 통신사를 '복속(服屬)' 사절이라고 설명하였다. 수길은 국서(國書)와 증물(贈物)을 받고 만족하였으나, 일본측의 국서를 좀처럼 보내지 않았다. 통신사 일행이 사카이(堺)에 체류하며 항의하자, 승록(僧錄) 사이쇼 죠타이(西笑承兌)가 기초한 국서를 비로소 보냈다. 수길은 자신이 태양의 아들이며 '대명국(大明國)'을 정복하여 일본의 문화를 중국에 심고자 하는데, 이에 앞서 '입조(入朝)'한 조선을 높이 평가한다고 하면서 조선이 '정명향도(征明嚮導)'를 하도록 요구하였다. 통신사가 소 요시토시와 외교승 겐소에게 항의하자, 겐소는 그 표현이 히데요시의 본의와 다르다고 속였다. 김성일은 오자라고 생각한 '각하(閣下)', '방물(方物)', '입조(入朝)' 등의 문자를 고쳐달라고 하였으나 황윤길은 귀로를 서둘렀다. 통신사행은 1591년 정월에 대마도에 이르고, 2월에 귀국하였으며, 3월에 복명하였다. 이때 겐소와 대마도 소씨(宗氏)의 가신 야나가와 시게노부(柳川調信)가 동행하여 동평관(東平館)에 체류하였다. 5월에 조선 조정은 '가도입명(假途入明)'의 요구를 거부하는 국서를 작성하였고, 겐소와 시게노부는 그 국서를 가지고 대마도로 돌아갔다. 6월에는 소 요시토시가 부산포 왜관에 열흘간 머물며 변장을 통해 선조를 설득하다가 돌아갔다.

학봉이 1590년 일본 통신사행 때 남긴 시문과 기록은 『학봉선생문집』과 『해행총재』에 실려 있다. 전자는 시와 산문을 구분하여 수록했으나, 후자는 『해사록』이란 이름으로 함께 모아 두었다. 「해사록」은 모두 5권이다. 제1권은 기행시 101수, 제2권은 40수, 제3권은 상사 황윤길이나 서장관 허성에 부친 서한, 제4권은 일본 선위사 겐소(玄蘇)와 대마도주 소 요시토시(宗義智), 상관, 부관에게 주었거나 주려고 하였던 서찰, 삼사(三使)의 외교적 논쟁을 산문으로 작성한 설(說), 변(辨), 지(志), 제5권은 한강(寒岡) 정구(鄭逑)가 지은 학봉 행장이다. 일기가 있었으나 전하지 않고, 시, 서, 잡저에도 빠진 것이 많다.[6)]

통신사행의 임무와 관련하여 『해사록』 가운데서 가장 주목받는 권차는 제3권과 제4권이다. 제3권의 여러 서찰들은 외교적 의례에 관한 학봉의 사유방식을 잘 드러내고 있다. 관백 접견 때의 예배 문제를 논하고(「與許書狀論禮書」), 대마도 도착 후 선위사의 영접이 없는 것을 비판하였으며(「答上使書」), 대마도 국분사에 대마도주 소 요시토시가 가마를 타고 들어온 사실을 질책하고(「答許書狀官書」), 관백이 관광을 요청한 데 대하여 반대하였으며(「與許書狀論觀光書」), 일본에 들어온 지 5개월 지나도록 전명(傳命)을 못하자 전명을 빨리 하기 위해 관백 주변의 사람에게 뇌물을 쓰자는 것을 거부하였다(「擬贈上副官都船主書」, 「答客難說答上使書」). 제4권은 일본 선위사 겐소와 대마도주, 부관[平調信]에게 준 서찰, 그들에게 주려고 작성한 서찰을 실었다. 통신사에게 제공되는 물품에 '내조(來朝)'의 표지를 붙인 것에 대한 비판, 교빙의 전례가 있었던 스오오의 대내전(大內殿)과 서해(西海)의 소이전(小二殿)이 멸망한 사실을 대마도주가 통고하지 않은 사

---

6) 학봉은 "왜인이 쓴 예단을 기록하는 도중에 '조선국 사신이 내조하였다.'라는 문구를 발견하였다. 이때의 일을 내가 처음에는 살피지 못하였다가 일기를 쓰다가 깨닫게 되었다."라고 하여, 일기 작성의 사실을 언급하였다. 정영문, 「김성일의 『해사록』 연구」, 『숭실어문』 22, 숭실어문학회, 2006.6, 229~254면.

실에 대한 비난을 담고 있다. 그리고 삼사 사이의 견해가 통일되지 않았을 때 자신의 주장을 논변류로 정리하여 보인 설(說), 변(辨), 지(志)들이 있다. 「입도출도변(入都出都辨)」에서는 국서를 계빈(堺濱, 사카이하마)으로 물러나온 뒤에야 수령한 문제를 두고 분개하였다.

「답객난설답상사서(答客難說答上使書)」는 상사에게 올린 답장이면서 '객난(客難)'에 답하는 형식을 취한 독특한 구조이다. '객'이 전명을 빨리 하기 위해 민부경(民部卿) 법인(法印)과 야마구치도노(山口殿) 겐료(玄亮)에게 환심을 사도록 하자고 주장하는데 비하여, '나'는 왕명을 전한 뒤에 물품을 주면 예물이 되지만 그 전에 물품을 주면 뇌물이 된다고 하여 의리의 관점에서 객의 설을 물리쳐, 객이 무안해하여 물러갔다는 이야기를 구성해 두었다. 한(漢)나라 동방삭(東方朔)의 「답객난(答客難)」 양식을 이용하여 주객을 가설해서 문답체로 지어, 상사의 '반론'을 사전에 봉쇄하기 위해 쓴 글이다.

아마도 대마도와 일본 측은 통신사의 상사, 부사, 서장관에 각기 다른 숙소를 배정하여, 상호간의 숙의를 방해하였을 것이다. 그렇기에 삼사는 이와 같이 서찰을 통해 중요 사안을 해결할 수밖에 없었던 듯하다. 그런데 이때 학봉은 설득의 문체를 적절히 구사하여 상대당의 동의를 이끌어내려고 하였다. 즉, 결코 자기의 주장만이 옳다는 점만을 부각시켜 상대방에게 동의를 강요하는 방식으로 글을 쓰지 않았다.

학봉의 이 서찰은 최립(崔岦, 1539~1612)이 작성한 「상종백서(上宗伯書)」와 작성 시기가 비슷하고 형식도 유사한 점이 있어서, 당시의 문풍을 엿볼 수 있는 소중한 글이다. 명나라 진인석(陳仁錫)의『명문 기상(明文奇賞)』에는 조선의 사신 김계휘(金繼輝) 대신 그 질정관 최립이 작성한 「상종백서」가 실려 있다. 진인석은 미비(眉批)에서, 이 글이 송나라 이후의 글을 본받지 않아서 고아하다고 했다. 1581년(선조 14) 종계변무를 위한 주청사(奏請使)는 『대명회전(大明會典)』 6차 신증본이 반포될 때까지 연경에 체류하고자 하여, 먼저 자문(咨文)을 예부에 올리고서 다시 최립의 이 글을 올렸다. 글은 『좌전』 희공(僖公) 15년 음이생(陰飴甥)이 군자의 말과 소인의 말을 이용하여 진백(秦伯)을 설득시킨 예에서 문법을 취했다. 곧, 종계변무와 관련하여 전담 사신을 체류시켜야 한다고 주장하는 군자의 말과 중국의 허락 없이 전담 사신을 체류시켜서는 안 된다는 소인의 말을 들고서 양도 논법을 전개했다. 논리상의 안점(眼點)은 득이(得已)·부득이(不得已)에 있는데, 의리 면에서는 조선 군신간의 예의와 중국의 예정(禮政)을 발판으로 삼았다.[7]

당시 통신사행에 참여한 문인들은 당시 조선 문풍을 대표하는 인물들이었다. 그런데 학봉은 기행시문집을 별도로 전하고 있고, 이에 의하는 한 학봉이 당시 통신사행의 문풍을 주도했다고 보지 않을 수 없다.

학봉은 대덕사 소겐인(摠見院/總見院)에 머물며 장편의 시를 작성하여 일본의 역사를 개관하고 정권의 향배를 점쳤다.[8] 소겐인은 하시바 히데요시(羽柴秀吉, 즉 豐臣秀吉)이 1582년 혼노지(本能寺)의 변(變)에 쓰러진 오다 노부나가(織田信長)의 추이젠보다이(追善菩提)를

---

7) 심경호, 『한문산문미학』, 고려대학교출판부, 2012.
8) 金誠一, 「題摠見院」, 『鶴峯逸稿』 권2 詩.

위해 건립하였다. 노부나가가 죽은 뒤 정권쟁탈의 때 히데요시가 주도권을 장악하기 위해 세운 것이다. 학봉이 소겐인에서 지은 시는 상성(上聲) 제10 賄(회) 운을 사용한 칠언고시이다. 격구압운(隔句押韻), 일운도저(一韻到底)하였다. 운자는 彩, 待, 在, 載, 倍, 餒, 改, 亥, 宰, 采, 迨, 殆, 罪, 悔, 廆, 醢, 猥, 嵬, 乃, 縡, 怠, 愷, 塏, 每, 磊, 採, 詒 등 27개로, 험운(險韻)인 회(賄)운에 속한 거의 모든 글자를 사용하여 몰운(沒韻) 방식에 가깝다.

| | |
|---|---|
| 긴 칼 휘두르고 옥 부절 잡은 채 | 舞長劍杖玉節 |
| 대궐 문서 여덟 빛깔 용안을 하직했네. | 紫宸門辭堯八彩 |
| 용양하여 한번 달리자 오천리 | 龍驤一踔五千里 |
| 가도 연연하지 않고 와도 아니 기다리네. | 去無所戀來無待 |
| 뉘 알았나 하늘 밖에 또다시 하늘이라 | 誰知天外復天外 |
| 백성들 사는 한 구역이 있다는 걸. | 却有一區民社在 |
| 초가을 칠월에 오랑캐 서울 이르니 | 初秋七月抵蠻都 |
| 작은 바다에 나라 세운 지 몇 년인가. | 裨海立國今幾載 |
| 세 천황이 이어 오다 협야(신무천황) 때 이르러 | 三皇相繼至夾野[9] |
| 뭇 오랑캐 평정하여 만 배 나라를 키웠다. | 平定群蠻雄萬倍 |
| 국도 새로 정하고서 국가 시책 확정하자 | 開都定鼎貽厥謀 |
| 나라 안에 전쟁 없고 백성들 주리지 않아, | 國無兵戎民不餒 |
| 대황의 곳에 나름대로 교화를 펴서 | 大荒之中自聲敎 |
| 예악을 중국 따라 고치지 않았다. | 禮樂不隨中夏改 |

9) 狹野(사누)이다. 세 천황은 천황(天皇), 지황(地皇), 인황(人皇)인데, 인황의 시조인 신무 천황(神武天皇)을 狹野라고 한다. 이때에 이르러서 대화주(大和州)에 들어가서 중적(衆賊)을 소탕한 뒤 천황이라 일컫고 국도를 정하였다.

| 강역 안 육십여 주가 바둑판 같았거늘 | 封疆六十列如碁 |
| 노정을 대장(大章) 수해(豎亥)가 걸어야 했으랴. | 道里何煩步章亥 |
| 그런데도 구구하게 봉건 제후 두어 | 區區猶自置封建 |
| 나라마다 세경 두고 주마다 수령 두어, | 國有世卿州有宰 |
| 한 성씨가 서로 이어 성하고 쇠하며 | 一姓相承迭盛衰 |
| 각자 대관 두어 고을을 다스렸네. | 各有代官治邑采 |
| 관복 제도는 서복(徐福)이 전하고 | 班衣之製徐王傳 |
| 머리 깎는 풍속은 월땅 풍속 따른 것. | 斷髮風從越俗迨 |
| 신발 벗어 공경하나 어찌 족히 믿으랴 | 脫履爲恭何足恃 |
| 칼 빼들고 소리치니 아아 위태롭도다. | 挺劍疾呼吁可殆 |
| 어른 아이 할 것 없이 모두 머리 밀었고 | 人無大小皆髠首 |
| 툭하면 목 베니 누가 죄의 경중을 분별하리. | 斬刈誰分輕重罪 |
| 개 같고 쥐 같이 훔치는 게 본성이라 | 狗儵鼠竊是其性 |
| 앙화 즐겨 목숨 버려 죽어도 후회 않누나. | 樂禍輕生死無悔 |
| 신궁과 절이 여염에 뒤섞이어 있고 | 神宮佛宇雜閭閻 |
| 온 나라가 미혹되어 아아 우람하여라. | 擧國已惑嗟麀麀 |
| 권신들이 번갈아 태아검에 거꾸러져 | 權臣迭據大阿倒 |
| 이긴 자는 군왕 되나 진 자는 젓갈 담기네. | 勝者君王負菹醢 |
| 시위(尸位)의 천황은 헛 공기(公器) 끌어안아 | 僞皇尸居擁虛器 |
| 남면을 하다니 지위가 어이 그리 외설스러운지. | 于之南面位何猥 |
| 평씨 망하고 원씨가 일어난 지 수백 년 | 平亡源起數百年 |
| 궁궐은 길에 임하여 높이 우뚝하다. | 魏闕當道高嵬嵬 |
| 어린 후손 목숨 붙어 있던 삼호(미요시)는 | 孱孫懸命三好手 |

－ 삼호수는 왜의 도노(殿) 이름이다.

| 나라 망하고 몸 죽은 들 어찌하겠나. | 國滅身殲亦何乃 |
| 소겐인이 때를 타서 등에 짐 지고 수레 타니[10] | 摠院乘時負且乘 |

－ 소겐인은 전 관백(關白) 노부나가(信長)를 가리킨다.

| | |
|---|---|
| 훔친 것이지 어찌 상천의 일을 이은 거라 하랴. | 僭竊豈曰承天緯 |
| 네게서 나온 것이 네게 돌아감이 이치이니 | 出乎反爾理則然 |
| 화 불러옴 -원문 2자 빠짐- 거칠고 게으른 때문. | 取禍□□由荒怠 |
| 관백 장군이 선대 공렬 다시 떨쳐 | 關白將軍奮祖烈 |
| 도적 치고 원수 갚자 사람들이 기뻐하여, | 討賊雪讎人樂愷 |
| 하루 아침에 사국에 군림해서 노려보니 | 一朝虎視臨四國 |
| 침몰했던 온 산하가 삽시간에 맑아졌네. | 陸沈山河俄爽塏 |
| 앞 수레 엎어진 일을 넌 경계해야 하리 | 前車覆轍爾可戒 |
| 풀이 원씨 집 뒤덮어 부질없이 무성한 것을. | 草沒源家空每每 |
| 동산의 정벌이 다 끝나가니 | 東山行役迄可止 |
| 험악한 백성11)들이 얼마나 불평할지 두려워 하랴. | 可畏民喦何磈磊 |
| 사신 와서 오래 머문 절간의 가을 | 星槎久滯梵宮秋 |
| 역내 백성의 풍속을 잠깐 채록하여 보았으니, | 域內民風聊一採 |
| 누가 이 시를 가지고 왜추에게 경계하랴 | 誰將此詩警蠻酋 |
| 나의 말 절실하니 틀림이 없으리라. | 我言至切非相詒 |

　12월의 귀로에 일행이 아카마세키(赤間關) 즉 현재의 시모노세키
(下關)에 머물 때 차천로가 분운(分韻)하여 보여주자, 학봉은 그 시에
차운하였다. 그 10수의 연작시는 시재를 보여주는데 그치지 않고 인
생에 대한 성찰의 깊이를 드러내준다. 이 분운은 당나라 대숙륜(戴叔
倫)의 「제야숙석두역(除夜宿石頭驛)」의 "여관에서 누가 날 위문하랴,

---

10) 『주역』 해괘(解卦)에 "등에 지고서 또 수레를 탔으니 도적을 오게 한다.[負且乘, 致
　　寇至]"라고 하였다.
11) 『서경』 「소고(召誥)」에 "아, 왕은 비록 나이가 어리시나 원자이시니, 크게 소민들을
　　화합시켜 이제 아름답게 하소서. 왕은 감히 뒤늦게 하지 말아서 백성들의 험함을
　　돌아보고 두려워하소서.[嗚呼! 有王雖小, 元子哉. 其丕能誠于小民, 今休. 王不敢後,
　　用顧畏于民喦.]"라고 하였다.

차가운 등불만 홀로 가까이 할 수밖에. 한 해도 장차 이 밤으로 다
하려 하는데, 만리 멀리서 돌아가지 못하는 이 사람. 쓸쓸했던 종전
의 일들을 슬퍼하며, 지리한 이 몸을 웃어본다. 근심스런 얼굴과 쇠
한 살쩍으로, 내일이면 또 봄을 맞는다니![旅館誰相問, 寒燈獨可親.
一年將盡夜, 萬里未歸人. 寥落悲前事, 支離笑此身. 愁顔與衰鬢, 明日
又逢春.]"의 40자 가운데, 둘째 연('一年將盡夜, 萬里未歸人') 10자를
한 글자씩 각 수마다 사용하는 방식이었다. 학봉은 5언 6구의 시를
짓되, 각 글자를 두 번째 구 마지막에 두면서, 그 글자의 운목을 각
시마다 사용하였다.12)

제3수
서울에 봄이 저물려 할 때                神京春欲暮
백료들이 멀리 가는 날 전송했더니,        百僚遠于將
어찌 헤아렸으랴 해 저물거늘             豈料歲云徂
돌아가는 배를 여기 묵힐 줄을.          尚此滯歸航
외로운 회포 가눌 길 없어              孤懷不可攬
부상에 기대어 길게 파람 부노라.        長嘯倚扶桑

제5수
제야에 밤 새는 게 풍습이지만          守歲歲之常
누가 바다에서 밤을 지새랴.           誰守滄溟夜
푸른 바다는 바라봐도 끝이 없고        滄溟望不極
홀홀하게 세월 흘러 떠나가누나.        忽忽流年謝

12) 김성일, 「차오산이 '일년장진야 만리미귀인(一年將盡夜 萬里未歸人)'의 시구를 분운
한 것을 차운하다.[次五山一年將盡夜萬里未歸人分韻]」, 『학봉일고』 제2권 시(詩).

| 삼경에 복조(鵩鳥)의 악성이 들리더니 | 三更聞惡聲 |
| 천계 이미 꼬끼오 우는구나. | 天雞已喔啞 |

제10수

| 천지는 큰 도가니와 같으니 | 天地如洪爐 |
| 어디 돌로 된 사람 있었던가. | 何曾有石人 |
| 만고 세월이 하루 밤낮일 뿐 | 萬古一晝夜 |
| 그대여 눈물로 수건 적시질 말게. | 勸君莫沾巾 |
| 아침에 도 듣고 저녁에 죽어 | 何如朝聞道 |
| 백대토록 풍모 떨침이 낫지 않겠나. | 百世張風神 |

제야에 대숙륜의 시를 이용하여 분운 연작하는 것은 당시의 관행이었다.

1620년(광해군 12) 제야에 이민성(李民宬, 1570~1629)은 대숙륜의 시구 10글자를 이용하여 오언절구 연작을 지어 아우에게 심회를 토로하였다. 각 시의 운자는 꼭 같은 위치는 아니다.[13] 또 1623년 인조반정 후 동지사 겸 주문사 서장관으로 중국에 다녀오는 동안 이민성이 지은 시 가운데는 상사 조즙(趙濈)의 「제석(除夕)」 40자를 분운하여 지은 것이 있다. 조즙이 대숙륜의 「제야숙석두역(除夜宿石頭驛)」의 40자를 모두 이용하였으므로, 이민성도 40수를 지었다.[14]

신유한(申維翰, 1681~1752)도 통신사 종사관으로 일본에 있던 1719년(숙종 45) 12월 29일(정묘)에 대숙륜의 위 구절 10글자를 각 시의 운

---

13) 李民宬, 「庚申除夜 以一年將盡夜萬里未歸人爲韻賦之 贈舍弟別」, 『敬亭集』 卷4.
14) 李民宬, 「奉次趙花川除夕韻 以旅館誰相問 寒燈獨可親 全篇四十字爲韻」, 『敬亭集』 卷8 詩○燕槎唱酬集 下.

자로 사용하여 오언절구 10수 연작을 짓는다. 신유한은 각 시의 마지막에 그 운자를 사용한다.[15]

학봉은 제야에 대숙륜의 시로 분운 연작하는 당시의 관행을 따르고 차천로의 시에 차운하기는 하였으나, 그 작시는 유희의 범위를 벗어난다. 불안의 심리를 극복하고 '처사(處死)'의 길을 숙고하였다.

## 3.

조선후기의 이덕무(李德懋, 1741~1793)는 후지와라 세이카가 중세 일본 가학(歌學)의 태두 후지와라 사다이에(藤原定家)의 후손이라는 사실, 불교에서 유교로 전향한 사실, 약주소장(若州少將)[즉 와카사노 구니(若狹國) 고하마(小濱) 영주] 기노시타 가즈토시(木下勝俊, 1569~1649)와 좌병위독(左兵衛督) 아카마쓰 히로미치(赤松廣通, 1562~1600)를 제자로 두었던 사실, 강항에게 『사서오경왜훈(四書五經倭訓)』을 필사하게 한 일, 강항에게 은량을 주어 귀국의 노자로 삼게 한 점 등에 대하여 상당히 정확하게 서술하였다.[16] 하지만 후지와라 세이카와 학봉

---

15) 申維翰, 『靑泉集』 續集 卷6 海槎東游錄[第四] 十二月二十九日丁卯.

16) 李德懋, 『靑莊館全書』 권64 「蜻蛉國志・人物」. "藤原肅, 字斂夫, 號惺窩. 京極黃門 定家之孫, 而爲純之子也. 性聰明, 於書無不通. 祝髮爲浮屠, 法名蕣, 稱妙壽院首座. 雖讀佛書, 志在儒家. 嘗慕中原及朝鮮, 欲入大明, 遇風而還, 欲渡朝鮮. 因師旅而止. 朝鮮員外郞姜沆, 來客於赤松氏, 見斂大夫, 加稱譽焉. 日本儒者, 惟讀漢唐注疏, 而斂 夫自據程朱訓詁, 其功最大. 家康聞其才賢, 築室給來. 俱辭不受, 爲家康, 嘗講貞觀政 要十七史. 獨與其弟子若州小將勝俊左兵廣通遊曰: '日本將官, 盡是盜賊. 惟廣通有人 心.' 通, 桓武之九世孫, 篤好六經, 雖風雨馬上, 未嘗釋卷. 日本素無喪禮, 而通獨行三

등과의 만남에 대해서는 언급하지 않았다.

후지와라 세이카의 이름은 이숙(以肅)인데, 줄여서 숙(肅)이라고 한다. 자는 염부(斂夫), 호를 성와(惺窩)라고 했다. 또 다른 호로 시립자(柴立子)·도구돈(都句墩)·북육산인(北肉山人) 등이 있다. 가명(家名)인 레이제이(冷泉)를 일컫지 않고, 중국식으로 본성인 후지와라(藤原)나 도(藤)라고 공칭하였다. 부친은 주나곤(中納言) 레이제이 다메즈미(冷泉爲純)이다.[17] 18세 때인 1578년 4월 1일 부친과 맏형이 미키(三木) 성주 벳쇼 나가하루(別所長治)의 급습으로 죽었다. 세이카는 모친 및 말제를 데리고 숙부인 상국사 탑두(塔頭) 보광원(普廣院) 제8세 주직(住職) 청숙수천(清叔壽泉, ?~1576)에게 의지하였고, 옥룡암(玉龍庵, 현 玉龍院) 제5세 주직 문봉종소(文鳳宗韶, ?~1572)의 제자가 되었다. 이름을 구순(口蕣)이라 하고 자(字)를 문화(文華)라고 하였다. 히데요시가 관백이 되어 도요토미(豊臣)의 성을 일컫게 된 1585년, 세이카는 상국사의 수좌(首座)가 되어 묘수원(妙壽院)에 기거하였다. 상국사 주지는 91세 인여집요(仁如集堯, 재위 1544~1574), 92세 서소승태(西笑承兌,

---

年喪, 篤好中原之制, 朝鮮之禮. 雖衣服飲食末節, 必欲效焉. 又得朝鮮五禮儀及郡學釋菜儀, 督其但馬私邑, 立孔子廟, 製朝鮮祭服, 率其下習祭儀. 托寫六經於姜員外, 潛以銀錢助之, 以資歸路. 林道春·那波道円·堀正意·菅原德菴·松永昌三·三宅寄齋之屬, 皆出蕣首座之門."

17) 1561년 하리마노구니(播磨國) 미노구니(美囊郡) 호소카와(細川)에서 태어났다. 무로마치(室町) 시대 레이제이 마사다메(冷泉爲)의 저택이 있던 효고현(兵庫縣) 미키시(三木市) 호소가와쵸(細川町) 모모츠(桃津)가 그곳이다. 다섯 형제인데, 큰 형 다메가츠(爲勝)가 가독(家督)을 이었다. 다음 형 노리가츠(教勝)는 아카마츠 요시야마(赤松由山)의 양자가 되었다. 세이카는 세째 아들이며, 다음 아우 도시히사(俊久)는 로크죠 아리타카(六條有孝)의 양자가 되어, 뒤에 미나모토오 아리치카(源有親)라고 칭하였다. 말제 다메마사(爲將)가 집안을 이었다.

재위 1585~1607)이었다. 30세 되던 1590년 8월 15일, 대덕사에서 학봉 등을 만나러 갔다.[18] 세이카가 먼저 사신 일행을 찾아 접견을 요청하였으며, 서로 필담을 나누고 시를 수창했다. 이 자리에는 허성뿐 아니라 황윤길, 김성일 등도 함께 했다. 세이카의 아들 후지와라노 다메츠네(藤原爲經)는 훗날 부친의 문집을 정리하면서 그 자리에 오산(五山)·대붕(大鵬)과 누군지 모르는 몇이 더 있었다고 간단히 언급했다.[19]

후지와라 세이카의 문집은 두 종류이다. 그런데 초기 목판본에는 조선 통신사 일행의 시만 수록하였고, 후기 필사본 문집에는 세이카의 시들만 실었다.

그림 1. 和本江戸承応3年(1654) 版漢詩文和文和歌「惺窩文集」4冊揃

---

18) 『惺窩文集』권두, "天正十八年庚寅, 朝鮮國使通政大夫黃允吉金誠一許箴之來貢, 豊臣秀吉公命館之紫野大德寺. 先生往見三使, 互爲筆語, 且酬和詩, 時先生自號柴立子, 許箴之爲之說以呈焉."

19) 藤原爲經編, 『惺窩先生文集』. "爲經按, 天正庚寅, 朝鮮國使黃允吉·金誠一·許箴之來貢. 先生就鴻臚館見之, 筆語酬答, 而鶴峯·五山·山前·大鵬者, 未審爲誰某."

① 목판본 : 惺窩文集 5卷續3卷

[藤原]惺窩 著[寬永4(1627)序, 鶚軒文庫, 第1-3冊. 惺窩文集. 卷1-4 /
羅浮山人林道春 編彙, 第4冊. 惺窩和歌集. 卷5 / 羅浮山人林道春 編彙,
第5冊. 惺窩稿續. 卷1 / 菅玄同 編輯, 第6冊. 惺窩和歌集續. 卷2 / 菅玄
同 編輯, 第7冊. 惺窩稿續. 卷3 / 菅玄同 編輯][20]

권4 : 「柴立子說 贈蕣上人」(惺窩初爲僧名宗蕣居相國寺) - 고문

「有上人宗蕣自相國寺袖詩來訪次其韻謝之」(庚寅仲秋望) - 칠언율시

「相國寺蕣上人袖一扇一詩來訪仍次其韻以送之」(園公陳簡齋別號是日
適觀是集故及之) - 칠언절구

「又」 - 칠언절구

- 萬曆庚寅中秋朝鮮國通信副使鶴峯金誠一稿

「山人柴立子袖詩見訪遠客之幸不可無答玆依元韻拾拙」(萬曆庚寅仲秋
望)[山前] - 칠언율시

「次蕣上人見示韻」[五山 * 謝天路] - 칠언절구

「謝柴立子見訪仍以詩投贈」[山前] - 칠언절구

「和次柴立子再疊韻」[山前] - 칠언절구

「三疊 柴立韻索和」[山前] - 칠언절구

「謝柴立子贈菊花副以淸詩一絶仍用元韻」[山前散人] - 칠언절구

「奉次山前謝柴立子贈菊韻仍贈柴立子博粲」[北溟狂客] - 칠언절구

「次贈柴立子」[北溟白大鵬] - 칠언절구

② 필사본 : 惺窩先生文集. [首卷],卷之1-12 / 惺窩 [著] ; 藤原爲経
編 ; 源光國 校, 中村直道(寫), 天保7[1836], 와세다대학 소장.[21]

---

20) 惺窩 [著] ; 羅浮山人林道春, 菅玄同編彙, 田原仁左衛門, 承応3 [1654]도 간행.

21) 『성와선생문집』18권이 德川光圀의 자금으로 출판되었고, 後光明(고코우묘오) 天皇
의 칙서가 붙어 있다. 신하의 책에 칙서가 있는 것은 공전절후의 일이다.

권1 칠언절구 7수 : 「贈鶴峰」・「贈五山」・「次韻山前以詩見示」・「和
大鵬」・「菊花副詩贈山前」・「疊韻答大鵬」・「疊韻贈山前」
권6 칠언율시 2수 : 「贈松堂」・「贈山前」

당시 세이카는 학봉에게 부채를 선물하며 「학봉에게 드림[贈鶴峰]」
시를 올렸다.

접이 부채야 가볍지만 정이야 어찌 헛되리오    貼扇雖輕情豈空
저희 나라 물산이라 공에게 드리기 부끄럽구려.  陋邦物産愧贈公
작은 정성이지만 조선국에서 기억하시려니      寸誠可記朝鮮國
한번 잡으시면 그래도 일본의 바람이 전하리라.  一掬猶傳日本風

제3구 전구(轉句)와 제4구 결구(結句)를 무리하게 대우(對偶)가 되
게 만들어 어색하다. 제3구는 어법에 맞지 않는다. 평측을 보면 제2
구 승구(承句)의 '贈'은 평성이 와야 할 자리에 측성이 와서 평측법을
어겼다.

扇-去  輕-平  豈-上
邦-平  産-上  贈-去
誠-平  記-去  鮮-平
掬-入  傳-平  本-上

그러나 학봉은 홀대하지 않고 세이카를 시승(詩僧)으로 인정해 주
고, 칠언절구 두 수를 차운(次韻)하여 주었다. 그 시는 목판본『성와
문집』에도 2수가 실려 있고, 학봉의 문집『학봉집』에도 2수가 실려
있다. 단,『성와문집』에는 「相國寺蕣上人袖一扇一詩來訪仍次其韻以送

之」라는 제목인데,『학봉집』에서는 「相國寺僧宗蕣 以一詩一扇投謁 次
其韻 贈之」로 바꾸어 두었다. 학봉의『해사록』에도 후자의 제목을 따
랐다.

> 상국사 승려 宗蕣이 시 한 수와 부채 한 자루를 가지고 와 인사하기
> 에, 그 시의 운에 차운하여 주다
> [相國寺僧宗蕣 以一詩一扇投謁 次其韻 贈之]

| | |
|---|---|
| 가을비 몽몽하고 승원이 비었기에 | 秋雨淙濛一院空 |
| 새벽 창 아래 누른 책 속 원공(園公)을 마주하던 차, | 曉窓黃卷對園公 |
| 시승이 홀연 성남에서 와서 들르니 | 詩僧忽自城南過 |
| 한가닥 전단향 바람이 소매에 가득하다. | 一陣栴檀滿袖風 |

그런데『학봉집』과『해사록』에는 이 시에 학봉의 자주(自注)로 "是
日, 偶閱簡齋集. 園公, 簡齋號也."라는 해설을 붙여두었다. 목판본
『성와문집』에는 다음 학봉의 자주(自注)가 있다.

> 園公, 陳簡齋別號. 是日適觀是集, 故及之.

표현의 차이는 있지만, 당일 학봉은 진간재의 문집을 열람하고 있
었음을 분명히 밝혔다.

진간재는 곧 송나라 진여의(陳與義, 1090~1138)로, 자는 거비(去非)
이며, 호가 간재(簡齋)이다. 하남(河南) 낙양(洛陽) 사람이다. 저서로
『간재집(簡齋集)』이 있다. 휘종(徽宗) 정화(政和) 3년(1113) 진사시에
급제하고 남송 때 고종에게 발탁되어 벼슬이 참지정사(參知政事)에

이르렀다. 시에 뛰어난 재주가 있었는데 황정견(黃庭堅)과 진사도를 배워 강서시파의 '삼종(三宗)'의 한 사람으로 꼽혔다. 정강(靖康)의 난 때 스스로 겪었던 비참한 경험 등을 시에 반영하여 두보와 흡사한 비장한 시풍의 시를 지었고, 우국탄식의 사(詞)를 많이 지었다.

『송사(宋史)』 권445 열전(列傳) 제204 문원(文苑) 7 '진여의전(陳與義傳)'에는 진여의의 별호가 원공(園公)이라는 언급이 없다. 하지만 진여의는 시 「춘한(春寒)」에서 다음과 같이 노래하였다.

> 이월 파릉에 날마다 바람이 불어　　　　　二月巴陵日日風
> 봄 추위 그치지 않아 원공을 떨게 하네.　　春寒未了怯園公
> 해당은 연지 빛을 아끼지 않아　　　　　　海棠不惜胭脂色
> 몽몽한 가랑비 속에 서 있건만.　　　　　獨立濛濛細雨中

이 시는 학봉이 상국사 승려 종순(宗蕣) 즉 후지와라 세이카의 시에 차운한 시와 사용한 운자가 완전히 같다. 학봉은 진여의 「춘한」 시를 읽으면서, 비바람에 우뚝하니 서 있는 해당화를 생각하고 난세의 풍파에 오돌오돌 떠는 원공 즉 진여의에게 자신을 투영하여 생각에 잠겨 있었을 것이다. 그럼에도 세이카가 부채와 시를 보내오자, 그 정성을 생각하여, 그가 성남에서부터 일부러 들러주었다고 하였다. 세이카는 상국사에 머물고 있었으므로 꼭 성남에서 왔다고 할 수는 없다. 아마도 학봉은 그의 맑은 심성을 사랑하여, 한유(韓愈)의 「성남연구(城南聯句)」에서 "대 그림자 사이의 달빛은 황금이 부서져 나온 듯, 샘물 소리는 하얀 옥이 쟁글쟁글 울린 듯하네.[竹影金瑣碎, 泉音玉淙琤.]"라고 한 표현이나, 같은 한유의 「아들 부에게 성남에서의 독서를 권함[符讀書城南]에서 "시절은 가을이라 장맛비 개고 새로이 시원한 기운이 교외에 들어오네.[時秋積雨霽, 新涼入郊墟]"라고 한 표현을 연상하였을 가능성이 높다. 그리고 시의 마지막에서는 세이카의 시를 전단향에 견주었다.

학봉은 세이카의 시에 차운한 시를 한 수 더 지어주었다. 목판본 『성와문집』에서는 「又」라고 표시하였으나, 『학봉집』에는 '詠庭松贈宗蕣'이라는 제목을 붙였다. 「뜰의 소나무를 노래하여 종순(宗蕣)에게 준다」는 뜻이다.[22]

| | |
|---|---|
| 낯선 나라 물색이 시야에 부질 없거늘 | 殊方物色眼中空 |
| 홀로 사랑하나니 뜰 앞의 십팔공(소나무) | 獨愛庭前十八公 |
| 천년 풍상을 겪어도 푸르름이 가시지 않았나니 | 閱盡千霜青未了 |
| 누가 능히 너와 함께 솔바람을 같이 하랴. | 幾人能與爾同風 |

소나무를 십팔공이라고 부르는 것은 삼국 시대 오(吳)나라 정고(丁固)가 자기 배 위에 소나무가 자라나는 꿈을 꾸고는 말하기를 "송(松)자를 파자(破字)하면 십팔공(十八公)이 되니, 18년 뒤에는 내가 삼공(三公)이 될 것이다."라고 하였는데, 과연 그 뒤에 그대로 되었다는 고사에서 따왔다. 『삼국지(三國志)』 권48 오서(吳書) 손호전(孫晧傳)의 배송지(裴松之) 주(注)에 나온다. 여기서는 반드시 삼공의 지위에 오르고 싶다는 권력지향의 뜻을 나타낸 것이 아니다. 고귀한 존재라는 뜻으로 그 고사를 끌어온 것이다.

---

22) 김성일, 「詠庭松贈宗蕣」, 『학봉일고』 제2권 詩.

학봉은 온갖 풍진에도 푸르름을 잃지 않는 소나무를 사랑하여 이 시를 지었다. 더구나 낯선 나라의 것이라도 소나무로서의 물성은 같다고 하였다. 그리고 그 송뢰(松籟)를 사랑하는 사람이라면 누구나 대자연의 무현금(無絃琴) 소리를 공감할 수 있다고 하였다. 세이카의 증시(贈詩)에 차운한 조선 통신사 일행의 시들 가운데 이 시만큼 세이카를 격려한 것이 또 있을까?

학봉은 천리가 구현된 질서인 예(禮)를 지니지 못하면 누구라도 야만에서 벗어날 수 없다고 여겼고, 인의(仁義)를 닦지 않고 예를 알지 못하며 무력만을 숭상하는 왜를 야만이라고 여겼다. 반면에 비록 이적(夷狄)이라도 '천리(天理)=예(禮)'를 따른다면 '화(華)'로서 받아들일 수 있다고 여겼다.[23] 그러한 정신을 이 한 수의 시보다 더 웅변적으로 말하는 글이 있겠는가?

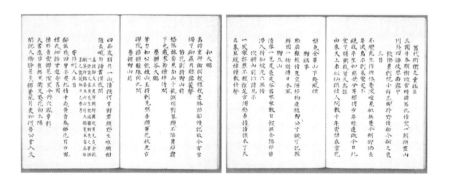

---

23) 김정신, 「16세기말 성리학 이해와 현실인식」, 『조선시대사학보』 13, 조선시대 사학회, 2000.

표 1. 와세다대학 소장 惺窩先生文集

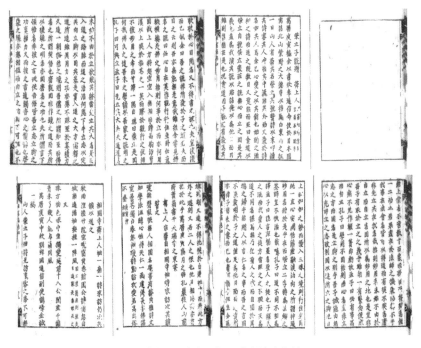

표 2. 일본국문학자료관 소장 惺窩文集(1)

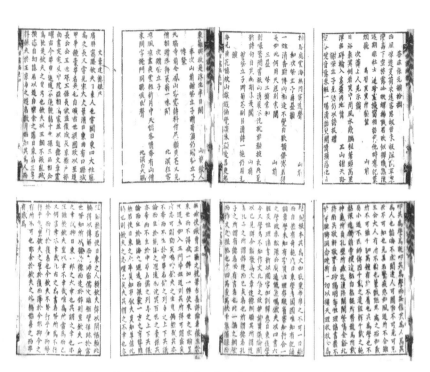

표 3. 일본국문학자료관 소장　惺窩文集(2)

표 4. 일본국문학자료관 소장　惺窩文集(3)

한편 필사본 『성와문집』의 권4에 수록된 「상인 종순이란 사람이 상국사에서부터 시를 소매에 넣고 내방하였기에 그 시에 차운하여 감사드린다[有上人宗蕣自相國寺袖詩來訪次其韻謝之]」(庚寅仲秋望)는 송당 황윤길(黃允吉)의 시이다. 일본 학자 아베 요시오가 이 시를 학봉의 시로 본 것은 잘못이다.[24]

그것은 필사본 『성와선생문집』 권6 수록의 칠언율시 「송당에 올리다[贈松堂]」와 운자가 같은 점에서 알 수가 있다.

| | |
|---|---|
| 얼핏 들자니 만리 먼 이방인은 | 仄聞萬里異邦人 |
| 통신사로서 선린 외교를 수행한다시는군요. | 通信使乎修善隣 |
| 사해 사람들은 동파의 학문을 닦았음을 아나니 | 四海又知坡老學 |
| 구이라고 어찌 누추하랴 공자의 인을 실행한다면. | 九夷何陋孔丘仁 |
| 구슬 갓끈은 부상의 해에 높이 빛나고 | 珠旒高映扶桑日 |
| 술잔 그림자는 젓가락 놀리는 봄에 가벼이 움직이네. | 杯影輕斟下箸春 |
| 눈빛만 마주쳐도 도 있음 아니 무슨 말이 필요하랴. | 目擊道存寧用語 |
| 상봉하여 가슴 가득한 티끌을 씻어버리네. | 相逢掃盡滿胸塵 |

목격도전(目擊道存)은 말없이 서로 쳐다보는 순간에 상대방의 마음을 이해하는 지기(知己)의 관계가 되는 것을 말한다. 『장자(莊子)』「전자방(田子方)」의 "그런 사람들은 언뜻 눈빛을 마주치기만 해도 그 속에 도가 들어 있음을 알아차린다.[若夫人者 目擊而道存]"라는 말에서 유래한다. 통신정사를 지기라고 표현한 것은 세이카의 당시 처지로서는 외람되다고 하겠다.

---

24) 阿部吉雄, 『日本朱子學と朝鮮』, 東京大學出版會, 1965, 46면.

그래도 황윤길은 스스로를 낮춰 차운을 해 주었다.

> 상인 종순이 상국사에서부터 시를 소매에 넣고 와서 방문하였기에
> 그의 시에 차운하여 감사드린다.(경인년 중추 보름)
> [有上人宗蕣自相國寺袖詩來訪次其韻謝之(庚寅仲秋望)]

| | |
|---|---|
| 발 소리 적막하여 아무도 없어 한스럽더니 | 跫然聲寂恨無人 |
| 이름난 상국사에 좋은 이웃 있어 기쁘다. | 相國名庵喜有鄰 |
| 전아한 시문은 작시법 배웠음을 알겠고 | 典雅詩文知學法 |
| 온순한 심성은 천부의 어짊을 얻었구나. | 溫醇心性得天仁 |
| 상자의 게송 읽으며 부처에 예불하니 | 一函蓮偈長參佛 |
| 방안 가득 우담바라가 홀로 봄기운 점유했네. | 滿室曇花獨占春 |
| 홀연 옥같은 시를 소매에 넣어 와 나를 방문하니 | 忽袖瓊詩勤訪我 |
| 그대 속류의 티끌을 높이 벗어났기에 사랑스러워. | 愛君高出俗流塵 |

황윤길은 세이카가 속기를 벗어났고, 작시법을 배워 시가 전아하
다고 일정하게 평가하였다. 하지만 그를 '목격도존'의 대등한 지인으
로 간주한 것은 아니다.

세이카의 목판본 문집『성와문집』에서 학봉의 시 뒤에만 '萬曆庚寅
中秋朝鮮國通信副使鶴峯金誠一稿'라는 주기(注記)가 있다. 이것은 결
코 우연이 아닐 것이다. 학봉의 시를 후지와라 세이카와 그 아들이
진장(珍藏)했기 때문일 것이다.

4.

1590년 사행 때 학봉은 왜인들의 무례를 문제삼아 정사 황윤길이
나 서장관 허성과도 갈등을 빚은 것은 사실이다. 또한 대마도의 번주
에게도 결례를 대놓고 비판하였다.

『논어』「자로(子路)」제20장에 보면, 공자는 선비를 세 등급으로 나
누었는데, 첫째 부끄러움을 알아 자신을 단속하고 외국에 나가 사신
의 중임을 수행하는 선비, 둘째 일가친척들이 효성스럽다 일컫고 한
마을 사람들이 공손하다 일컫는 선비를 꼽았다. 그리고 마지막으로,
말에 신의 있고 행동에 과단성 있는 소인을 셋째 부류로 인정했다.
공자가 첫 번째 선비의 부류로 규정하여 말한 "行己有恥하며 使於四
方하여 不辱君命이면 可謂士矣니라"의 뜻을 체득하려고 한 것이 학봉
의 태도였다고 말할 수 있지 않을까?

학봉은 사명(詞命)에 충실하였으되, 사람들을 가려서 만나지 않았
고 더구나 하대(下待)하지 않았다. 사실 학봉은 코케이 소친(古溪宗陳,
1532~1597)과 깊이 교유하였다. 소친은 호안고케이(蒲庵古溪)라고도
부른다. 에치젠(越前) 즉 현재의 후쿠이 현(福井縣) 출신으로, 속성은
아사쿠라(朝倉)이다. 시호는 대자광조선사(大慈廣照禪師)이며, 별호
가 호안(蒲庵)이다. 고케이는 출가하여 시모츠케노구니(下野國) 아시
카가 학교(足利學校)에서 수학하였으며, 그 뒤 대덕사(大德寺) 고인소
켄(江隱宗顯)에게 사사하였다. 1573년에 쇼레이 소긴(笑嶺宗訢)의 법
맥을 이어 대덕사의 주지가 되었다. 1582년 오다 노부나가(織田信長)
가 혼노지(本能寺)의 변(變)으로 횡사하자, 센노 리큐(千利休)의 청으

로 백일법요를 행하였고, 하시바 히데요시(도요토미 히데요시)가 노리
나가의 장례를 행할 때 도사(導師)의 역을 수행하였다. 1583년에 대덕
사에 소겐인(總見院)을 개창하였다. 1588년 이시다 미츠나리(石田三
成)와 충돌하여, 츠쿠시(筑紫) 즉 규슈(九州) 하카다(博多)에 유배되었
다가, 센노 리큐의 도움으로 교토로 돌아왔다. 소친은 명망이 높은
고승인데다가 아시카가 학교에서 배운 경력이 있어서 유불에 통해
있었을 것이다. 학봉보다 여섯 살 위였으므로 서로 친근감을 가질 수
가 있었다.

소진은 학봉에게 『대명일통지(大明一統志)』를 보여주었는데, 그 책
에 실린 조선의 연혁과 풍속이 대부분 터무니 없었으므로 학봉은 『조
선풍속고이(朝鮮風俗考異)』를 집필하여 소친에게 주었다. 소친은 그
것을 곧바로 관백에게 전달하겠다고 하였다.[25] 소친은 「팔월 초순에
학봉과 산전 두 대인이 오산의 여러 절을 유람하고 본 바를 기록하였
다. 이에 나 또한 뒤미처 그의 시에 차운하다(八月初旬 鶴峯山前兩大人
遊五山之諸寺 記所見 子亦追次其韻效顰)」라는 시를 지어, 그것이 『학
봉전집』 '일고'에 전재되어 있다. 오언 장편으로, 소친의 시학과 견식
이 잘 드러나 있다. 하평성(下平聲) 제11 尤(우)운을 격구압운(隔句押
韻), 일운도저(一韻到底)하였다. 운자는 愁, 遊, 脩, 周, 修, 颸, 疇, 儔,
求, 搜, 猶, 丘, 虯, 幬, 甌, 酬, 陬, 璆, 璆, 頭, 浮, 喉, 樓, 眸, 悠,
憂, 由, 留, 漚, 流, 牛, 州, 舟, 秋 등 34개이다.


　　　그대 일천 수에 담은 물로　　　　　　　　　　以君千首水

---

25) 金誠一, 『鶴峯全集』 附錄 卷2, 行狀.

| | |
|---|---|
| 내 평생 시름을 씻어주니, | 洗我一生愁 |
| 제일 강산의 경치를 | 第一江山景 |
| 전에 많이 유람하였으리라 생각되네. | 料前多勝遊 |
| 조선 풍속을 고찰하였으니 | 朝鮮顧風俗 |
| 학문 좋아하긴 한나라 양수26) 같아라. | 好學似楊脩 |
| 우리 땅이 어찌 봉래섬이겠소 | 吾邦豈蓬島 |
| 세월 빨리 흘러갈 줄 일찍 알았네. | 早知歲月周 |
| 정벌 없길 다시 내 바라노니 | 更冀無征伐 |
| 순일한 덕을 이제 닦아야 하리라. | 一德今屬修 |
| 비바람이 마침 이르고자 하여 | 風雨將時至 |
| 산성에 바람 소리 우수수 | 山城響颼飀 |
| 장사꾼은 시장에서 노래하고 | 商賈歌於市 |
| 농사꾼은 서녘 늘판에서 손뼉 치누나. | 野老抃西疇 |
| 덕을 보니 봉새 난새 내려와 | 覽德鳳鸞下 |
| 인간 세상에서 새로 짝을 얻은 듯. | 人間新得儔 |
| 술 대하여 아름다운 시구 읊으니 | 對酒吟佳句 |
| 다른 때를 구할 것 없으리라. | 他時不待求 |
| 소동파 황정견 이백 두보 이후로 | 蘇黃李杜後 |
| 이치의 소굴을 누가 능히 탐색하리오. | 理窟誰能搜 |
| 전쟁 일으킨 일은 지난날 일 | 軍興昨日事 |
| 지백은 구유를 멸망시키어,27) | 智伯亡仇猶 |

---

26) 양수(楊脩) : 조조(曹操)의 주부(主簿)로 있으면서 조조와 재주를 겨루고, 조조의 뜻을 미리 알아맞혔다가 조조의 시기를 받아 살해되었다. 『後漢書』 卷54 「楊震列傳」, '楊脩'.

27) 지백(知伯)은 춘추 시대 때 진(晉) 나라 사람이며, 구유(仇猶)는 구유(仇由)이다. 지금의 산서성(山西省) 일대에 있었던 춘추 시대 때의 소국(小國)인데, 지백이 멸망시켰다. 『史記』 卷71 「樗里子甘茂列傳」.

| | |
|---|---|
| 관사는 곳곳으로 나뉘고 | 官司分處處 |
| 연기는 높은 언덕에선 피어났다만, | 升煙起崇丘 |
| 당나라 정관 때 일찍이 공물 바치자 | 貞觀曾職貢 |
| 구화규를 하사해 주려 하였고, | 欲賜九花虯 |
| 침향이 수 나라에서 보내져 오니 | 沈香還他隋 |
| 남은 향기 바람 돛에 가득하였네. | 餘薰滿風疇 |
| 나무 그늘 맑아 창문 활짝 열어 두고 | 淸樾開牖戶 |
| 벽옥 술잔 놓아두기 좋아라. | 好置碧玉甌 |
| 스스로 찬 우물물 길어온 뒤 | 自汲寒泉井 |
| 승려 없어도 홀로 잔을 주고받나니, | 無僧獨獻酬 |
| 나라 위해 구사일생 고비 넘기고 | 爲國輪九死 |
| 다섯 색깔 돌로 하늘 터진 곳 꿰맸다만, | 五道補天陬 |
| 어젯밤 산호 나뭇가지가 | 昨夜珊瑚樹 |
| 서풍 불자 가지 이미 축 늘어졌으니, | 西吹枝已樛 |
| 처세에 속세의 기운 없어서 | 處世無俗氣 |
| 한 떨기 벽옥처럼 부수어질 터. | 一叢碧碎璆 |
| 듣건대 압록강을 흐르는 물은 | 聞道鴨綠水 |
| 장백산 꼭대기서 흐른다 하니, | 猶來長白頭 |
| 동에서 표류하고 서쪽에 배 대어 | 東漂又西泊 |
| 우리의 삶이 뜬 삶인 걸 새삼 알겠네. | 轉覺此生浮 |
| 우습구나 내가 술잔 가득 따름은 | 笑我酌杯滿 |
| 시 읊는 저 목청을 살리려는 것. | 欲蘇渠詩喉 |
| 꽃 등지고 옛 마을을 떠나와서는 | 背花離古里 |
| 달빛 타고 성의 누각 위에 올랐으니, | 乘月登城樓 |
| 세상일 잊어버리고 | 不如忘世事 |
| 한가로운 곳에서 몽롱하게 바라봅시다. | 閑處疑醉眸 |
| 적막한 옛 천황 궁궐 앞에 | 寂廖古皇前 |

| | |
|---|---|
| 흘러가는 냇물은 절로 유유하구나. | 逝川自悠悠 |
| 팽택령(도연명) 떠나간 지 몇천 년인가 | 彭澤幾千載 |
| 거문고와 책 즐기며 근심 삭였지. | 樂琴書消憂 |
| 앞 마을 매화나무는 팔월이라 계수(桂樹)같으니 | 前村梅八月 |
| 허유같은 은자 없다고 한탄 마오. | 莫嘆無許由 |
| 흰 구름은 하늘가에 둥실 떠서 | 白雲在天際 |
| 무심하게 이리저리 오가누나. | 無心任去留 |
| 백 년 이어온 고관대작 집들도 | 百年冠蓋宅 |
| 환해에 뜬 물거품에 불과한 걸. | 幻海一浮漚 |
| 솔숲 아래 높이 누워 있으며 | 高臥松蘿下 |
| 돌로 양치하고 물 베고 눕노라. | 漱石或枕流 |
| 공명이야 이루지 못하겠지만 | 功名雖不遂 |
| 청우 남긴『도덕경』구절을 배워야 하리. | 句須學青牛 |
| 아침저녁 종과 북 소리 들으며 | 晨昏聽鍾鼓 |
| 어느 곳에서 도주 꿈[28]을 꾸는가. | 何處夢刀州 |
| 언젠가 가을 바람이 단풍에 불어오면 | 他日江楓天 |
| 전송하며 돌아가는 배 바라보리니, | 相送望歸舟 |
| 이 정은 잊을 수가 없어라 | 此情不可忘 |
| 천리 멀리 달 밝은 가을 밤이면. | 千里月明秋 |

소친은 학봉의 우국충정과 속기 없는 군자유로서의 풍모를 노래하
여, "나라 위해 구사일생 고비 넘기고, 다섯 색깔 돌로 하늘 터진 곳

---

28) 진(晉) 나라 때 왕준(王濬)이 대들보 위에 칼 세 자루가 매달려 있는 데다 다시 칼
한 자루가 더 매달리는 꿈을 꾸고는 흉조(凶兆)라고 여겼다. 그러나 이의(李毅)가
해몽하기를, "삼도(三刀)는 주(州) 자이고, 또 칼 한 자루가 더해졌으니, 당신께서는
익주(益州)를 맡게 될 것입니다." 하였는데, 그 뒤에 과연 왕준이 익주 자사(益州刺
史)가 되었다. 『晉書』卷42「王濬列傳」.

꿰맸다만, 어젯밤 산호 나뭇가지가, 서풍 불자 가지 이미 축 늘어졌
으니, 처세에 속세의 기운 없어서, 한 떨기 벽옥처럼 부수어질 터."라
고 하였다. 학봉의 미래를 점친 말로 이보다 적확한 것이 더 있을까?

소친은 1591년에 도요토미 히데요시의 장례에 도사(導師)의 역을
맡는다. 그리고 도쿠가와 이예야스가 지배하는 시기에, 앞서 1588년
이시다 미츠나리와의 충돌 때문에 츠쿠시에 유배되던 때 (筑紫) 츠쿠
시(筑紫)에 유배되자 센노 리큐가 송별의 차회를 열었던 일 때문에 센
노 리큐는 셋부크(切腹)를 하게 된다. 소친은 만년에 교토로 돌아와
낙북(洛北) 즉 현재의 교토부(京都府) 도후쿠지(東福寺) 죠라쿠안(常樂
庵)에 거처하였다.

하지만 소친과 같은 학승은 점차 지적 세계에서 큰 역할을 할 수
없게 되었다.

일본 근세에는 불교를 대신하여 유교(儒教)가 새로운 지도원리로
등장하였다. 세이카는 1600년에 심의도복(深衣道服)으로 도쿠가와 이
에야스에게 참알(參謁)하였다. 이것은 당시 이미 귀국한 강항(姜沆)이
그를 유학으로 인도한 결과라고 흔히 언급된다. 하지만 세이카가 유
학에 귀의하게 된 계기는 그 자신이 젊은 시절 고잔(五山) 승단에 느
낀 불만이 있었기 때문이고, 바로 1590년 대덕사에서 학봉의 군자유
모습에 접해 심정상의 전회를 경험했기 때문이라고 추정된다.

일본 유학은 고잔(五山)의 선승이나 구게(公家)의 일부가 공부하던
시기로부터, 후지와라 세이카와 하야시 라잔(林羅山, 1583~1657)[29]이

---

29) 藤原惺窩(후지와라세이카) 문하에서 가장 훌륭한 인물로 꼽을 수 있는 사람은 林羅
山(하야시라잔)이다. 이름은 忠, 일명 信勝, 또 三郎이라고 칭하며, 라잔이라고 호

도쿠가와 이에야스에게 발탁되면서 격물치지(格物致知)의 주자학이 막번(幕藩) 체제에 수용되기에 이르렀다. 물론 하야리 라잔이 막번 체제에서 그다지 역할을 하지 못했다는 주장도 있다.[30] 하지만 불교의 제 종파가 청신한 기풍을 잃고, 기독교금지령(禁止令)[31]에 따르는 전 국민의 호적별 신앙조사인 종교조사 등 막부(幕府)가 실시한 종교정책의 일부를 떠맡는데 그쳤을 때, 에도 유학은 일본 근세의 지성사에 새로운 돌파구를 열어주었다. 일본 근세의 지성사에서 새로운 돌파구를 차지한 셈이다.

앞서 말했듯이, 1591년 관백 히데츠구(秀次)가 고잔 시승을 상국사(쇼코쿠지)에 모아 연구(聯句)를 하게 하였을 때, 세이카는 한번만 참가하고 뒤에는 기지 않았다. 히데츠구는 달가와하지 않았으나, 그 때문에 세이카는 난을 피할 수 있었다. 그 뒤 히젠(肥前)의 나고야(名護屋)로 가서, 조선 출병에 대기하던 토쿠카와 이에야스를 알현하였다. 33세 되던 1593년에 에도에서 노닐고 『정관정요(貞觀政要)』와 『대학』 등을 강의하였다. 다음해 3월, 모친의 부음에 접하여 교토로 올라가 환속하여 이조(二條) 도다보(銅駝坊)에 거주하였다. 1596년 명나라로

---

하였다. 본성은 藤原氏이다. 京都建仁寺에서 공부하였으나 출가를 거부하고 주자학에 경도하였다. 1604년(일본 慶長 9년) 22년 연상의 후지와라 세이카를 만나 그를 사하(師事)하였다. 그 후 막부의 문서행정, 역사서 편찬, 학숙(學塾)의 경영, 문인 육성, 조선 통신사 응대에서 활약하였다.

30) 堀勇雄, 『林羅山』, 人物叢書, 日本歷史學會編集, 吉川弘文館, 1964.

31) 1612년 에도막부에서 내린 기독교 신앙을 금지하라는 명령. 이로부터 대 탄압이 시작되었다. 참고로 17세기 초에는 70여만 명의 신자가 있었다고 하는데, 개종을 강요하거나 예수와 성모마리아상을 그린 소위 후미에(踏み繪)등으로서 28만의 순교자를 내는 등, 철저하게 박해를 가해 표면상으로는 신자가 거의 보이지 않게 되었다고 한다. 또한 막부가 서둘러 쇄국정책을 펴게 된 것도 이 금지령과 관련이 깊다.

건너가려고 하다가 실패하고, 쿄토에서 주희의『사서집주(四書集註)』
를 강론하였다. 가을에 조선의 포로 강항(姜沆)을 만나보고, 1599년
아카마츠 히로미치(赤松廣通, 1562-1600)에게 권하여 강항에게 사서
오경을 정사(淨寫)하게 하여 주희의 주(注)에 의하여 훈점을 붙여, 이
해 5월 25일 칙판(勅版) 사서오경(四書五經)을 간행하게 하였다. 후지
와라 세이카는 또『문장달덕록강령(文章達德錄綱領)』6권을 집필하기
시작하여 1604년 이후에 완성하였다. 1600년 9월 세키가하라 전투에
서 아가마츠 히로미치는 서군에 가담하여 패하였고 11월 고니시 유키
나가(小西行長)와 이시다 미츠나리(石田三成)가 참수된 뒤 히로미치도
자살하였다.

세이카는 주자를 존숭하면서도 주자의 불교 비판은 따르지 않았
다. 또 앞선 시대의 학승 고칸시렌(虎關師鍊, 1278~1346)과 츄칸엔게
츠(中巖圓月, 1300~1375)의 견식에 공명하여, 육상산(陸象山)과 왕양
명(王陽明)을 겸수(兼修)하였다. 1604년 8월 24일, 하야시라잔이 세이
카와 문답을 하여, 육왕겸수(陸王兼修)의 잘못을 비판하였으나. 세이
카는 학문의 고루함에 빠지지 않도록 주의하였다. 46세 되던 1605년
아사노 요시나가(淺野幸長)의 초청으로 기슈(紀州)에 부임하여 정치
에 참고하도록 경서의 요어(要語) 30조를 발췌하고 주석을 가해서
『촌철록(寸鐵錄)』을 이루었다. 이예야스가 도요토미 가문을 멸망시키
려 한다는 속내를 살피고, 종신 이에야스의 초빙에는 응하지 않고,
하야시 라잔을 추천하여 자신을 대신하게 하였다. 1611년 고미즈노오
(後水尾) 천황의 조칙을 받들어『천하국가의 요록(要錄)』을 진강하였
다. 1614년에 하야시라잔은 이에야스에게 청하여 학교를 쿄토에 세

우고, 세이카를 학두로 초빙할 예정이었으나, 10월에 오오사카의 전역(戰役)이 발생하여, 끝내 실천하지 못하였다. 59세로 몰한 후 상국사(쇼코쿠지)의 탑두(塔頭) 임광원(林光院)에 장례지내졌다.

이후 교토 간사이에는 후지와라 세이카 문하32) 이외에 야마자기 안사이(山崎闇齋)와 이토 진사이(伊藤仁齋) 학파도 발달하였다. 이때 간사이를 중심으로 많은 강습당(講習堂)이나 학숙(學塾)이 세워지면서 지식의 학문이 새로운 방식으로 축적되고 전파되기 시작하였다.33)

## 5.

『문장달덕강령록』에 천명했듯이, 후지와라 세이카는 '문장은 도를

---

32) 세이카 문하는 所司 大阪倉重宗의 지원에 의하여 松永尺五(마츠나가세키고)의 講習堂이 이루어지고, 문하에 木下順庵・宇都宮遯庵・安藤省庵・貝原益軒이 나왔다. 木下順庵 문하에서는 이른바 木門十四先生을 비롯한 인재가 구름같이 배출되어, 전국적으로 세력을 뻗어 나갔다. 또 那波活所는 紀州에 벼슬하여 한때 에도에 나왔으나 만년에 다시 교토로 돌아갔다. 아들에 草庵, 손자에 魯堂이 있었고, 문하에 鵜飼石齋・伊藤坦庵・江村剛齋를 낳았다. 石齋는 에도 태생이면서 일생 교토 부근에서 활약하였다. 坦庵은 越前(에치젠)에서 벼슬살아 아들에 龍洲, 손자에 錦里가 나왔다. 龍洲의 아들에 江村北海가 있다. 剛齋는 賜杖堂을 열었던 江村專齋의 아들로 아우의 손자가 北海, 北海의 아우에 淸田儋叟가 있다. 堀杏庵은 처음에 芸州에서 벼슬하여 뒷날 尾州로 전임하였고, 에도에서 몰하였다. 그 후예에 景山이 나와 本居宣長(모토오리노리나가)도 景山에게 배웠다. 또 石川丈山은 시로 이름이 높았다.

33) 吾妻重二, 「江戶初期における學塾の發展と中國・朝鮮—藤原惺窩・姜沆・松永尺五・堀杏庵・林羅山・林鵞峰らをめぐって」, 『東アジア文化交涉研究 = Journal of East Asian Cultural Interaction Studies』 2, 關西大學文化交涉學教育研究據点(ICIS), 2009.3, 47~66면.

신는 도구'라는 관념을 고수하였다. 시도 얄팍한 기교에 흐르지 않고 촉박하지 않으며 넉넉하고자 하였다.[34) 하지만 고시를 배우기 위해서는 『문선(文選)』과 『풍아익(風雅翼)』을, 율시를 배우기 위해서는 『규영열수(瀛奎律髓)』를, 절구를 배우기 위해서는 『연주시격(聯珠詩格)』을 모범으로 삼으라고 추천하였다. 이 점에서는 고잔의 시학에서 벗어나지 못하였다. 시는 화기(和氣)와 화습(和習)이 눈에 띈다. 일본 한문학사의 저자는 세이카가 율시와 고시에서는 합격점에 이른 작품이 거의 없다고 하고, 절구 가운데 음송할 만한 것이 몇몇 있을 뿐이라고 하였다.[35) 세 수만을 든다.

> 「장소자의 영산정에서 꽃을 구경하며 장난스레 짓는다[長嘯子靈山亭看花戲賦]」

> 그대가 꽃을 보호하고 꽃이 그대를 보호하여　　　君是護花花護君
> 이 땅에 꽃 피어 오래도록 그대를 머물게 하는군.　有花此地久留君
> 문에 들어서면 먼저 꽃이 무사한가 묻는다만　　　入門先問花無恙
> 꽃만 중시하고 군주를 뒤로 한다고 말하지 마오.　莫道先花更後君
> ○長嘯子 : 木下勝俊　　○靈山 : 東山

> 「화가포에 노닐다(遊和歌浦)」
> 여러 객들이 바닷가 성 곁에 노닐매,　　　　　　遊游諸客海城傍
> 일렁이는 가벼운 물결이 푸른 하늘에 닿는다.　　激灩輕波連彼蒼

---

34) 『惺窩先生文集』卷三「次韻梅菴由己幷序」, "今時之詩, 小巧淺露, 而多爲用事屬對所牽强, 失優遊不迫之體."
35) 이노구치 아츠시(猪口篤志) 저, 심경호 외 역, 『일본한문학사』, 소명출판. 2000.1.1.

| 어망을 벗어나 뛰는 물고기는 마악 발랄하고, | 出網跳魚新潑剌 |
| 한 곡조 뱃노래 소리가 석양을 쫓누나. | 一聲欸乃逐斜陽 |

○和歌浦 : 和歌山(와카야마)의 남쪽에 있는 灣岸 일대의 땅. 서북 구석에 妹背山이 있는데, 惺窩가 명명한 것이 아닐까 한다.

산의 거처[山居]

| 청산이 백운 가에 높이 솟아서 | 青山高聳白雲邊 |
| 얼풋 초동 노래를 듣고 세상 인연 잊는다. | 仄聽樵歌忘世緣 |
| 만족하여 현악기 관악기의 음악을 찾지 않나니 | 意足不求絲竹樂 |
| 산새는 푸른 바위 앞에 깊이 잠들었군. | 幽禽睡熟碧巖前 |

세이카의 제자인 하야시 라잔은 스승의 문집을 엮을 때 세이카의 원운(原韻)을 하나도 싣지 않고, 통신사 일행의 화답시만 한 권에 수록하였다. 그것이 스승의 명성을 높이는 방도라고 생각했을 것이다. 뒷날 칙명으로 문집을 다시 엮을 때는 세이카의 원운(原韻)만 선별하여 수록하고 통신사 일행의 화답시는 한 수도 수록하지 않았다. 천황에게 스승의 단율들을 올리는 것이 세이카의 시학을 칭송할 근거가 되리라고 여겼기 때문일 것이다.

1590년에 세이카는 시를 통해 학봉 등 조선 통신사 일행과 교유를 시도했지만, 당시 그의 시학 수준은 그리 높지 않았다. 하지만 학봉은 자신을 낮추면서까지 성심으로 차운을 하였고, 세이카를 같은 인간 본성을 지니고 같은 지향을 지닌 한 인간으로 대해 주었다. 그 한 수에서는 낯선 나라의 것이라도 소나무로서의 물성은 같으며, 송뢰(松籟)를 사랑하는 사람이라면 누구나 대자연의 무현금(無絃琴) 소리를 공감할 수 있다고 하였다.

세이카의 증시(贈詩)에 차운한 차운(次韻)의 시를 통하여, 학봉은 세이카의 사상적 전회를 우회적으로 격려할 수 있었다. 더구나 사명(詞命)의 직분에 충실하고 통신사 일행이나 일본 학승들을 진정으로 대한 학봉의 군자유다운 모습은, 당시 자신의 삶을 기획하여 삶의 방향을 바꾸고자 했던 세이카에게는 중요한 모범이 되었을 것이다. 인간의 지적 투쟁을 두고 그 기원적 요인을 따지기 위해서는 지식의 단편적 답습을 세세하게 찾아낼 것이 아니라 전인격적인 만남이나 혹은 전인격의 우연한 포착에 더 주목해야 하지 않을까 한다. 세이카의 미숙한 증시에 대해 학봉이 격조 높은 화답을 한 것은 어쩌면 일본 근대 유학에 나비의 날갯짓과도 같은 효과를 낳지 않았을까?

# 김성일의 「조선국연혁고이(朝鮮國沿革考異)」와 「풍속고이(風俗考異)」에 대한 재고

## 1. 들어가며

　학봉(鶴峯) 김성일(金誠一, 1538~1593)의 『해사록(海槎錄)』에는 「조선국연혁고이(朝鮮國沿革考異)」와 「풍속고이(風俗考異)」라는 두 편의 글이 수록되어 있다. 이 두 글은 일본 승려 소친(宗陳)[1]의 요청으로 『대명일통지(大明一統志)』(또는 『명일통지(明一統志)』)에 수록된 조선의 연혁과 풍속에 대해 변증한 글이다. 두 편의 글이 다루고 있는 조선 관련 정보는 『명일통지』권89 〈외이(外夷)〉편 '조선국(朝鮮國)' 조에 수록되어 있다. 연혁(沿革), 풍속(風俗), 산천(山川), 토산(土産)의 4개 항목으로 이루어져 있으며, 소친이 가져온 것은 이 가운데 연혁과 풍속에 관한 부분이다. 김성일은 각각의 항목에 포함된 조목을 하나씩 열거하고, 그 아래에 자신의 변증을 덧붙였다. 이 글은 『해사록』

---

1) 소친(宗陳) : 호안 고케이(蒲庵古溪, 1532~1597). 아즈지모모야마(安土桃山) 시대 임제종(臨濟宗) 승려로 속성은 아시쿠라 씨(朝倉氏)이며, 고케이 소친(古溪宗陳)이라고도 한다.

및 『학봉집(鶴峯集)』 제6권 잡저(雜著)에 수록되어 전한다.

『대명일통지』는 1461년 이현(李賢) 등이 황명에 의해 편찬한 총 90권의 지지(地志)이다. 이 책은 조선에 전래되어 『동국여지승람(東國興地勝覽)』 편찬의 모범이 되었을 뿐 아니라, 1564년 조선본이 간행되어 널리 읽히면서 조선 전·후기에 걸쳐 역사지리 연구의 기본 자료가 되었다.2) 또, 조선 초부터 선조 때까지 이어진 종계변무(宗系辨誣) 주청(奏請) 과정에서도 『명일통지』에 수록된 조선의 연혁이 누차 근거로 제시되었다. 『명일통지』에는 고려 말 왕요(王瑤)가 혼미하여 나라 사람들이 이성계를 국왕으로 추대했다고 기록되어 있는데,3) 이것이 곧 태조가 시역(弑逆)을 통해 왕위에 오른 것이 아님을 증명한다는 주장이다. 이처럼 조선시대 내내 『명일통지』가 중요하게 다루어졌음에도 불구하고 이 책에 수록된 조선 정보는 대해 하나하나 비판하고 변증을 시도한 글은 없었다.4)

본고는 학봉 김성일의 「조선국연혁고이」(이하 「연혁고이」)와 「풍속고이」의 성격 및 그 의의에 대해 고찰하는 것을 목적으로 한다. 두 편의 글은 일찍이 이우성의 연구5)에서 자세히 다루어진 바 있다. 이후 연구 가운데 김성일의 사상과 화이관(華夷觀)을 살펴본 오바타 미

---

2) 박인호, 「明·淸代 중국 지리서에 나타난 大朝鮮 역사지리인식 —조선시기 역사지리 연구의 추이와 관련하여—」, 『경북사학』 제21집, 1998, 3~5면 참조.

3) "其主瑤昏迷, 衆推門下侍郎李成桂主國事."

4) 고대의 지리 또는 상고의 풍습을 고증한 글들에서 몇몇 조목을 변증한 경우는 더러 발견된다. 예컨대 『동사강목』에서 '절풍건'에 대해 논한 부분이 있다.

5) 이우성, 「鶴峯 金誠一의 朝鮮國沿革考異 및 風俗考異 —『大明一統志』 朝鮮關係記事에 關한 批判에 對하여—」(1976), 『鶴峯의 學問과 救國活動』, 학봉선생기념사업회, 1993, 201~216면.

치히로(少幡倫裕)의 논문6)에서 두 글을 간략히 다루고 있다. 또, 김성일의『상례고증(喪禮考證)』에 관한 이현진의 연구7)에서 두 편의 글을 언급하기도 하였다. 그러나 이우성의 논문 이후로 이 두 글에 대한 본격적인 연구는 이루어지지 않고 있다. 그 이유는 두 글의 분량이 그리 길지 않으며, 이우성의 초기 연구에서 그 내용 및 의의에 대해 어느 정도 해명했기 때문으로 짐작된다. 그러나 이후로 동아시아 교류 및 김성일의 사상과 문학에 대한 연구가 상당히 진척되었으므로 학봉의 이 두 글에 대해서도 또 다른 측면에서 접근할 여지가 있다고 생각된다. 이에 본고는 이 두 편의 글이 동아시아 지식인 간의 상호접촉의 과정에서 산출된 특수한 성격의 텍스트임을 염두에 두고 그 의의에 대해 재고해 보고자 한다. 먼저 두 편의 글의 내용 및 집필배경에 대해 간략히 정리하고, 이어서 두 편 글의 성격에 대하여 구체적으로 살펴본다.

## 2. 「연혁고이」와 「풍속고이」의 내용 및 집필배경

### 1) 「연혁고이」와 「풍속고이」의 내용

「연혁고이」와 「풍속고이」의 내용을 정리하면 다음과 같다.8) 두 편

---

6) 오바타 미치히로(少幡倫裕), 「鶴峯 金誠一의 日本使行에 대한 思想的 考察 −학봉의 사상과 華夷觀의 관련을 중심으로−」, 『한일관계사연구』 제10호, 한일관계사학회, 1999, 58~84면.

7) 이현진, 「학봉(鶴峯) 김성일(金誠一)의 예학(禮學)과『상례고증(喪禮考證)』」, 『역사문화논총』 제4호, 역사문화연구소, 2008, 75~144면.

의 글은 먼저 『대명일통지』의 해당 조목을 제시하고 항목별로 저자의
변증을 붙이는 방식으로 구성되어 있다. 아래 〈표 1〉과 〈표 2〉는 일
통지의 해당 원문을 제시하고, 그에 대한 김성일의 고증을 요약하여
정리한 것이다.

표 1. 「연혁고이」의 내용

| 大明一統志 | 沿革考異 |
|---|---|
| 조선은 주나라 때 기자가 봉해진 나라이다.<br>周爲箕子所封之國. | -무왕이 기자를 봉하여 평양에 도읍하고 8조의 가르침을 펴서 예의의 나라가 됨. 기자의 정전이 아직 남아 있고 기자전(箕子殿)에서 제사를 지냄.<br>-(注) 기자 이전에 단군조선이 있었는데 요 임금과 같은 때 건국하여 천 년간 다스리다가 태백산에 들어가 신선이 됨. |
| 진나라 때는 요동외요에 속하였다.<br>秦屬遼東外徼. | -진시황이 6국을 병탄하였으나 조선에 미치지는 못함. 이는 틀린 말임. |
| 한나라 초기에 연인(燕人) 위만이 그 땅을 점거하였다.<br>漢初燕人衛滿據其地. | -진(秦)을 피해 망명한 위만이 기준(箕準)이 허약해진 틈을 타 나라를 점거하자 기왕은 남쪽 금마군(金馬郡)으로 피했고 이때 나라가 셋(마한·변한·진한)으로 나뉘었는데 이것이 곧 삼한(三韓)임. 위만이 점거한 것은 평양의 구도(舊都)에 한정됨. |
| 한 무제가 조선을 평정하여 진번, 임둔, 낙랑, 현도의 사군(四郡)을 설치하였고, 소제(昭帝)가 이를 낙랑과 현도의 2군으로 합병하였다.<br>武帝定朝鮮, 爲眞番、臨屯、樂浪、玄菟四郡, 昭帝幷爲樂浪、玄菟二郡. | -마찬가지로 한나라가 평정한 지역이란 위만이 점거한 곳을 가리키며, 조선 전 지역을 뜻하는 것은 아님. |
| 한나라 말 공손도가 점거하여 공손연에게 | -공손도가 점거한 지역은 고구려의 요동 땅 |

8) 본고에서는 『학봉집(鶴峯集)』 제6권 잡저(雜著)에 수록된 본을 활용하였다. 원문 및 번역은 한국고전종합DB 참조.

| | 이며 고구려 전 영역을 점거한 것은 아님. 위만조선 뒤에 고구려, 백제, 신라 삼국이 정립하였는데 각각 영토가 수 천여 리 되었음. |
|---|---|
| 전해오다가 위나라가 이를 멸하고 진(晉) 영가 말에 고려에 함락되어 편입되었다.<br>漢末爲公孫度所據, 傳至孫淵, 魏滅之, 晉永嘉末陷入高麗. | −진 영가 말에 요동 땅을 고구려가 차지했는데 일통지에서는 어느 지역을 함락, 편입했는지 말하지 않아 기록이 상세하지 않음.<br>−고려가 아니라 고구려임. |
| 당나라가 고구려를 쳐서 평양을 빼앗고 안동도호부를 설치하여, 고구려가 동으로 압록강에서 동남쪽으로 수천 리를 옮겨갔다.<br>唐征高麗, 拔平壤, 置安東都護府, 其國東徙在鴨綠水東南千餘里. | −삼국시대에 고구려가 당에 복종하지 않자 당 태종이 친정에 나서서 요동성은 함락시켰으나 안시성에서 패하여 돌아감. 뒷날 고종 때에 이적(李勣)이 평양성을 함락시키고 안동도호부를 설치하여 비로소 고구려가 망한 것임.<br>−고구려의 자손이 동으로 옮겨갔다는 것은 틀린 말이며, 당나라가 함락시킨 것은 고구려뿐이고 그 땅도 나중에는 신라로 귀속됨. |
| 오대(五代) 시대의 후당 때 왕건이 고씨를 이어 영토를 개척하고 옛 신라와 백제를 합병하여 통일하였다. 그리고 송악으로 천도하고 평양은 서경이라 칭하였다.<br>五代唐時, 王建代高氏闢地益廣, 并古新羅百濟而爲一, 遷都松岳, 以平壤爲西京. | −왕건은 고려의 시조로서 신라 말 궁예(후고구려), 견훤(후백제)을 평정하고 신라의 투항을 받아 삼국을 차지함. 뒷날 서북을 정벌하여 여진, 말갈의 땅이 모두 판도 안으로 들어옴.<br>−이때 고구려가 망한 지 2백 년이나 되었으니 고려 태조는 신라를 이은 것이지 고씨를 이은 것은 아님. 왕씨는 처음부터 송악에 도읍했지 평양에서 천도한 것이 아님. |
| 원(元) 지원(至元) 연간에 서경이 내속(內屬)하자 동녕로총관부를 설치하고 자비령을 경계로 하여 국경으로 삼았다.<br>元至元中西京內屬, 置東寧路總管府, 畫慈悲嶺爲界. | −고려 말 반신 조위총(趙位寵)이 서도에 할거한 것을 고려가 토벌하자 그가 서경을 갖고 원에 투항한 것. 그러자 원이 그곳에 동녕로를 설치하고 자비령으로 경계를 삼았으나 조위총이 복주되자 서경도 반환됨. |
| 본조(本朝: 明) 홍무 2년이라고 한 것, 25년에 왕요(王瑤)가 혼미하자 뭇 사람들이 이성계를 추대해 국사를 주관하게 하였다고 한 것, 조서를 내려 국호를 조선으로 바꾸었다고 한 것.<br>本朝洪武二年, 其主王顓表賀卽位, 賜以金 | −고려 말에 천명이 끊어져 당시 왕들이 여러 대에 걸쳐 덕을 잃어 백성이 도탄에 빠짐. 조선 태조가 문덕과 무덕을 갖추어 도적을 평정하고 백성을 안집시켜 천명과 사람들이 귀의하여 무혈 혁명을 이룸.<br>−고려왕은 양위하고 천수를 다함. 옛 기전 |

| | |
|---|---|
| 印, 詰命封高麗國王. 二十五年, 其主瑤昏迷, 衆推門下侍郞李成桂主國事. (…) 遣使請改 國號, 詔更號朝鮮. | (畿甸)에 숭의전을 세우고 토지와 노비를 하 사하여 제사를 주관하게 하여 지금도 이어 지고 있음. |

표 2. 「풍속고이」의 내용

| 大明一統志 | 風俗考異 |
|---|---|
| 유순하고 근후함이 풍기를 이루었다. 柔謹爲風. | -조선 사람의 성품은 겸손, 공손하며 자상 하고 화락함. 또한 부모를 섬기고 형을 공경 하며 임금에 충성하고 존장을 위해 죽으며 종족 간 화목하고 이웃 간 도울 줄 앎. 사대 부들은 예의를 숭상하고 염치에 힘쓰며 상 민들도 본업을 지켜 분수를 앎. 즉 유순하고 근후하기만 한 것이 아님. |
| 절풍건을 쓰고 소매가 넓은 적삼을 입는다. 戴折風巾, 服大袖衫. | -절풍건은 어느 때 착용했는지 알 수 없고 소매 넓은 적삼과 통 큰 바지 역시 알 수 없 으니 아마도 옛날에 입던 옷일 것. -지금은 문물이 크게 갖추어져서 옷의 제도 도 한두 가지가 아님. 사대부들의 관복(예 복)에 대한 자세한 설명. 서인들의 옷에 대 해 간단히 설명. |
| 남녀가 서로 좋아하면 결혼한다. 주(註)에서 말한 것. 男女相悅爲婚. 【同上( *《北史》). 俗多遊女, 夜則男女羣聚爲戲, 相悅卽婚. 無財聘之禮.】 | -조선은 본디 예의를 숭상하며 혼인을 올릴 때에는 더욱 정중함. 또, 동성 간 혼인하지 않고 이성이라도 근족은 혼인을 피함. 또, 반역을 하거나 음란한 행실이 있거나 나쁜 병이 있는 집과는 혼인하지 않음. -혼례 절차에 대한 자세한 설명. 이러한 법 도를 갖추고 있는데 빙폐의 예가 없다고 한 것이 말이 되지 않음. -서로 좋아서 혼인하는 것은 귀국(일본)의 기생첩들이나 하는 것들이며 조선에도 간혹 이런 풍습이 있으나 사람들이 천대하고 자 식은 벼슬에 나올 수 없음. 사족 부인의 개 가를 허용치 않으며 행실을 잃으면 교형에 처하고 자손은 금고. |
| 죽은 지 3년이 지나면 장사 지낸다. 주에서 | -조선은 한결같이 《주자가례(朱子家禮)》를 |

| | |
|---|---|
| 말한 것.<br>死經三年而葬.【同上(＊《北史》).　死經三年<br>而葬. 居父母夫喪服皆三年, 兄弟三月, 埋訖,<br>以死者服玩車馬, 至墓側會, 葬者爭取而去.】 | 따르고 주(周)의 《의례(儀禮)》를 참고해서<br>씀. 고금의 마땅함을 참조하여 절도에 맞게<br>하니 실로 성왕의 제도에 부합함.<br>－상례 절차에 대한 자세한 설명. 상례 절차<br>가 이토록 근엄한데 3년간 매장하지 않거나<br>사람들이 죽은 자의 물건을 가져간다는 것<br>등은 이치에 맞지 않으니 예의의 나라에서<br>어찌 이런 일이 있겠는가. |
| 국상(國喪)<br>＊일통지 항목 없음. | －국상의 복제에 대한 간단한 설명. |
| 귀신에게 제사 지내기를 좋아하고, 궁실 짓<br>기를 좋아한다. 주에서 말한 것.<br>好祀鬼神修宮室.【寰宇記形貌潔淨,　男女好<br>祀鬼神社稷靈星, 以十月祭天, 國有大穴號隆<br>神, 亦以十月迎祭. 多山少田, 故節飮食, 而<br>好脩宮室, 始爲扶餘別種, 故習俗相類.】 | －나라에서 지내는 제사에 대한 설명. 한결<br>같이 예문(禮文)을 준수하여 제사를 지냄.<br>오직 무지한 소민들이 간혹 음사를 좋아하<br>기도 하나 관에서 금지함.<br>－조선은 화려하고 사치한 것을 숭상하지 않<br>아 궁궐을 크고 장엄하게 짓지 않음. 궁실제<br>도는 모두 삼대의 유제로서 검소하게 지으<br>며, 경대부들이 참람되게 궁궐 같은 집을 짓<br>지 못함. |
| 풍습이 문자를 알고 글을 읽기를 좋아한다.<br>주에서 말한 것.<br>俗知文字喜讀書.【《五代史·高麗傳》】 | －이 부분은 조선의 풍속에 대해 자못 자세<br>하게 기록하였음. 그러나 단지 문자를 알고<br>글 읽기를 좋아할 뿐 아니라 국가에서 인재<br>양성을 위해 중앙과 지방에 학교를 진흥하<br>여 왕공과 대부, 백성들을 교육함.<br>－학문은 오로지 성리학을 위주로 하여 마음<br>을 다스리는 공부를 중시하며 한갓 문장 짓<br>기를 숭상하지 않음. 선비들의 습속이 이러<br>하므로 공맹이 밝혀져 삼강오륜의 도리가<br>크게 행해지고 예악문물이 찬연히 갖추어져<br>중국과 차이가 없음. |
| 사는 집은 모두 초가집이다.<br>居皆茅茨以秫爲酒【《文獻通考》居民皆茅茨,<br>大止兩椽, 覆瓦者十二, 土無秫以秫爲酒.】 | －도성의 인가는 모두 기와집이고 외방의 집<br>들도 그러하며, 오직 초야의 사람들만 초가<br>집에 삶. |
| 건책(巾幘)은 당나라와 같다는 구절의 주에 | －조선 부인들은 숙배(肅拜)하는 예가 있음. |

| | |
|---|---|
| 서 부인과 승니(僧尼)가 모두 남자들이 하는 절을 한다고 한 것.<br>多衣麻苧, 巾幘如唐.【同上(＊《文獻通考》).<br>少絲蠶, 多衣麻紵, 市以米布貿易, 器悉用銅,<br>服尙素, 男子巾幘如唐, 裝婦人, 髻髻垂肩,<br>約以絳羅, 婦人僧尼, 皆男子拜.】 | 절하는 방법 설명. 남자들의 절과는 다름. |
| 석교(釋敎)와 귀신을 숭배하여 믿는다. 주에서 말한 것.<br>柔仁惡殺崇釋信鬼【同上(＊文獻通考). 堂上設席, 升必脫履, 性柔仁惡殺, 崇釋敎信鬼,<br>拘陰陽, 病不服藥, 惟呪咀厭勝, 至親有病,<br>不相視殮, 俗不知醫, 後中國有往者, 始通其術.】 | －조선도 역시 불사(佛寺)가 있으나 모두 산속에 있어 여염집과 섞여 있지 않고 중들이 함부로 도성에 들어가거나 인가에 머물지 못함. 신당(神堂)은 혹 여염에 있거나 숲에 있는데 무지한 사람들만 믿음.<br>－질병이 있으면 의원을 불러서 병에 맞는 약을 지어 먹지 음양에 구애되어 약을 먹지 않고 주술을 행하는 일은 없음. 또, "지친이 병들었을 때 돌보거나 염습하지 않는다"고 한 것은 금수와 같은 일로서 국법에서 용서하지 않는 일임. |

　먼저 「연혁고이」에서는 『명일통지』에서 설명하고 있는 고조선부터 조선 건국까지의 연혁에 대해 변증하였다. 변증 내용 자체는 그렇게 상세한 것은 아니다. 김성일이 고대사 연구에 깊은 관심이 있었던 것도 아니었고, 일본에서 참고할 만한 서적도 마땅치 않았을 것이기 때문이다. 그러나 『일통지』에서 서술하고 있는 연혁 자체도 매우 거칠고 간략한 것으로서, 당시 사대부들의 동국사(東國史)에 대한 상식으로도 충분히 논파할 수 있는 것이었다. 그러므로 비록 간략한 변증이지만 핵심적인 사항은 모두 전달하고 있음도 확인 가능하다.

　사실 김성일이 더 심력을 들여 집필한 것은 「연혁고이」보다는 「풍속고이」 쪽이라고 생각된다. 「연혁고이」의 경우 『일통지』의 오류를 지적하고 몇 가지 사항의 진위를 판별하거나 특정 서술의 정확한 의미를 풀어쓴 정도라면 「풍속고이」는 조선의 예제에 대한 학봉의 심도 있는 관심이 담겨 있는 글이라고 할 수 있다. 단순히 『일통지』의 오류를 바로잡는 데 그치지 않고 조선의 예제에 대한 상세한 정보 전달을 목적으로 작성한 글인 것이다. 특히 『일통지』에서 언급하고 있지 않은 '국상(國喪)' 항목을 추가한 것이 주목된다. 이에 대해서는 제3장에서 구체적으로 살펴본다.

## 2) 「연혁고이」와 「풍속고이」의 집필배경

두 편의 글의 직접적인 집필 동기는 물론 소친의 요청이다. 당시 일본인들이 조선의 역사나 지리, 풍속 등에 대해 알 수 있는 루트는 매우 제한적이었다. 양국 간 서적이나 인적 교류가 활발하지 않았기 때문이다. 임진왜란 시기의 약탈과 왜관에서의 밀무역 등으로 『동국통감(東國通鑑)』, 『경국대전(經國大典)』, 『조선부(朝鮮賦)』, 『징비록(懲毖錄)』 및 퇴계의 몇몇 저작들이 에도시대 일본에 유통되긴 하였으나, 문집을 비롯한 조선 문헌이 전면적으로 일본에 수입된 적은 없었다. 이런 상황에서 일본인들이 조선 정보를 접할 수 있는 길은 앞에서 언급한 자료들 외에 『대명일통지』와 같은 중국 문헌을 통해서였다.

소친이 김성일을 만나 『일통지』에 대한 변증을 요청한 것도 이러한 문헌의 부족이 근본적인 요인이라고 할 수 있다. 조선 지식인을 만난 기회에 조선 정보를 담고 있는 중국 문헌에 대한 고거(考據)를 확보해 두겠다는 의도였던 것이다. 일본에서는 승려들이 대조선 외교를 담당하고 있었으므로 소친이 조선 관련 정보에 관심을 보였던 것은 자연스럽다. 이후 양국 문인(文人)들 간의 교류가 활발해진 18세기에 들어서면 일반 유자들 사이의 필담이 증대하는데, 이때에도 계속해서

『명일통지』에 대한 문답이 오갔다. 다만 18세기 필담에 나타나는『명일통지』관련 문답은 대체로 조선의 물산이나 지리에 관한 것들이었으며, 연혁과 풍속에 관한 대화에서 이 책을 인용한 경우는 찾기 어렵다. 즉, 소친의 요청은 특히 임진왜란 이전 시기에 『명일통지』가 일본에서 조선 정보를 획득하는 주된 원천이었음을 보여주는 것이다.

그렇다면 김성일이 소친의 요구에 성실히 응하고, 그것을 유의미한 저술로 생각하여 귀국 시에 가져온 이유는 무엇일까. 이 자료가 『해사록』과 김성일의 문집에 실려 전한다는 것은 김성일 자신이 소친에게 답을 줄 때에 부본(副本)을 만들어서 소지하고 왔음을 의미한다. 즉, 우연한 동기로 집필하게 된 글이지만 저자 자신이 간직하여 전할 가치가 있다고 여겼던 것이다. 조선의 문인이 일본인에게 써준 글의 경우 일본에만 남아 있고 조선에는 전하지 않는 경우가 흔하다. 상대의 요청에 응해서 써준 글이므로 저자에게는 별다른 가치가 없었기 때문에 그냥 증정하고 베껴오지 않은 것이다. 그러나 상대에게 써준 글이라 해도 사행록에 실을 만한 이유가 있거나 또는 문집에 수록하기 위해서 베껴서 가져오는 경우도 없지 않았다. 김성일의 이 글은 후자에 해당한다. 즉, 상대의 요구에 의해 쓴 글이었으나 집필 과정에서 그 효용을 인지했다는 것이다.

김성일의 집필의도와 관련하여 아래 두 인용문을 참조할 수 있다. 각각 김성일의 행장(行狀)과 비명(碑銘)에서 두 저작을 언급한 부분이다.

> 왜승(倭僧) 종진(宗陳)이 와서《대명일통지》를 보여 주었는데, 그 책에 실려 있는 우리나라의 연혁(沿革)과 풍속(風俗)이 대부분 비루하고

속되어 터무니없는 내용이었다. 이에 공은 국내에서 통행하는 예절과 풍속을 거론하고 그 아래에 각각 주를 달아서 잘못된 것임을 밝혀《조선풍속고이(朝鮮風俗考異)》라는 책을 한 권 만들어 주었다. 그러자 종진이 감복하여 곧바로 관백에게 전해 보였다.9)

《대명일통지》에 실려 있는 우리나라의 풍속(風俗)에 관한 한 조항이 근거도 없는 데서 주워 모은 것이라 대부분이 비루하고 속되며 내용이 틀린 것들이었으므로 공은 일찍이 이를 병통으로 여기고 있었다. 그러던 차에 왜승 종진(宗陳)이 마침 이 책을 가지고 와서 보여 주었다. 이에 공은 국내에서 현재 통행하는 예절과 풍속을 거론하고 각 조목마다 평론하고 변증해서 잘못된 것임을 밝혀《조선풍속고이(朝鮮風俗考異)》라는 책을 한 권 만들어 주었다.10)

첫 번째 인용문은 정구(鄭逑)가 쓴 행장, 두 번째는 정경세(鄭經世)가 쓴 비명의 일부이다. 『한강집(寒岡集)』과 『우복집(愚伏集)』에도 같은 글이 실려 있다. 『학봉집』에 수록된 「조선국연혁고이」의 제목 옆에는 "왜승 종진(宗陳)이 《대명일통지》에 실려 있는 우리나라의 연혁과 풍속을 물어 온 것에 대해 선생이 각 조목에 따라 써서 보여 준 것이다.[倭僧宗陳問《大明一統志》所載我國沿革風俗, 先生逐條錄示.]"

---

9) 有僧宗陳來示《大明一統志》, 其所載本國沿革風俗多鄙俚無稽. 公乃擧國中通行禮俗, 各註其下以辨其誤, 爲朝《鮮國風俗考異》一冊以與之, 宗陳感悅, 以爲當卽傳示關白. (정구(鄭逑), 「행장(行狀)」, 『학봉집(鶴峯集)』 부록 권2. 원문 및 번역은 한국고전종합DB 참조, 이하 동일)

10) 《大明一統志》所載本國風俗一款, 掇拾無稽, 率皆鄙俚不實, 公嘗病之. 倭僧宗陳適持此書來見. 公擧國中見行禮俗, 逐條評證以辨其誣, 爲《朝鮮國風俗考異》一冊以與之. (정경세(鄭經世), 「신도비명(神道碑銘)【병서(并序)】」, 『학봉집』 부록 권3)

라는 주가 붙어 있다. 두 인용문은 이 설명을 바탕으로 작성한 것으로
생각된다. 행장에서는 소친이 학봉에게 『대명일통지』를 보여주었는
데 그 책에 실린 조선의 연혁과 풍속이 근거 없는 내용이어서 스스로
변증의 글을 써준 것으로 전하고 있다. 또, 소친이 관백에게 바로 그
것을 전달했다고 하였다.[11] 한편 비명에서는 김성일이 평소에 『명일
통지』의 내용이 비루하고 오류가 많아 이를 문제시하고 있었는데, 마
침 소친이 그 책을 가져왔다고 하였다. 또, 두 글 모두 「풍속고이」만
을 언급하고 있다.

　여기서 주목할 부분은 김성일이 평소에 『명일통지』의 조선 정보에
의구심을 갖고 있었는데 마침 소친이 그 책을 가져와서 변증의 기회
를 갖게 되었다는 언급이다. 김성일이 평소에 그에 대해 말한 적이
있었는지는 확인할 방법이 없다. 그러나 조선에서 이 책의 문제점에
대한 의론이 있었던 것은 분명하며, 이것이 그가 「연혁고이」와 「풍속
고이」를 저술하게 된 근본적인 요인이 되었다고 할 수 있다. 이미 15
세기에 『명일통지』 수록 조선 정보, 특히 풍속 관련 기술의 부정확함
에 대한 문제 제기가 있었다. 아래 실록기사를 통해 이를 확인할 수
있다.

---

11) 「풍속고이」의 끝에는 소친의 답서가 덧붙어 있다. 내용은 다음과 같다. "《조선국고
이(朝鮮國考異)》 한 책을 보여 주심에 힘입어서 귀국의 풍속에 관해 한눈에 그 실
상을 다 알았는바, 깊이 감사드립니다. 뒷날 박륙후(博陸侯)를 뵙게 되면 마땅히 이
를 들어서 말씀드리겠습니다. 【박륙후는 관백(關白)을 가리킨다.】[蒙示朝鮮國考異
一冊, 貴國風俗, 一舉目可得其實, 深荷深荷. 後日見博陸侯, 當對擧云云. 【博陸侯,
指關白.】" 그러나 실제로 소친이 이 책을 도요토미 히데요시에게 전달했는지는 알
수 없다.

주강(晝講)에 나아갔다. 강하기를 마치자, 시강관(侍講官) 최숙정(崔淑精)이 아뢰기를, "부부(夫婦)는 집안을 바루는 근본입니다. 우리나라의 풍속으로 이를 보면, 반고(班固)의 《한서(漢書)》에는 말하기를, '여자는 정신(貞信)하고 음란하지 않다.'고 하고, 《대명일통지(大明一統志)》에는 말하기를, '조선은 서로 좋아하여 혼인한다.'고 하였으니, 이것은 우리 나라의 상인(常人)의 일이고, 사대부는 반드시 이와 같지 않습니다. 부녀가 남편을 잃고 겨우 3년이 지나서 남의 처첩이 되는 자가 있습니다. 《주역(周易)》의 상경(上經)에는 건곤(乾坤)으로 기본을 삼고, 하경(下經)에는 함항(咸恒)으로 비롯하였으며, 《시경(詩經)》에는 관저(關雎)로써 머리를 삼았고, 《예기(禮記)》에는 이르기를, '부부가 있은 연후에야 부자가 있고, 부자가 있은 연후에 군신이 있다.'고 하였으니, 부부는 인륜의 근본입니다. 세종조(世宗朝) 때에는 만약 음부(淫婦)가 있을 것 같으면 율(律) 밖의 법으로 다스렸기 때문에, 사람들이 모두 두려워하여 법을 범하지 못하였습니다. 지금은 다만 《대명률(大明律)》에 의해서 다스리기 때문에, 사람들이 모두 방사(放肆)하니, 원컨대 전하께서는 남녀의 분별을 삼가게 하소서."하니, 임금이 말하기를, "《대명일통지》에 과연 이와 같이 말하였느냐?" 하였다.12)

위 기사에서 문제 삼고 있는 것은 조선에서는 "남녀가 서로 좋아하여 혼인한다.[男女相悅爲婚]"고 한 대목이다. 최숙정은 이런 일은 상

---

12) 御晝講. 講訖, 侍講官崔淑精啓曰: "夫婦正家之本也. 以我國風俗觀之, 班固《漢書》言: '女子貞信不淫', 《大明一統志》言: '朝鮮相悅爲婚', 此我國常人之事, 士大夫未必如此也. 婦女喪夫, 纔踰三年而爲人妻妾者有之. 《易》上經以乾、坤爲基, 下經以咸・恒爲始, 《詩》以《關雎》爲首, 《禮記》云: '有夫婦然後有父子, 有父子然後有君臣, 夫婦人倫之本也. 世宗朝, 如有淫婦, 則治之以律外之法, 故人皆畏而不犯法. 今但治之以《大明律》, 故人皆放肆, 願殿下謹男女之別." 上曰: "《一統志》果如是云乎?" (『성종실록』 권83, 성종 8년(1477), 8월 27일, 국사편찬위원회 조선왕조실록DB, 이하 동일)

민들의 일이고, 사대부는 그러지 않는다고 하면서 이른바 음부(淫婦)에 대한 처벌을 강화해야 한다는 주장을 펼치고 있다. 이야기를 들은 성종은 그의 주장보다는『대명일통지』에 과연 그러한 말이 있는지에 대해 반문하고 있다. 뒤에서 살펴보겠지만 조선 측에서는 이러한『대명일통지』기록의 문제점에 대해 중국 사신에게 문제를 제기하기도 하였다.

그러나 한반도 고대 국가의 연혁이나 풍속에 나타난 오류들은 국가적으로 수정을 요청할 정도로 큰 사안은 아니었다. 명나라『태조실록(太祖實錄)』과『대명회전(大明會典)』에 이성계의 세계(世系)가 잘못 수록된 것 때문에 몇 대(代)에 걸쳐 변무를 주청했던 것과는 확실히 비교가 된다. 후자는 왕통(王統)에 관한 것이므로 그 오류가 중대하게 여겨졌던 것이다. 한편 조선 내에서는『일통지』수록 정보의 문제점에 대해 누구나 인식할 수 있었을 것이므로 굳이 국내 독자를 대상으로 그에 대한 변증의 글을 집필할 필요는 없었을 것이다.13)『명일통지』수록 조선 정보에 문제가 있다는 점이 일찌감치 인지되었음에도 불구하고 이에 대한 본격적인 변증이 시도되지 않은 데에는 그만한 이유가 있었다고 할 수 있다.

이상에서 살펴보았듯이 김성일의 두 편의 글은 기본적으로는『대

---

13) 조선의 사인(士人)들은 중국 사인들의 저술에 관심을 갖고 그것을 찾아 읽으면서도 자신들의 저술의 독자로서는 거의 전적으로 조선 사인들만을 염두에 두고 있었다. 소중화로서 조선의 학문과 문화의 수준에 대해 자부심을 갖고는 있었으나, 실제로 '중심'에 위치하고 있는 중국의 사인들이 '주변부'의 학문적 성취에 거의 관심을 갖지 않는다는 점을 인지하고 있었던 것이다. (김영식,『중국과 조선, 그리고 중화 – 조선 후기 중국 인식의 전개와 중화 사상의 굴절』, 아카넷, 2018, 352~353면)

명일통지』에 수록된 조선 정보에 문제가 있다는 당대 조선 문인들의
인식에서 출발한 것이다. 그러나 이러한 인식이 구체적인 저작물로
출현한 적은 없었으며, 사행을 통한 외국 문인과의 접촉이라는 특수
한 상황에서 비로소 나타나게 된 것이다. 그 점에서 학봉의 두 편의
글은 동아시아 문인 간의 상호접촉과 교류라는 맥락에서 그 성격을
검토할 필요가 있다.

## 3. 「연혁고이」와 「풍속고이」의 성격
### : 동아시아 지식인의 상호접촉의 맥락에서

본 장에서는 김성일의 「조선국연혁고이」 및 「풍속고이」의 성격을
세 가지 측면으로 나누어 살펴보고자 한다. 두 편의 글은 텍스트 생산
의 맥락을 고려할 때에 비로소 그 의의가 드러나게 된다는 것이 본고
의 시각이다. 이때의 맥락이라는 것은 바로 "동아시아 지식인 간의
상호접촉"이라는 상황을 가리킨다. 『대명일통지』 조선 관련 기록에
문제가 있다는 인식은 이미 15세기부터 조선 지식인들 사이에서 널리
공유되고 있었으나, 실제로 그것을 축조 변증한 글이 출현한 적은 없
었다. 즉, 일본 사행이라는 특수한 상황에서 이와 같은 성격의 글이
작성될 '필요'가 생겨났던 것이다.

위와 같은 맥락을 고려할 때 「연혁고이」와 「풍속고이」의 성격은
1) 조선 지식인의 공식 사관을 표출한 글, 2) 상세한 예제의 전달을
통해 조선이 소중화임을 증명하고 있는 글, 3) 일본과의 동일시 및
거리두기의 전략을 복합적으로 사용함으로써 소기의 목적을 달성하

고 있는 글의 세 가지로 파악할 수 있다. 이러한 성격은 해외 지식인과의 만남이라는 동일하거나 유사한 상황에서 일어난 다른 기록들과 비교할 때 그 함의가 더 두드러진다. 아래에서는 그러한 기록들과의 비교를 통해 두 편의 글이 갖는 성격에 대해서 구체적으로 논하고자 한다.

### 1) 조선 지식인의 공식 사관(史觀) 표출

「연혁고이」는 『대명일통지』에 수록된 조선 연혁의 각 조목에 대한 해명인데, 본래 항목이 시대 순으로 기술되어 있으므로 조목별 변증 과정에서 자연스럽게 일정한 사관을 표출하게 된다. 여기서 학봉이 보이고 있는 것은 단군으로 대표되는 동국의 자주성과 기자(箕子) 중심의 문명사관의 결합, 그리고 삼국−신라−고려−조선으로 이어지는 왕조의 정통성에 대한 인정이다. 이러한 사관, 즉 요임금과 같은 시기 단군조선의 유구한 역사가 있었고, 여기에 기자의 교화를 받아 예의지국이 되었다는 인식은 조선 전기 사대부들에게 보편적인 인식이었다. 신라가 삼국을 통일하고, 고려가 그것을 계승하였다는 인식 역시 마찬가지다. 이는 곧 『동국통감』 등의 관찬 사서를 통해 주류로 자리 잡은 역사 인식이다.

그러므로 이 글의 의의는 독특한 역사관을 표출했다거나 고대사에 대한 치밀한 고증을 시도했다거나 하는 데 있는 것이 아니다. 오히려 이 글은 보편적인 조선 관료의 역사관을 재확인하고 있다는 점에 의의가 있다. 학봉의 이 글은 일본 지식인과의 대면이라는 특수한 상황에서 지어진 것이다. 즉, 국내에서 특별할 것 없는 상식 차원의 역사적 사항을 정리하고 일정한 사관으로 그 사항들을 꿰어내는 작업이 동아시아 지식인 간의 상호 이해 증진이라는 특수한 목적의 달성에 효과적으로 기여할 수 있었던 것이다.

조선의 상고사에 대한 전달은 이보다 앞서 중국 지식인과의 만남에서도 시도되었다. 다음 예문은 1488년 명나라 사신 동월(董越)이 조선에 왔을 때 원접사 허종(許琮)이 동월 일행과 함께 기자묘에 참배를 하러 가서 나눈 대화이다.

정사(正使)가 말하기를, '기자(箕子)의 분묘[墳]와 사당[廟]이 있습니까? 우리가 배알하려고 합니다.' 하므로, 대답하기를, '분묘는 멀리 성밖에 있어 지금 도달할 수는 없으나, 사당은 성안에 있습니다.' 하니, 말하기를, '그렇다면 마땅히 알묘(謁廟)하겠습니다.' 하고, 즉시 기자묘(箕子廟)에 나아가 배례(拜禮)를 행하였습니다. 묘문(廟門)을 나와 단군묘(檀君廟)를 가리키며 말하기를, '이는 무슨 사당입니까?' 하므로 말하기를, '단군묘입니다.' 하니, 말하기를, '단군이란 누구입니까?' 하기에 '동국(東國)에 세전(世傳)하기를, 「당요(唐堯)가 즉위(卽位)한 해인 갑진세(甲辰歲)에 신인(神人)이 있어 단목(檀木) 아래에 내려오니, 중인(衆人)이 추대하여 임금으로 삼았는데 그 뒤 아사달산(阿斯達山)에 들어가 죽은 곳을 알지 못한다.」고 합니다.' 하니, 말하기를, '내 알고 있습니다.' 하고, 드디어 걸어서 사당에 이르러 배례(拜禮)를 행하였습니다. 사당 안에 들어가 동명왕(東明王)의 신주를 보고 이르기를, '이 분은 또 누구입니까?'라고 하기에, 말하기를, '이 분은 고구려 시조 고주몽입니다.'고 하니, 이르기를, '단군 뒤에 어떤 사람이 대를 이어 섰습니까?' 하기에, 말하기를, '단군의 뒤는 바로 기자(箕子)인데, 전(傳)하여 기준(箕準)에 이르러 한(漢)나라 때를 당하여 연인(燕人) 위만(衛滿)이 준(準)을 쫓아내고 대신 섰으며, 기준(箕準)은 도망하여 마한(馬

韓) 땅에 들어가 다시 나라를 세웠는데 도읍(都邑)하던 터가 지금도 남
아 있습니다. 단군(檀君)·기자(箕子)·위만(衛滿)을 삼조선(三朝鮮)이
라고 이릅니다.' 하니, 이르기를, '위만(衛滿)의 후(後)는 한(漢) 무제
(武帝)가 장수를 보내어 멸망시킨 것이 한사(漢史)에 있습니다.' 하고,
즉시 태평관(太平館)으로 돌아왔습니다.[14]

동월은 이 사행을 마치고 1490년 조선의 산천·풍속·인정·물태
를 읊은 『조선부(朝鮮賦)』를 지었다. 이 『조선부』의 본문 및 주석에
당시 조선의 역사, 지리, 풍속 등에 대한 다양한 정보가 담겨 있는데,
이 정보들이 위와 같은 대화들을 바탕으로 획득된 것임을 알 수 있다.
『조선부』에서는 단군묘와 관련해서 다음과 같이 전하고 있다.

　　동쪽에 기자 사당이 있는데 예에 따라 나무 신주를 설치하고 '조선
　　후대 시조(朝鮮後代始祖)'라고 써놓았다. 대개 단군을 나라를 세우고
　　땅을 연 인물로 높이고 기자가 대를 이어 그 시초를 전한 사람으로 여
　　기기 때문이다.【단군은 요임금 갑진 연간에 여기에 나라를 열었다.
　　나중에 구월산으로 들어갔는데 언제 죽었는지 알 수 없다. 나라 사람
　　들이 대대로 사당을 지은 것은 그가 처음으로 나라를 열었기 때문이다.

---

14) 正使曰: "箕子之墳與廟在乎? 吾等欲拜焉." 答曰: "墳則遠在城外, 今不可到, 廟則在
城內矣." 曰: "然則當謁廟矣." 卽詣箕子廟, 行拜禮. 出廟門, 指檀君廟曰: "此何廟
乎?" 曰: "檀君廟也." 曰: "檀君者何?" 曰: "東國世傳, 唐堯卽位之年甲辰歲, 有神人降
於檀木下, 衆推以爲君. 其後入阿斯達山, 不知所終." 曰: "我固知矣." 遂步至廟, 行拜
禮. 入廟中, 見東明神主曰: "此又何也?" 曰: "此高句麗始祖高朱蒙也." 曰: "檀君之
後, 何代立?" 曰: "檀君之後, 卽箕子也. 傳至箕準, 當漢之時, 燕人衛滿逐準代立.
箕準亡入馬韓之地, 更立國, 所都之基, 今猶在焉. 檀君、箕子、衛滿謂之三朝鮮." 曰:
"衛滿之後, 則漢武帝遣將滅之, 在《漢史》矣." 卽還館. (『성종실록』 권214, 성종 19
년(1488) 3월 3일)

지금 사당은 기자의 사당 동쪽에 있는데 나무 신주가 있고 '조선 시조
단군위(朝鮮始祖檀君位)'라고 써놓았다.】15)

『조선부』는 1492년 조선에서 활자본이 간행된 이후 16세기 초까지
여러 차례에 걸쳐 금속활자본 및 목판본으로 간행되었다. 이 책은
1711년 일본에서도 간행되는데, 그 저본은 1531년 남원에서 간행된
목판본이다. 이후 이 판본이 수정·증보되면서 1712, 1717, 1754년 세
차례에 걸쳐 재차 간행된다.16) 즉, 조선 정보를 담은 중국의 저작이
조선에서 간행되고, 다시 이것이 일본에서 간행, 유통되는 과정을 거
친 것이다. 조선의 상고사에 대한 정보가 사신과의 만남을 통해 전달
되었고, 그것이 중국인의 저작을 매개로 일본의 독자들에게 전해진
것이다. 이 과정에 200년이 넘는 시간이 소요되었다.

한편 김성일이 일본인에게 단군에 관해 언급했다는 점도 특기할
만하다. 기자의 경우 중국 문헌을 통하여 중국과 일본에 이미 알려져
있으나 단군의 경우는 그렇지 않았다. 단군이 중국 문헌에 등장하
는 인물이 아니라 조선 내에서 확립, 전승된 신화의 주인공이었기 때
문이다. 단군이라는 조선 토속의 신화적 존재가 정식 역사의 한 부분
을 차지할 수 있게 된 것은 조선전기 국가적으로 상고사 인식이 확립
되는 단계가 있었기 때문이다.17) 한편 그러한 단군의 존재가 일본에

---

15) 東有箕祠, 禮設木主, 題曰 "朝鮮後代始祖". 蓋尊檀君爲其建邦啓土, 宜以箕子爲其繼
世傳緒也. 【檀君帝堯甲辰年開國于此. 後入九月山, 不知所終. 國人世立廟祀之者, 以
其初開國也. 今廟在箕子祠東, 有木主, 題曰 "朝鮮始祖檀君位.】(동월, 〈조선부〉, 원
문은 「維基文庫 自由的圖書館」(https://zh.wikisource.org) 참조)

16) 『조선부』의 간행 및 유통 상황에 대해서는 김소희, 「『朝鮮賦』의 한중일 간행과 유통」,
『장서각』 제33집, 한국학중앙연구원, 2015 참조.

알려지면서 '조선의 시원'으로서 공식화된 것은 『화한삼재도회』와 같
은 서적에서 『동국통감』을 인용, 단군 이야기를 수록하면서부터인
데[18] 김성일이 이보다 한참 앞서 임진왜란 전에 단군의 이름을 알린
것이다. 물론 이 글의 일본 유전 상황을 정확히 알 수 없기 때문에
단지 제한적인 의의만을 갖는다는 점도 덧붙여야 할 것이다.[19]

최부(崔溥, 1454~1504)의 『표해록(漂海錄)』에도 조선 상고사에 대한
개략적인 지식을 중국인에게 전달하는 장면이 나온다. 최부는 중국
에 표류한 후에 왜구가 아님을 증명하기 위해 심문 과정에서 여러 차
례 표류 경위와 출신지에 대해 공술을 해야 했다. 다음은 소흥부(紹興
府)에서의 공술 내용 가운데 조선의 역대 연혁에 대해 말한 부분이다.

> "연혁과 도읍을 말하자면 시작은 단군으로 당요(唐堯)의 시대와 같
> 았고, 국호는 조선이며 도읍은 평양으로 대대로 천여 년 동안 다스렸
> 소. 그 후 주(周) 무왕(武王)이 기자를 조선에 봉한 뒤 평양에 도읍을
> 정하고, 팔조(八條)로써 백성을 교화했소. 지금 조선 사람이 예의로써

---

17) 도현철, 「조선초기 단군 인식과 『삼국유사』 간행」, 『동방학지』 제162집, 연세대 국
　　학연구원, 2013, 29~57면.
18) 김영주·이시준(2016), 「에도시대 출판물 속 단군신화: 『화한삼재도회』와 『에혼조선
　　정벌기』를 중심으로」, 『외국문학연구』 63호, 한국외대 외국문학연구소, 13~26면.
19) 18세기에 『해사록』이 일본에 유통된 것은 사실이지만 「연혁고이」와 「풍속고이」가
　　일본 독자들에게 읽혔다는 직접적인 증거는 발견하지 못하였다. 신유한의 『해유록』
　　에서는 1719년 일본의 서점에 『해사록』이 있었다고 한다. 이 『해사록』은 1649년에
　　간행된 『학봉선생문집』 초간본의 일본 복각본을 가리킬 가능성이 높다. (김시덕,
　　「근세 일본의 김성일 인식에 대하여」, 『남명학연구』 제41집, 남명학연구소, 2014,
　　104면) 한편 1725년 마쓰우라 마사타다(松浦允任)가 편찬한 『조선통교대기(朝鮮通
　　交大記)』에는 『학봉선생문집』 및 『해사록』이 인용되어 있는데, 여기에서 「연혁고이」
　　와 「풍속고이」는 제외되었다. (같은 글, 105면)

풍속을 이룬 것이 이때부터요. 그 후 연인(燕人) 위만이 망명하여 조선
으로 들어왔는데, 기자의 후예인 기준(箕準)을 축출하니 기준이 마한
으로 달아나 그곳에 도읍을 정했소. 그 사이에 구한(九韓), 이부(二府),
사군(四郡), 삼한(三韓)이 있었는데, 연대가 까마득하여 모두 서술할
수가 없소. 서한(西漢) 선제(宣帝) 때에 이르러 신라 박씨가 처음으로
나라를 세웠고, 고구려 고씨와 백제 부여씨가 서로 연이어 일어나니,
옛 조선의 땅이 세 부분으로 나뉘게 되었소. 신라는 동남쪽에 웅거하
여 경주를 도읍으로 삼았고, 고구려는 서북쪽에 위치하여 요동과 평양
을 도읍으로 삼았는데, 여러 번 도읍을 옮겨 그 땅을 기억하지 못하오.
백제는 중서남쪽에 자리잡고 직산(稷山)·광주(廣州)·한양·공주·부
여를 도읍으로 삼았소. (…)"[20]

최부의 진술에서도 마찬가지로 조선 지식인의 일반적인 상고사 인
식을 발견할 수 있다. 허종이 동월에게 말한 내용과 최부가 진술한
것, 그리고 김성일의 「연혁고이」에서 변증한 내용은 대동소이하
다.[21] 허종의 의도는 중국의 지식인에게 조선 역사의 실상을 제대로

---

20) "沿革都邑, 則初檀君與唐堯並立, 國號朝鮮, 都平壤, 歷世千有餘年. 周武王封箕子于
朝鮮, 都平壤, 以八條教民. 今國人以禮義成俗如此. 厥後燕人衛滿亡命入朝鮮, 逐箕
子之後箕準, 準奔馬韓以都焉. 其間或爲九韓, 或爲二府, 或爲四郡, 或爲三韓, 年代久
遠, 不能盡述. 至西漢宣帝時, 新羅朴氏初立國, 高句麗高氏·百濟扶餘氏相繼而起,
三分舊朝鮮之地. 新羅據東南界, 都慶州, 高句麗據西北界, 都遼東·都平壤, 又屢遷
厥邦, 忘其地. 百濟據中西南界, 都稷山·都廣州·都漢陽·都公州·都夫餘. (…)"
(최부, 『표해록』, 1488년(성종 19) 2월 4일. 번역은 최부 지음, 서인범·주성지 옮
김, 『표해록』, 한길사, 2004, 157~161면 참조. 원문은 같은 책 571~572면 참조)
21) 공교롭게도 최부가 표류한 시기 역시 동월이 조선에 사신으로 왔던 1488년이다.
최부는 동년 4월 29일 옥전현(玉田縣)에서 귀환 중이던 동월 일행과 마주친다. 동
월은 최부에게 조선 조정에서 이미 최부가 중국에 도착한 것을 알고 있다고 전해주
었다.

알리기 위해서였고, 최부의 진술 목적은 자신이 조선인임을 증명하기 위해서였다. 김성일의 집필의도는 허종의 경우와 동일하지만 그 상대가 중국이 아니라 일본의 문인이라는 점이 다르다. 세 경우 모두 전달하는 정보의 내용보다는 동아시아 문인 간의 상호접촉의 과정에서 특정한 역사관을 표명해야 하는 상황이 발생했다는 사실 자체가 중요하며, 이것이 「연혁고이」가 갖는 주요한 성격 중 하나라고 할 수 있다.

## 2) 상세한 예제(禮制) 전달을 통한 소중화의 증명

앞에서 살펴보았듯이 『대명일통지』의 조선 풍속 관련 기사는 조선 내에서 이미 문제가 되고 있었고, 이에 대해 중국 사신에게 수정을 요청하는 일도 생겨났다. 아래 기사는 앞서 언급한 시기, 곧 1488년 동월이 왔을 때의 기록이다.

> 원접사(遠接使) 허종(許琮)이 중국 사신의 행동거지를 치계(馳啓)하고, 또 말하기를, "중국 사신이 박천강(博川江)을 건넜을 때에 신(臣)이 종용(從容)히 담화(談話)하고 인하여 말하기를, '내가 《대명일통지(大明一統志)》에 써 있는 우리나라의 풍속을 보았더니, 혹은 부자(父子)가 같은 내 [同川]에서 목욕한다고 하였고, 혹은 남녀(男女)가 서로 좋아하며 혼인(婚姻)한다고 하였으니, 이는 모두 고사(古史)의 말이고, 지금 우리나라에 이런 풍속은 없습니다. 《일통지(一統志)》를 고사(古史)에 의하여 쓰는 것은 불가(不可)하지 않겠습니까?' 하니, 부사(副使)가 말하기를, '동 선생(董先生)이 선제(先帝)의 실록(實錄)을 수찬하게 될 것인데 그와 같은 일을 고침에 무엇이 어렵겠습니까?' 하고, 정사(正使)는 말하기를, '본국(本國)의 금시 풍속(今時風俗)을 씀이 마땅하고,

그대로 고사(古史)의 말을 등재함은 옳지 못하니, 본국의 미풍(美風)을 다 기록하여 나를 주시면 실록을 수찬할 때에 마땅히 주달(奏達)하여 싣도록 하겠습니다.'고 하였습니다."하였다.[22]

원접사 허종이 동월에게 『대명일통지』에 수록된 조선 풍속의 오류를 거론하며 그 수정을 요청한 일이 기록되어 있다. 허종은 『일통지』의 조선 풍속 기록이 모두 옛 일에 근거한 것으로서 지금은 그런 일이 없다고 하며 중국 기록에서 이를 고쳐 달라고 청하고 있다. 동월은 이에 적극 호응하며 조선의 미풍을 알려달라고 말한다. 동월의 『조선부』에는 조선에서는 반드시 매파를 통해 혼인하며, 재혼을 금기시한다는 언급이 있다.[23] 허종 등의 노력이 결실을 거둔 것이다.

위 기사는 15세기 말의 일로서 김성일이 일본에 간 것은 그로부터 약 백 년 후이다. 그런데 비슷한 시기에 학봉의 「풍속고이」 집필과 비견될 만한 일이 해외, 이번에는 중국에서 벌어졌다. 아래는 노인(魯認, 1566~1622)의 『금계일기(錦溪日記)』에 수록된 일화이다.

　　(…) 이윽고 여럿이 강당에 모여 참배하므로 나도 참석하여 배알하니, 여러 수재들이 강당 안에 앉아서 나에게 써서 보이기를, "귀국의

---

22) 遠接使許琮馳啓天使動止. 且曰: "天使渡博川江時, 臣從容談話, 因語之曰: '吾見《大明一統志》, 書我國風俗, 或云父子同川而浴, 或云男女相悅爲婚, 是皆古史之言, 今我國絶無此風. 《一統志》因古史書之, 無奈不可乎?' 副使曰: '老董先生當修先帝實錄, 如此事改之何難?' 正使曰: '當書本國今時風俗, 而仍載古史之言不可. 本國美風俗, 盡錄與我, 則修實錄時, 當奏達載之.'"(『성종실록』 권214, 성종 19년(1488), 3월 5일) 이 기사는 이우성, 앞의 글, 204면에서 인용된 바 있다.

23) 婚媾謹乎媒妁, 子出再醮者雖多學亦不得齒於士流【俗耻再嫁所生及失行婦女之子, 皆不許入士流, 登仕版.】

풍교(風敎)와 혼례·상례·제례 등의 예법에 대하여 들려 주셨으면 합니다." 하므로, 나는 써서 보이기를, "풍교는 오로지 기자(箕子)의 팔정(八政)의 가르침을 따르고, 혼례와 상례는 한결같이 회암(晦菴)의《가례(家禮)》를 따릅니다." 하니, 그때 한 수재가 미소를 지으면서 방으로 들어가《대명일통지(大明一統志)》를 가지고 와서 사이풍토기(四夷風土記) 중의 조선기(朝鮮記)를 찾아 펼치면서 나더러 보라고 한다. 내가 자세하게 보니, "조선 사람은 부모가 죽으면 골짜기에다 장사지내거나 물에다 장사지내거나 옹기에 넣어 장사지내며, 부처를 숭배하고 무당을 좋아하며, 문밖에서 신을 벗고 땅바닥에 앉으며, 대낮에 시정(市井)에서 남녀가 손을 잡고 나란히 걸으며, 술을 잘 권하여 마시게 한다."고 씌어 있다. 내가 다 보고 나서 써서 대답했다.

"이것은 이른바 '글에 있는 대로 다 믿는다면 글이 없는 것만 못하다.'는 것입니다. 이《대명일통지》는 태고의 역사로서 외국의 풍속에 대하여 범연히 적어 놓은 것입니다. 우리나라가 비록 번방(藩邦)이지만, 단군(檀君)은 요(堯)와 함께 즉위하여 중국과 어깨를 나란히 하였고, 내부(內附)하였으므로 주(周) 나라 무왕(武王)이 특히 기자(箕子)를 봉하니, 의관·문물·예악·법도가 한결같이 중국 제도를 존중하여 오도(吾道)가 동쪽으로 온 지 오래 되었습니다. (…) 대체로 우리나라 문헌에는 문과와 무과 외에, 또 따로 효렴과(孝廉科)가 있습니다. 그러므로 집안의 서재에서나 마을의 서당에서나 나라의 학교에서나 글을 읽는 소리가 사방의 국경에까지 들립니다. 무릇 자식이 태어난 지 8세가 되면, 먼저《효경(孝經)》과《심경(心經)》을 가르친 뒤에 다음으로 사서(四書)와 육경(六經)을 가르쳐 모두 명경과(明經科)로써 학업을 삼습니다. 더욱이 삼년상(三年喪)은 귀천이 없이 한결같이 지킵니다. 비록 종[奴]같이 천한 사람도 부모상에는 술과 고기를 먹지 않을 뿐만 아니라 여막(廬幕)에 거처하며, 곡할 때는 죽을 먹으면서 3년을 보내다가 애통한 나머지 야위어 절로 죽은 자도 있습니다. 혹은 변[糞]을 맛보고 손

가락을 잘라 피를 흘려 입에 넣어 부모를 소생시켜 표창 받은 집이 즐
비하게 있습니다. 남편이 죽으면, 종신토록 수절하면서 재최(齊衰)를
입으며, 죽음을 맹세하고 재가하지 아니하여 삼강오륜과 예의 염치가
삼대(三代)의 위와 비교할 수 있으니, 이것 때문에 소중화(小中華)라는
이름으로 일컫게 된 것입니다."(…) 24)

『금계일기』는 저자가 정유재란으로 일본에 붙잡혀 갔다가 탈출하
여 중국을 통하여 돌아오며 남긴 기록이다. 위 일화는 그가 중국에
머물 때 있었던 일이다. 이어지는 부분을 보면 위와 같은 노인의 해명
을 듣고도 수재들은 믿기 어려운 기색을 보였다고 되어 있다. 그래서
노인은 다시 한번 상례 절차에 대해 자세히 설명하였고, 그제서야 이
들이 탄복하면서 자신의 말을 믿었다고 한다. 상례 절차의 설명과 함
께 노인은 "한결같이 『주자가례』에 의거한다.[一依晦庵家禮]"는 말을
써 보였고, 이에 수재들이 놀라면서 중국에서도 지키기 어려운 것을
능히 해내는 것을 칭찬하여 역시 기자의 유교(遺敎) 때문이라고 감탄

---

24) 俄而諸會講堂參謁, 鄙亦參謁, 則諸秀才因坐堂中書示曰: "願聞貴國風敎及婚喪祭等
禮." 我示之曰: "風敎只依箕聖八政之敎, 而婚喪一遵晦庵《家禮》." 有一秀才, 微笑
入房中, 持來《大明一統志》, 搜展四夷風土記中朝鮮記, 使我視之. 我卽詳視之, 記
曰: "朝鮮人父母死則堅葬水葬瓦葬. 而崇佛喜巫, 戶外脫屨常坐地上, 白晝市井, 男女
携手並行善誘使酒." 覽畢, 答示曰: "此所謂盡信書不如無書. 此一統志則太古之古史,
泛修外國之■也. 我國雖曰番邦, 檀君與堯並立, 而與中國肩比內附, 故武王特封箕聖,
衣冠文物禮樂法度一遵華制, 而吾道東者久矣. (…) 大槩我國文獻則文武科外, 又別擧
孝廉科. 故家序薰塾國學絃誦洋洋, 達于四境. 凡子生八歲, 先敎《孝經》、《心經》, 然
後次學四書六經, 皆以明經科爲業矣. 況三年之喪, 無貴賤一也. 雖奴賤之人, 父母之
喪非獨不用酒肉, 至於居廬哭泣啜粥三年, 柴毀自盡者亦有之. 或嘗糞斷指, 流血入口,
復甦父母, 而旌表門閭者比比有之. 家夫死則終身守節齋衰, 矢死不他, 三綱五倫禮儀
廉恥, 可軼於三代之上, 故得稱小中華之名素矣." (…) (노인, 『금계일기』, 1599년 5
월 13일, 원문 및 번역은 한국고전종합DB 참조)

했다고 한다.

 김성일의 「풍속고이」는 위 『금계일기』의 기록과 비교해 볼 때 그 함의를 더욱 분명히 파악할 수 있다. 『금계일기』를 통해 실제로 중국인들이 조선의 풍속에 대한 『명일통지』의 기술을 현재의 것이라고 믿고 있었던 것을 알 수 있다. 노인의 기록에서 흥미로운 것은 이러한 중국인들의 생각을 돌린 결정적인 계기가 조선에서 상례가 제대로 지켜지고 있다는 사실을 전달한 것이었다는 점이다. 물론 "한결같이 『주자가례』에 의거한다."는 말이 조선 전기 사대부들의 수사적 언설이었던 것처럼 당시의 실상을 모두 반영한다고 할 수는 없다. 그러나 노인은 상례에 대해 조목조목 설명할 수 있었고 이러한 그의 능력이 조선의 예제를 증명하는 것으로 비쳤을 것이다. 김성일이 조선의 예법과 문물제도에 대한 일반적 논의가 아니라 세세한 의복제도의 규정 같은 것들을 들어서 설명한 까닭을 짐작하게 하는 대목이다. 예제에 대해 이토록 자세히 기록한 것은 조선이 예의를 구비한 나라임을 '구체적이고 실증적으로' 보여주기 위해서였던 것이다.

 특히 김성일은 상례의 절차에 대해서 매우 자세하게 전달하고 있는데, 이는 그의 평상시의 학적 관심사와 무관하지 않다. 김성일은 『상례고증(喪禮考證)』이라는 예학서를 남기기도 했던 인물이다. 비록 후대의 예서에 비해 체계적이지는 않지만 "『주자가례』를 바탕으로 상례서를 구성한 최초의 시도"[25]였다는 점에서 가치가 있다고 평가된다. 그의 저작은 이론적으로는 『주자가례』가 강조되었으나 시속이

---

25) 이현진, 앞의 글, 38면.

나 불교의 예식이 아직 사회 전반에 남아 있던 시기에 유교적 예제 확립을 위해 분투한 산물의 하나였다. 그가 소친에게 제시한 상례의 절차는 일반적으로 통용되는 예제를 형식적으로 옮겨놓은 것이 아니라, 그가 자신의 관점에 비추어 가장 온당하다고 생각한 제도를 정리한 것이었다. 흥미로운 점은, 이 글의 다른 부분이 『대명일통지』의 해당 조목을 표제항목으로 달고 그 아래 변증을 수록하고 있는 것과 달리 항목 자체가 '국상(國喪)'으로 되어 있는 부분도 있다는 것이다. 『일통지』에는 따로 국상을 설명한 부분이 없고, 또 이 부분은 잘못된 기록에 대한 변증이 아니라 상례에 대한 추가적 기술이다. 그만큼 상례 절차의 전달에 심력을 기울였던 것이다.

한편 이 글의 상례 부분은 상례 절차에 관한 학봉의 견해를 구체적으로 보여주는 자료로서 활용되기도 한다.[26] 이 글의 작성 과정에서 김성일은 『가례』에 바탕을 두면서 여묘살이 등 조선의 실정을 반영한 온당한 상례 절차를 간략하게 정리해보고자 했던 것이다. 『상례고증』은 1580년 부친상을 당하고 난 얼마 후인 1581~82년 즈음에 완성한 저작이다. 그가 사행을 떠났던 1590년은 이 책을 저술하고 몇 년이 흘렀을 때였는데, 이즈음에 와서 조선의 상례를 소개하는 데 가장 적절한 방식이 무엇인지를 직접 글로 써보는 시도를 했던 것이다. 즉, 김성일이 특히 상례에 관심을 가졌고 이것이 당대 예학의 특별한 이슈였음을 「풍속고이」를 통해 재차 확인할 수 있다.

노인과 김성일은 예제 가운데서도 특히 상례의 조목을 상세히 들

---

26) 이현일, 앞의 글.

어서 각각 중국인과 일본인에게 조선이 '소중화'임을 증명하였다. 고대의 예법으로 알려진 삼년상을 철저히 준수한다는 것이 조선 사대부들의 자랑거리였음을 알 수 있다. 이처럼 예법 중에서도 특히 상례에 관해 자세히 기록하고 있는 것은 '외국인'에게 조선의 '예의'를 보여주는 데 상례가 핵심적인 코드였음을 확인할 수 있게 해주는 부분이다. 이때의 외국인이란 유교식 예악 제도의 가치를 공유하고 있는 인물을 가리키는 것임은 물론이다. 다만 상대가 유교식 제도에 대해 어느 정도의 중요성을 부여하는 인물인지에 따라 이러한 '전략'의 효용이 달라지게 된다. 노인은 조선이 '오랑캐'가 아님을 중국의 수재들에게 해명해야 하는 상황이었고, 김성일은 일본인 승려에게 조선이 '중화'에 얼마나 가까운지를 보여주기 위해 애쓰는 상황이었다. 중국 수재들의 반응은 노인의 기록에 나타나 있지만 상례에 대한 소친의 반응은 알기 어렵다. 소친은 불교 승려였기 때문에 유교적 예법의 '우월함'에 대해서는 공감하지 못했겠지만, 적어도 조선이 중국과 비슷한 문화를 가졌다는 점이 전달되었다면 김성일의 의도가 성공했다고 할 수 있을 것이다.

이처럼 예법, 특히 상례는 전근대 유교적 가치를 공유한 문화들 사이에서 일종의 '문명화의 척도'로 이해되는 경향이 있었다. 앞서 언급한 최부의 『표해록』을 보면[27] 최부 스스로 조선이 예법을 준수하고 있음을 강조했던 경우도 있고, 반대로 중국인이 조선에서도 『주자가례』를 준수하는지 묻는 일도 있었다. 아래 네 건의 인용문은 모두 『표

---

27) 상례의 강조와 관련해서 최부의 『표해록』을 인용한 것은 본고에 대한 토론을 맡아주신 민덕기 교수님의 조언을 따른 것이다. 지면을 빌어 감사드린다.

해록』의 기록이다.

　　자칭 은둔하는 선비라고 하는 왕을원(王乙源)이라는 사람을 만났다.
그는 내가 밤에 비를 맞으며 괴롭게 고초를 당하며 끌려가는 것을 가련
하게 여겨 마을 사람을 제지시켜 잠시 멈추게 했다. 나에게 이곳에 온
유래를 묻기에 내가 표류된 연고를 말해주었다. 왕을원은 측은히 여기
며 즉시 술을 가져오게 하여 나에게 권했다.
　　내가 말했다.
　　"우리 조선 사람은 친상을 당하면 술과 고기를 마시거나 먹지 않고
매운 음식이나 맛있는 음식도 먹지 않는 것을 삼년상이 끝날 때까지
하오. 술을 대접해주어 은혜에 깊이 감사하나, 나는 지금 상을 당했으
니 감히 사양하겠소."28)

　　그 사람이 기뻐하고 웃으면서 말했다.
　　"당신들도 상을 당하면 『주문공가례』를 따르오?"
　　"우리나라 사람도 상을 당하면 모두 한결같이 가례를 받들고 따르
오. 나도 당연히 이를 따라야 하는데, 다만 풍파 때문에 거스르게 되어
지금에 이르기까지 관 앞에서 곡을 할 수 없음을 통곡할 따름이오."29)

　　"그대 나라의 상례는 몇 해 동안 행하오?"

---

28) 遇有自稱隱儒姓王名乙源者, 憐臣冒夜衝雨, 艱楚被驅, 止里人少住. 問臣所從來, 臣
亦告以漂風之故. 乙源惻然, 卽呼酒勸臣. 臣曰: "我朝鮮人守親喪, 不飮酒食肉茹葷及
甘旨之味, 以終三年. 蒙饋酒, 感恩則已深矣, 然我今當喪, 敢辭."(『표해록』, 윤1월 18
일. 번역은 최부 지음, 서인범·주성지 옮김, 앞의 책, 94~95면 참조, 일부 수정함.
원문은 같은 책, 558~559면)

29) 其人撫掌曰: "你奔喪, 可行朱文公家禮乎?"臣答曰: "我國人守喪, 皆一導家禮. 我當
從之, 但爲風所逆, 迨今不得哭于柩前, 所以痛哭."(『표해록』, 윤1월 19일. 번역은 같
은 책 104면, 원문은 561면)

"주문공가례를 따르고 참최(斬衰)와 재최(齊衰)는 모두 3년이오. 대공(大功) 이하 모두 등급이 있소."[30]

"그대의 나라에서 상을 치를 때 주문공가례를 따르는가?"
"우리나라 사람들은 아들을 낳으면 먼저 소학과 가례를 가르치고, 과거 또한 이것에 정통한 자를 뽑습니다. 상을 치를 때나 집에 있을 때나 한결같이 그것을 따릅니다."[31]

첫 번째 인용문은 최부를 딱하게 여겨 술을 권한 중국 문인에게 자신은 상중이라 술을 마실 수 없다고 사양하는 장면이다. 그러면서 조선에서 삼년상을 치른다는 사실을 덧붙이고 있다. 그 다음 세 건의 인용문은 모두 중국 문인이 최부에게 조선에 관한 사실을 물으면서 상례를 언급한 부분들이다. 두 번째 인용문의 앞부분에서는 중국인이 '어째서 당신의 말은 중국과 다르냐'고 질문하자 최부가 '말은 습속을 따른 것이므로 각자 다른 것이 당연하며 당신의 말도 나에게는 괴이하게 들린다, 또 똑같이 하늘이 내려준 성품을 지녀 요순과 공자, 안회와 같으니 말소리가 다르다고 꺼릴 것이 없다'고 답하였다. 이 말을 듣고서 그렇다면 상례에 《주자가례》를 쓰느냐고 질문한 것이다. 세 번째와 네 번째 인용문 역시 중국의 관리가 조선이 어떤 나라인지 탐문하는 과정에서 상례에 대해 물은 것이다.

---

30) 又問曰: "你國喪禮行幾年?" 臣曰: "一從朱文公家禮. 斬衰齊衰皆三年. 大功以下, 皆有等殺."(『표해록』, 2월 18일. 번역은 같은 책 255~256면, 원문은 584면)
31) 又問曰: "你國治喪, 用文公家禮否?" 臣曰: "我國人生子, 先教以小學家禮. 科擧亦取精通者. 及其治喪居家, 一皆遵之."(『표해록』, 3월 29일. 번역은 같은 책 389면, 원문은 603면)

위 예들을 통해서 조선 전기, 혹은 중국의 명대에 해당하는 시기에 양국의 문인이 문명의 지표로서의 예법이라는 기준을 공유하고 있었고, 그 가운데 특히 상례가 핵심이었음을 알 수 있다. 김성일이 일본에서 상례를 강조한 것 역시 이러한 사고에서 나온 것이다. 조선의 사대부들은 본래 스스로를 여타의 '이적'들과는 구별되는 소중화로 여겼으며, 이는 조선 내에서는 자명한 사실이었다. 그러나 해외, 즉 동아시아의 다른 나라 사람들을 만나서 자신이 어떤 사람인지, 또 자신의 출신지가 어떤 곳인지를 설명해야 하는 상황에서는 이러한 자명한 사실이 갑자기 '증명'해야 할 무언가로 나타나게 된다. 김성일의 「풍속고이」는 이러한 상황에서 조선의 지식인이 무엇을 근거로 소중화로서의 자신을 증명했는지를 보여주는 사례이다. 조선 전기 중국인과의 만남을 기록한 자료들에서 이와 비슷한 시도를 발견할 수 있으며, 「풍속고이」는 그러한 시도가 가장 분명하게 구체화된 텍스트라고 할 수 있다.

### 3) 동일시와 거리두기의 변주

「풍속고이」의 끝에는 이 글과 함께 김성일이 소친에게 보낸 편지가 붙어 있다. 아래에 그 전문을 인용한다.

> 천 리가 떨어져 있으면 풍(風)이 같지 않고, 백 리가 떨어져 있으면 속(俗)이 같지 않은 법으로, 풍속(風俗)이 각자 다른 것은 이상하게 여길 것이 없습니다. 다만 우리나라는 기자(箕子) 이래로 예의(禮義)가 풍속을 이룬 것이 중국과 다르지 않으며, 그 가운데 같지 않은 바는 여항의 소소한 토속(土俗)들 뿐입니다.

황명(皇明)에서 길에 떠도는 말을 주워 모아 《대명일통지》 안에 기록하였는데, 그 말이 비속하고 근거도 없습니다. 우리나라에 직접 와서 보고 듣지 않은 외국 사람들은 반드시 이 기록을 그대로 믿을 것이니, 어찌 그것이 거짓인 줄을 알겠습니까. 이로 미루어 보면 귀국(貴國)의 풍속에 관한 《대명일통지》의 기록도 부실한 것이 많을 것으로 생각됩니다. 맹자(孟子)가 말하기를, "책을 다 믿으면 책이 없는 것만도 못하다." 하였는데, 바로 이 《대명일통지》를 두고 한 말입니다. 그러니 어찌 통탄스러운 일이 아니겠습니까.

오사(吾師)께서 마침 물어 왔기에 대강 우리나라 예속(禮俗)의 한두 가지를 거론하고, 각각 밑에다 주석을 달아서 잘못된 점을 변론하였습니다. 이것은 《대명일통지》에 기록된 것에 한하여 밝힌 것이지, 우리나라 예속 가운데 말할 만한 것이 이것뿐이란 뜻은 아닙니다. 오사께서는 이 점을 양찰하시기 바랍니다. 그리고 또 귀국의 풍속이 잘못 기록된 것이 있으면 또한 나에게 적어서 보여 주어 의혹을 풀게 해 주시기 바랍니다. 그러면 매우 다행이겠습니다.[32]

위 편지글에서 일본의 풍속 중에도 잘못 기재된 것이 있을 테니 변증해 주기를 바란다는 김성일의 말은 특히 의의가 있다. 18세기 이후로 사행록 저술을 통해 일본 지식이 축적되고 적으나마 일본에 대해 학적 관심을 가진 인물들이 출현하게 되지만, 일본인에게 직접 중국

---

32) 千里不同風, 百里不同俗, 風俗之各異, 不足怪也. 但我國自箕子以來, 禮義成俗與中夏無異, 其中所不同者, 乃委巷間小小土俗也. 皇明收拾道聽之說, 錄在志中, 其語多鄙俚無稽, 外國之人足跡耳目, 未嘗及於我國, 則必以此志爲可信, 豈料其僞也哉. 以此觀之, 貴國風俗所錄, 想亦多不實也. 孟子曰"盡信書, 不如無書,"此志之謂也, 不亦可嘆也哉. 吾師適問及, 故略擧國中禮俗之一二, 各註其下, 以辨其誣. 是就志中所及而明之, 非謂國俗可言者只此而已. 惟師亮之. 且貴國風俗, 如有不實, 則亦錄示破疑, 幸幸甚甚.

문헌의 고증을 요청한 경우는 찾기 어렵기 때문이다. 소친이 학봉의 제안에 따라 일본의 풍속과 연혁을 고증한 글을 써보려고 했을지는 알 수 없지만, 18세기에 통신사가 만난 일본인들 중에는 중국 문헌에 나타난 일본 관련 서술에 대해 조선인에게 해명하고 싶어 하는 이들이 종종 있었다. 그러나 조선 문인들은 이러한 일본인들의 요구에 별다른 관심을 보이지 않았다. 조선후기에는 일본에 대한 지적 호기심과 관심이 점차 증대했다고 할 수 있지만, 위 학봉의 편지에 나온 것과 같은 상호 인정의 태도는 오히려 찾기 어려워진 것이다.[33]

김성일은 「풍속고이」의 집필 과정에서 조선과 일본이 공히 중국의 외방으로서 잘못된 역사·문화 기술의 대상이 될 수 있다는 사실을 깨닫고 이를 적시한 것이다. 여기에서 일본에 대한 '동일시'의 시가이 발견된다. 조선의 풍속이 중국과 대부분 같다고 말하고 있으므로 문면상으로는 중국과 조선의 동일성이 강조되고 있지만, 실제로는 중국은 기록의 주체이고 조선과 일본은 기록의 대상에 머물 수밖에 없다는 점이 제시되면서 '중국↔[조선=일본]'의 구도가 성립하는 것이다. 김성일이 이러한 태도를 취하게 된 까닭은 중국 문헌에 실린 조선 관련 기록이 정확하지 않음을 상대에게 이해시키기 위해서였다.

아래 18세기 필담에서 이와 동일한 논리를 찾아볼 수 있다. 아래는 1764년의 필담창화집인 『화한쌍명집(和韓雙鳴集)』에 수록된 필담이다.

---

33) 이는 명·청 교체 이후 조선 지식인들 사이에서 조선중화주의가 확립되면서 소중화로서의 조선의 독보적인 지위에 대한 확신이 뿌리내렸기 때문으로 생각된다.

제가 일찍이 귀국의 옛 명칭에 대해 의심나는 것이 있어서 나아가 질정을 구하고자 하니 가르침을 내려주시길 감히 청합니다.

조선 남 학사 추월에게 드림

후한서(後漢書)「삼한전(三韓傳)」에서 "한에는 3종이 있는데 하나는 마한(馬韓), 둘은 진한(辰韓), 셋은 변진(弁辰)이다"라고 했습니다. 의초육첩(義楚六帖)에서는 진한(辰韓)을 진한(秦韓)이라 하였습니다. 진서(晉書)를 살펴보면 변진(弁辰)과 진한(秦韓)은 모두 진한(辰韓)에 속하고 따로 변한(弁韓)이 있으니, 변진과 진한(辰韓)은 모두 변한(弁韓)이 아닙니다. 그렇긴 하나 또 다른 설이 있습니까? (…중략…)

아룀(추월): '왜(倭)'는 일본의 별명입니다. 당서(唐書)에 이르길 "일본은 소국이요 왜는 대국이므로 그 호칭으로 아울러 부른다."고 했는데 정말로 그러합니까?

대답(조메이(長明)): 아닙니다. 모두 당인(唐人)들이 추측한 설일 뿐입니다. 우리나라는 상고 때부터 일본이라고 불렸습니다. 왜라고 일컫는 것은 우리가 칭하는 것이 아닙니다. 운운. 그러므로 두 나라가 아닙니다.

아룀(추월): 귀국은 수서(隋書)에 '퇴국(俀國)'이라고 나와 있는데, '俀'는 혹 '倭'의 오자입니까? 아니면 또 '俀'라는 이름이 있습니까?

조메이: 그렇습니다. 베낀 자가 잘못 쓴 것입니다.

같음(추월): 당서열전(列傳)에 "일본은 옛날의 왜노(倭奴)이다", "함형(咸亨) 원년(元年)에 사신을 보냈다", "나중에 중국 음에 제법 익숙해지자 왜라는 이름을 싫어하여 일본으로 국호를 고쳤다." 등의 말을 하고 있습니다. 일본서기를 살펴보면 '일본반여언천황(日本磐余彦天皇)', '일본무존(日本武尊)' 등이 있으니 일본이라는 명칭은 본래 있던 것이지 왜를 일본으로 고친 것은 아닙니다. 감히 그 설을 듣고자 합니다. (…중략…)

대답을 청하니 시기가 엄중하다고 하고는 끝내 답해주지 않았다. 위

문항은 내가 물어본 것과 대략 비슷한데 내가 저들을 대신해서 질문을 만들어 본 것이니, 모두 다 바로 중국인들이 잘못 기록한 것을 바로잡은 것이다. 그 나라의 옛 명칭을 정밀히 살핌은 또한 학자의 소임일진저![34]

마지막 단락에서 저자가 밝히고 있듯이 위 필담은 실제 이루어진 것이 아니다. 통신사에게 줄 문목을 만들어 가셔갔으나 대답을 듣지 못했고 필담을 나누지도 못했으므로[35] 저자가 직접 가상의 필담을 적어 넣은 것이다. 일본 문사(조메이)가 가져간 질문은 조선의 고대 국가의 명칭에 대한 변증이었다. 또, 가상의 필담에서 조선 문사(추월＝남옥)가 묻고 있는 것 역시 중국 문헌에 나와 있는 일본의 옛 명칭에 대한 것이었다. 마지막에 저자는 이 대화의 목적이 중국인늘이 잘못 기록한 것을 바로잡는 것이라고 하였다. 이는 앞의 편지글에 나타난 김성일의 의도와 유사하며, 마찬가지로 조선과 일본을 '기록의 대

---

34) "僕嘗於貴國古名有所疑，故欲就正，敢請被教．呈朝鮮南學士秋月．《後漢書‧三韓傳》云'韓有三種：一曰馬韓；二曰辰韓；三曰弁辰．'《義楚六帖》云'辰韓，秦韓．'按《晉書》，弁辰、秦韓皆屬於辰韓，而別有弁韓，則弁辰、辰韓俱是非弁韓．雖然，又更有說乎?"(…) 稟(秋月)："倭，日本別名也．而《唐書》云'日本乃小國，倭大國也，故冒其號．'信乎?"復(長明)曰："非也．皆唐人意料之說耳．我國自上古號日本．謂之倭者，非我所稱也云云．固非二國也．"稟(秋月)："貴國《隨書》作倭國，倭或倭字之誤乎，抑又名俀乎?"(長明)曰："然．傳寫之誤耳．"同(秋月)："《唐書‧傳》云'日本古倭奴也'云云，'咸亨元年遣使'云云，'後稍習夏音，惡倭名，更號日本．'按《日本書紀》，有日本磐余彦天皇日本武尊等，則日本之名固有之者，而非倭改爲日本．敢請聞其說．"(…) 請其復，則云時嚴而遂不答．右件擧似吾所問者，吾代于彼而設問，皆正華人之妄者也．精於其國之古名，亦是學者之任歟!"(「개원문사(芥園問槎)」,『화한쌍명집』권3))

35) 1764년 사행 때 귀로에서 통신사 일행의 한 명이었던 최천종이 일본인에 의해 살해당하는 일이 벌어진다. 이 때문에 일본 문사와의 만남 및 시문수창이 중단되었다.

상'으로서 동일시하는 태도라고 할 수 있다.

한편 「풍속고이」의 내용에 대한 기존 연구의 평가 중 하나는 이 글이 "김성일이 소중화로서의 조선을 일본에 자랑한 것"[36]이라는 것이다. 예를 들어 조선에서는 남녀가 서로 좋아 혼인한다는 구절에 대해 김성일은 "이는 귀국의 기생들이나 하는 짓이다.[所謂相悅者, 如貴國傾城者之所爲也.]"라며 일본의 풍속과 대비하여 조선에서는 그런 일이 없음을 강조하고 있다. 물론 일본 전체가 아니라 기생이라는 특정 신분에 한정하고 있기는 하나, 조선의 상민들이 아니라 굳이 일본의 예를 들었다는 점에서 멸시의 표현인 것은 사실이다. 또, 조선에서는 절대 동성혼이나 근친혼을 하지 않는다고 강조한 것 역시 이러한 풍속을 지닌 일본과의 '거리두기'를 시도한 것이라고 할 수 있다. 경대부들이 참람되이 궁궐 같은 집을 짓지 않는다고 한 것 역시 다분히 일본의 상황을 염두에 둔 것으로 보인다.

글 말미에 붙인 편지에서 확인되듯이 학봉은 조선과 일본 두 나라 모두 중국이 아닌 외이(外夷)로서 왜곡된 기록의 대상이 될 수 있다는 공감을 드러내고 있으며, 이는 후대와 비교해서도 상당히 개방적인 인식임을 앞에서 밝혔다. 그러나 김성일은 실제 변증의 과정에서 조선을 중국과 대등하게 끌어올림으로써 일본 등 다른 나라와 차별화한다는 전략을 구사하고 있다. 물론 이는 그 바탕에 문화의 측면에서 이적도 중화가 될 수 있다는 논리를 전제로 하고 있으므로 일본에 대한 무조건적인 비하라고 보기는 어렵다. 그러나 『명일통지』에 대한

---

36) 오바타 미치히로, 앞의 글, 79면.

허종이나 노인의 해명은 중국인, 그것도 문헌을 생산할 능력이 있는 중국의 지식층을 대상으로 한 것이었고, 학봉의 이 글은 유교적 문명화의 정도가 낮다고 상정되는 일본인을 독자로 작성된 것이다. 즉, 전자는 '중화'에 대하여 자신이 '이적'이 아님을 주장하는 것이고, 후자는 '이적'에 대하여 자신들이 상대방과 같은 '이적'이 아님을 보이기 위한 것이다. 그러므로 비록 같은 내용이라 할지라도 후자의 경우 '우월의식'이 전제되어 있을 수밖에 없다.

　이러한 거리두기는 편지글에서 드러난 동일시의 태도와 상충하는 부분이 있다. 또한 거리두기라는 전략은 충분히 상대의 반발을 불러올 수 있는 방식이다. 김성일이 소친에게 쓴 편지에서 동일시의 태도를 표명한 것은 조선에 대한 기록이 잘못되었다는 점을 일본인에게 납득시키기 위한 수단이었다. 그러나 동시에 조선이 중화에 가까운 나라임을 보다 확실히 전달하기 위해서는 자신들의 '우월함'을 객관적으로 증명할 수 있어야 했다. 중국인들은 이미 스스로 중화이므로 조선을 '중화에 가깝다'고 인정하는 데에 인색하지 않았다. 그러므로 최부는 『주자가례』를 준수하고 『대명률(大明律)』에 의거한다는 등의 몇 가지 점을 들어서 조선이 '예의의 나라'임을 쉽게 증명할 수 있었던 것이다.

　그러나 일본인에게 조선이 중화임을 증명하는 것은 중국에서보다 더 어려운 일이었다. 당시 일본은 유교적 가치에 대한 존중의 정도가 명나라나 조선과는 같지 않았다. 더군다나 김성일은 사행 내내 예법 등의 문제로 일본 측과, 그리고 황윤길 등 사행단 내부의 인물들과도 갈등을 빚고 있었으며 그런 상황에서 예의지국으로서의 조선의 위상을 확립해야 한다는 강한 의지를 표명하곤 하였다. 유교국이 아닌 일본에서 예제의 준수를 통해 문명국의 사신으로서 위신을 세워야 한다는 과제가 그에게 주어졌던 것이다. 『대명일통지』에 대한 변증은 소진의 요청에 응해 우연히 집필한 저작이지만, 단순히 중국 기록의 오류를 바로잡는다는 것 이상의 의도를 가진 것이었음을 충분히 짐작할 수 있다. 김성일이 이 기록을 조선으로 가져온 것도 이러한 중요성을 인식했기 때문으로 생각된다.

김성일은 중국에 대하여 조선과 일본을 동일한 '외이'로서 인식하는 태도를 보였으나, 이와 동시에 조선이 다른 '이적'들과 구별되는 소중화임을 증명해야 했다. 이를 위해서는 조선 이외의 다른 민족들의 '열등함'이 상정되어야 했으며, 이때 조선보다 열등한 -그러면서 외교적 실례(失禮)로 양국관계를 곤란하게 만들고 있는- 일본의 풍속이 비교의 대상으로 언급될 수밖에 없었던 것이다. 김성일은 이와 같은 동일시와 거리두기의 변주라는 전략을 통해 일본의 지식인에게 조선 문화의 우월성을 증명하고자 했던 것이다.


## 4. 나가며

일찍이 이우성은 김성일이 일본 사행 중에 집필한 두 편의 글 「조선국연혁고이」와 「풍속고이」에 대해서 다음과 같이 논평하였다.

『大明一統志』에 대한 鶴峯의 果敢한 批判은 우리 民族歷史의 主體性과 文化禮俗의 優秀性을 國際的으로 소리 높이 闡明한 것이다. 뿐 아니라 明나라 皇帝가 대단한 權威와 價値를 賦與해 놓은『大明一統志』를 "없는 것만도 못한 책"이라고 痛斥한 鶴峯은 우리 國家利益에 違背되는 中國의 大國主義的 歷史觀을 正面으로 否定한 것이다. 더구나 日本人에게 보낸 편지에서 "日本에 관한 中國의 不實한 기록을 적어주면 우리의 疑惑을 깨뜨릴 수 있다."고 한 것은, 그의 謙虛한 學者的 태도에서 뿐아니라 다같이 中國文化圈에 속해 있는 두 나라가 中國的 思考의 支配로부터 벗어나, 각기 民族文化의 獨自性을 尊重히 여겨 줄 것을 다짐하려 했던 것이다.37)

위 논평에 의하면 김성일의 두 편의 글은 중국에 대하여 민족문화의 독자성을 주장한 글이 된다. 「연혁고이」에는 단군으로부터 시작되는 동국(東國)의 독자적인 상고사에 대한 인식이, 「풍속고이」에는 의관 복식과 철저한 혼례와 상례 절차를 갖춘 '문명국'으로서의 자부심이 담겨 있다. 이 점에서 위와 같은 평가는 어느 정도 일리가 있다. 다만 학봉이『대명일통지』를 배척하려고 한 것은 아니며, 그가 천명하고자 한 것 역시 민족문화의 독자성이라기보다는 중화에의 근접성이라고 보아야 할 것이다. 이우성의 초기 연구 이후로 김성일의 두 글에 대한 본격적인 연구가 제출된 적이 없기에 이상의 평가에 대한 재고가 필요한 시점이라고 하겠다.

김성일의 「연혁고이」와 「풍속고이」는 동아시아 지식인 간의 상호 접촉이라는 맥락에서 살펴볼 때에 그 성격을 분명히 파악할 수 있다. 『대명일통지』에 수록된 조선 관련 기록의 오류에 대해서는 이미 15세기부터 문제시되고 있었으나 이 두 편의 글과 같은 축조 비판의 변증

---

37) 이우성, 앞의 글, 215면.

이 행해진 적은 없었기 때문이다. 즉, 이 두 편의 글은 일본 사행이라는 특수한 상황에서 비로소 출현한 것으로서, 유사한 상황에서 이루어진 다른 기록들과 아울러 검토할 필요가 있다. 이에 본고에서는 실록 기사,『표해록』,『금계일기』, 통신사 필담창화집 등의 자료와 비교하여 두 편 글을 살펴보았으며, 이를 바탕으로 조선 지식인의 공식적인 사관의 표출, 자세한 예제의 전달을 통한 소중화의 증명, 동일시와 거리두기의 변주라는 세 가지 성격을 제시하였다.

이상의 분석을 바탕으로 두 편의 글 및『해사록』이 동아시아 문화교류의 사적 흐름이라는 보다 큰 틀에서 어떠한 위상을 지니는지에 대한 추가적인 논의가 가능하다. 나아가 본고에서 인용한 기록들 외에 동시기 및 이후 시기의 다양한 사례들을 통해 동아시아 지식인 간의 상호접촉의 상황에서 어떠한 양상이 발견되는지에 대해서도 검토할 필요가 있다. 본 연구의 궁극적인 목적은 여기에 있다.

# 『해사록』에 나타난
# 학봉 김성일의 시중(時中)인식

◆

1590년 조일외교의 한 시각

## 1. 문제제기

학봉 김성일이 일본사행단의 부사로서 1590년 3월 5일 폐사(陛辭)하여 1591년 3월 1일 복명(復命)하기까지의 기록을 담고 있는 『해사록(海槎錄)』은 조선 전기에는 그것 자체로 매우 귀중한 사행록이다. 임란 이전의 사행록이 매우 진귀할 뿐만 아니라 학봉의 『해사록』에는 적지 않은 일본에 대한 자상한 평가와 다양한 문제적 시각들이 수록되어 있어 그것 자체로 무척 흥미로운 독서물이다. 아울러 학봉의 귀국보고가 임진왜란의 발발 이후 매우 격렬한 책임논쟁을 불러일으킨 점에서도 매우 논란의 소지가 많은 작품이다. 관련하여 1590년 통신사행과 그 귀국보고와 관련해서는 진작에 진지한 학술논의가 진행되어 그 성과가 학계에 보고된 바 있다.[1]

---

1) 한일관계사학회편, 『1590년 통신사행과 귀국보고 재조명』, 경인문화사, 2013 참조. 한일관계사학회 20주년을 기념해 당대의 전문가가 참여하여 프레스센터에서 열린

　이 연구에서 제기하는 학봉의 사행과 관련하여 이것은 이미 급변하고 있는 동아시아의 정세 속에서 진행된 것으로 학봉 한 개인의 역량으로 막을 수 있거나 또는 책임질 일이 아니라는 주장도 제기되었다.2)

　"임란직전 경인통신사행과 귀국보고 재조명"의 학술대회 성과를 묶어 출간된 이 단행본에 수록된 논문은 다음과 같다.
　신복룡, 「조선조의 인물을 바라보는 몇 가지 착견」.
　한명기, 「임진왜란 직전 동아시아 정세」.
　민덕기, 「경인통신사의 활동과 일본의 대응」.
　하우봉, 「김성일의 일본인식과 귀국보고」.
　김학수, 「조선후기 사림계의 김성일에 대한 인식과 평가」.
　김　돈, 「임진왜란사의 경인통신사 관련 역사서술의 문제」.
　관련한 토론은 노영구, 김시덕, 박병련, 박현순, 박인호 등 관련연구를 수행하는 전문가에 의해 진행되었다. 그런데 이 단행본을 살펴보면 학봉의 문제적 보고에 대해 이해하고 옹호하는 논리가 우세했으며, 사행원의 일원으로서 학봉의 활동은 진정성이 있었다는 점을 강조하고 있는 점을 발견할 수 있다. 그것은 당대 조선의 평가에서도 드러난다. 즉 일본이 침략하지 않을 것이라고 보고한 학봉의 보고는 나름의 당대 상황이 있었고, 사행에 임하는 그의 자세와 논리는 상당한 의미가 있다는 것이다. 하우봉 교수의 경우 "학봉의 주장이 다 관철되지는 않았지만 최소한 논리적인 면에서는 압도하였다"고 평가했다.(위의 책, 106면) 이러한 평가는 어떤 점에서는 당시 사행 보고에 대한 일반적인 인식을 상회하는 것이다.
 2) 관련한 대표적인 주장은 한명기 교수와 김시덕 교수에 의해 제기되었다. 한명기 교수의 경우, 16세기 중반은 명 중심의 기존 동아시아 질서가 흔들리는 가운데 조선과 일본의 행보가 극적으로 달라졌다고 지적했다. 이를테면 일본에 조총이 전래된 1543년을 전후하여 조선에서는 서원이 창립되고 사액서원이 등장하는 등 조선은 철저한 文治의 길로, 일본은 오로지 武備의 방향으로 나아갔다고 지적했다. (앞의 책, 56면) 김시덕 교수는 1590년 전후하여 류큐도 히데요시 측에 사절을 보내는데 이런 일련의 일들로 인해 일본인들은 복속하는 사신의 연장선으로 보았지 그 이상으로 보지 않았으며, 일본은 전국시대 100년의 실전을 겪으면서 풍부한 경험을 가지고 있어 과연 조선이 그 자리에서 방어한다고 해서 1592년 상황에서 초기에 막을 수는 없었을 것이라고 지적했다. 김성일 선생 개인에게 책임을 묻는 것은 '희생양 만들기'라는 판단이다. (앞의 책, 229면) : 김시덕 교수는 다른 논문에서 "당시 조선

또한 연구 시각을 달리하여 학봉의 귀국 보고를 기왕의 당쟁적 구도가 아니라 학봉이 본래 가지고 있던 세계관과 가치관, 그리고 그에 근거한 대외인식과 일본관에 근거해 이해하고 이를 당시 조선에서 전개되던 기본적인 인식을 퇴계학파와 율곡학파, 남명학파 등 학파별로 살펴보면서 퇴계학파에 속한 학봉의 일본인식을 좀 더 다각적으로 이해하려는 시도도 있었다. 관련 역사 기록을 면밀하게 검토하여 기록 자체의 신빙성과 침략이 없을 것이라는 학봉의 보고 저변에 있는 이유들을 면밀하게 탐색한 것은 향후 학봉의 사행과 귀국보고에 중요한 이해의 시각을 제공하기도 했다.[3]

여기에서는 이러한 기존의 성과를 바탕으로 격변하는 시기, 큰 포

---

은 북쪽의 여진인과 남쪽의 왜구에 의한 상당한 규모의 침략을 막아 낼 수 있는 효율적인 대비 체제를 갖추고 있었다. 그리고 여러 문헌이 전하는 바에 따르면, 조선 조정은 임진왜란이 일어나기 직전까지 통상적인 왜구의 침략을 상정하여 대비를 하고 있었다. 다만, 20여만 명이라는 대규모의 침공을 예상하지 못한 것이 조선 조정과 김성일의 잘못이라면 잘못이라 할 수 있으리라."고 지적한 바 있다. 김시덕, 「근세 일본의 김성일 인식에 대하여」, 『남명학연구』 41, 경상대 남명학연구원, 2014, 110면; 관련 내용은 김시덕, 『교감해설 징비록』, 아카넷, 2013, 169~172면도 참조.

3) 하우봉 교수의 주장이다. 하우봉 교수는 결론에서 학봉의 보고는 결국 16세기 들어 쇠퇴한 조선학자들의 해외제국에 대한 관심과 정보력, 회이관의 강화, 대외인식의 경직 등의 세계관과 대외인식에 규정된 것이라고 지적했다. 또한 그는 명분론적 질서에 철저한 예학자로 성리학적 이상과 명분론적 질서를 국내문제 뿐 아니라 국제관계에서도 매우 충실하게 구현하려고 했기 때문에 豊臣秀吉에 대해서도 그러한 판단을 했고, 평가 절하하는 보고까지 이어졌다고 보았다. 왕명을 전하기 전에는 사신의 도리상 출입하기 어렵다며 교토에 있는 4개월 동안 숙소였던 大德寺를 거의 나가지 않았던 학봉을 두고는 일본의 실제를 관찰하는 외교사절 곧, '정탐에는 부적당한 인물'임에 틀림없다고 평가와 학봉의 귀국 보고 이후에 다양한 경로로 보고된 일본 침략의 징후를 무시한 조선 조정의 행태를 고려한다면 학봉은 전쟁 반발의 책임면제를 위한 희생양으로 선택된 것으로 보는 것이 타당하다는 지적(앞의 책, 134~137면)은 음미할 만하다.

부를 안고 시작했지만 외교 대상국인 일본의 부당한 대접과 사행원 내부에서의 의견대립으로 심신의 적지 않은 고초를 겪었던 학봉 김성일의 일본 사행을 사행에 임하는 '학봉의 시중(時中)인식'이라는 측면에서 살펴보려 한다. 그것은 때로 일정을 따라가며 학봉의 심리의 변화를 살펴보는 방식을 취하기도 하고, 때로 논란이 일어났던 대표적인 사안을 중심으로 그 시중의 논리를 검토하는 방법을 취하기도 할 것이다. 그리고 무엇보다 학봉이 1590년이라는 역사적인 시기의 사행 사절이라는 점을 고려하여 그 역사적 의미도 짚어보려 한다.

지금도 여전히 국제관계의 외교는 다양한 명분을 내세우면서도 그 실상은 자국의 실리를 획득하려는 것이다. 하지만 다양한 명분의 관철 역시 대상이 있는 외교의 특성상 상대에 대한 고려를 하지 않을 수 없는데, 상대에 대한 고려는 결국 상대에 대한 정확한 이해를 바탕으로 하지 않을 수 없는 것이다. 그 점에 있어서 학봉은 과연 얼마나 정확하게 설득의 상대를 파악하고 있는가는 간과할 수 없는 점이다.

또한 학봉은 최초 의도한 사행의 목표를 달성하기 위해 일본측 주선자들에게는 물론 동행한 조선측 사행들에게도 적지 않은 의견의 충돌을 무릅쓰면서 다양한 요청과 설득을 개진한다. 학봉은 사신행차의 의미를 나라와 조정을 대표한다는 확고한 인식 아래 체모(體貌)를 세우고 전례(前例)를 확립하는데 치중한다. 그리고 그 입장을 관철시키기 위해 끊임없이 일본측을 설득하고, 심지어는 동행한 사행원 내부와도 의견의 충돌을 마다하지 않는다. 그것은 때로 상대에게 수용되어 즉각적인 효과를 보는 것도 있지만 그렇지 못한 것 역시 없지 않다. 목표하는 외교적 의례에 대한 현실적 여건을 파악하는 입장이 서로 같지 않기 때문일 것이다. 그것은 한편으로는 외교적 목표에 대한 구체적인 실리의 획득의 방법론이라는 측면에서, 한편으로는 외교적 목표에 대한 방향성을 되짚어 본다는 측면에서 재검토의 여지가 있다.

2년 뒤 다가올 임진왜란이라는 동아시아 역사 전환의 사건을 바로 코 앞에 두고 일본을 다녀온 학봉 김성일의 사행록, 『해사록』은 그런 점에서 국제관계에서의 합당한 외교적 시각을 정립한다는 측면에서 재독의 의미를 충분히 지닌다고 볼 수 있다. 일본과의 외교관계에서 학봉이 보여준 다양한 상황에서의 시중(時中)인식은 여전히 당대적 의미의 파악에서 뿐 아니라 여전히 현재적인 의미도 가질 수 있는 것이다.

## 2. 일본사행에 임하는 학봉 김성일의 자세

학봉 김성일은 일본의 사행원의 부사로 발탁되기 전부터 일본 사행의 일본측 접빈원의 역할을 수행한 인물들과 매우 잘 알고 있었고[4] 1589년 일본 통신사행이 있을 것이라는 조정의 논의가 있을 때부터 자신이 일본에 가게 될 것이라는 것을 짐작하고 있었다.[5] 그는 『해사록』의 서문에 해당하는 시가 된 율시에서 "해 뜨는 곳 천년의 나라에

---

4) 金誠一『海槎錄』, 「重答玄蘇書」"尊師前聘于我邦也, 鄙人實主客者也. … 望尊師念去歲糜鹽之心, 亮今日使臣之懇."

5) 金誠一『海槎錄』, "己丑秋八月, 聞朝議將通信日本, 偶占一律, 是冬乃膺副价之命, 追思前作, 實詩讖也"

삼한의 한 사신이 방문하노라, 풍파 속에 충신을 믿고 생사는 높은
하늘에 맡겼네."6)라고 노래했으며, 일본 사행이 떠나는 당일 폐사(陛
辭)하며 지은 시에서는 "소신이 나라 은혜 갚은 것 조금도 없었으니
이번 걸음은 오히려 목숨 가벼운 줄 알겠네"7)라고 그 임무의 막중함
을 깊이 인식하고 있었다. 그러므로 그는 일본으로 가는 도중 잠시라
도 머뭇거릴 겨를이 없었으며, 조일간에 화친을 이루고 변방의 전란
을 잠재워 임금의 은택을 백성들에게 누리게 할 것이라는 원대한 포
부가 있었다. 그러므로 그는 이 일본 사행을 마치고 나서는 고향으로
은거할 생각까지 했던 것이다.8)

학봉은 이번 사행이 1590년 일본의 추장(대마도주)이 포로로 잡혀
갔던 우리나라 사람들을 돌려보내고, 변경을 침범했던 왜적의 머리
를 베어 바치면서 통신사가 오기를 간청했기 때문에 선조가 그 공손
한 것을 보아 특별히 청을 들어준 것이라고 이해했으며9), 그 가장
중요한 일은 선조의 덕화를 사방에 펼쳐 보이며 사방을 편안하게 하
는 것이라고 인식했다.10) 그러므로 임무에 대한 엄중함을 인식하면

---

6) 앞의 시, "日域千年地, 三韓一介臣, 風濤仗大信, 生付付高旻"

7) 「三月初五日丙子賜酒闕庭 庚寅」"小臣報效微涓滴, 此去猶知性命輕"이후『해사록』
에서 인용한 작품은 작품명만을 기록한다. 해당 내용은 모두 홍계희가 편집한『海行
摠載』에 수록된 것으로 현재 한국고전번역원에서 한국고전번역에서 제공하는 〈한
국고전종합DB(db.itkc.or.kr/)〉의 내용을 활용한다.

8) 「題石門」"但念國事重, 我何小逡巡, 會當仗忠信, 一成兩國親, 三邊絶刁斗, 聖澤洽吾
民, 然後賦歸來, 永作山中人"

9) 「途中述使旨示同行」"威化東漸問幾年, 輪平島客自聯翩, 蠻俘昨獻明光殿 漢使朝馳渤
海堧"; 「贈寫字官李海龍 幷序」에도 비슷한 생각이 제시되어 있다.

10) 「途中述使旨示同行」, "誰知聖主綏懷遠, 一信能令靜四邊"; 「次五山題對馬島」"誰仗
王靈綏遠俗, 願爲砥柱障狂瀾"

서도 '임금의 위엄은 바다와 산을 진동시키고 사신의 깃발은 찬란하게 빛난다'[11]고 할 정도로 자부심은 이루 말할 수 없이 높았다. 그러면서도 이번 행차에 다가올 만 가지 일은 하늘에 달린 일이니 운명을 믿어야 하고 마음가짐에는 한 점 티끌을 용납해서는 안 될 것이라는 다짐 속에 대장부는 일의 평탄함과 험난함을 가리지 않으며 묵묵히 제 갈일을 간다고 되뇌었다.[12]

그러나 학봉의 일행은 교토에 도착한 이후로도 풍신수길의 동정(東征)과 궁궐의 중수로 인해 다섯 달 가까이 국서를 전할 수 없었다. 국서를 전하고 답서를 받아와야 하는 사신의 임무를 수행하지 못한 학봉은 저녁에는 노승보다 늦게 잠들고 새벽에는 새들보다 먼저 일어났다고 고백하며 노심초사했다. 그러면서도 왕명을 수행해야 하고 몸도 건강하니 하늘을 원망하진 말아야 한다고 스스로를 다독였다.[13]

학봉은 사신을 떠나는 장부의 원대한 기개를 마음 속에 깊이 품고 있었고 사행에 행장을 준비하면서 죽을 수도 있을 것이라는 비장한 마음가짐을 가졌다.[14] 자유롭지 못한 가운데 지루하게 절간에 머물러 있으면서도 학봉이 그렇게 수행하고자 했던 것은 충신을 가지고 위의(威儀)를 닦아 인성(仁聲)을 드날리며 오랑캐를 감화시키는 것이다. 그는 이것을 게을리 하지 않으려 했다.[15] 오랑캐 역시 충분히 감

---

11) 「次山前傳命島主一律」, "震疊王靈掀海岳, 輝煌漢節聳瞻觀"
12) 「次車五山韻」, "萬事由天當信命, 寸心如鏡可容塵, 丈夫行止無夷驗, 試向扶桑一問津"
13) 「曉起有吟」, "宵眠每落老僧後, 曉起常居宿鳥先, 王事關心身亦健, 莫將行役怨蒼天"
14) 「次五山懷歸賦」, "羲余志之脩塞兮, 恥匏繫於一隅, 惟庚寅吾戒行兮, 結遲期於三壺"
15) 앞의 시, "思悠悠兮不自由, 塊獨處乎松關 … 服忠信兮攝威儀, 敢自懈於行蠻, 誦三百

화시킬 수 있는 대상이라고 보았고 그들 역시 한 기운을 타고 났다고 믿었다.[16]

　하지만 처음 품었던 포부가 여러 가지 사정으로 뜻대로 실현되지 못하고, 국서의 전달이 지체되면서 학봉의 일본에 대한 인식은 점차 분노로 바뀌어갔다. 그것은 대마도에서 한 달간 큰 의미없이 지체되면서부터였다.[17] 그리고 대마도에서 대마도의 부관 종의지가 국분사(國分寺)에서 가마를 타고 뜰을 지나 대청에 오른 다음에는 더욱 그 비판적인 시각이 고정되어 이러한 욕됨은 사신의 일신(一身)에만 관계되는 것이 아니라 나라의 욕됨이라고 크게 분함을 드러냈다.[18] 그는 국명을 받은 사신이 받는 모욕은 국치이기 때문에 이를 씻지 못한다면 천추에 한을 남기는 것이라고 여겼고, 그런 명분을 바로잡는 일에 분명하지 않으면 어울리려고 하지 않았다. 그러한 강직한 성품과 태도는 사행원 내에서도 지나친 것이라 여겨 적지 않은 논란이 있었지만 학봉은 오로지 일의 곡직(曲直)만으로 행위의 정당함을 가리고자 했다.[19]

　학봉은 일본인들을 경험하면 할수록 저 오랑캐들은 습성이 거칠고 신의를 소홀히 여기며, 이웃 나라 사귀는 도에는 안중에도 없어 배타고 온 사신을 업신여긴다고 느꼈다.[20] 어쩌면 학봉이 진작부터 위엄

---

兮懷靡及,寧致怨於行役"

16) 앞의 시, "豈殊類之難化兮, 亦含生於一氣"

17) 「次天五山風海濤辭」"宣王命於絶域, 兆吾道之行可, 嗟鹽奴之瞞我, 留漢槎於一月"

18) 「對馬島記事」"自念杖漢節, 見辱么麼酋, 玆豈關一身, 國辱難比侔"

19) 앞의 시, "國耻如未雪, 何以示千秋 … 無何更邀請, 擊鮮醲黃流, 辭疾余不赴, 終日掩書幬, 麾下亦謫我, 謗議何其稠, 壯老在曲直, 爾輩莫啾啾"

으로 일본사람들을 대하리라고 마음먹었던 것은 차라리 자연스러운 것이었다. 그는 대마도에서 국분사의 일을 추억하면서 일본사람들의 행태를 두고 "원래부터 오랑캐들 못된 성질은 조급하고 독하기가 원숭이였네. 나의 형세는 외롭고 위태로왔으니 눈앞에는 늑대와 표범뿐이었네. 범의 꼬리 밟았으나 물리지 않고, 맨손으로 그 목덜미를 잡은 격이로다. 나라 위엄이 장하지 않았다면 무슨 수로 그들을 회유했을까"21)라고 위엄으로 일본인들을 대할 것을 강조했다.

학봉은 우리의 덕화를 입히고 오라는 선조의 명을 떠올리며 처음부터 끝까지 조심하여 뒷말이 없게 할 것이라고 다짐했지만22) 남아가 하는 일은 정직해야 하며, 구차하게 살길을 구하려 하지 않아야 한다고 생각했다. 예의상 왕명을 욕되게 하지 않을 수 없을 것이라고 인식했음에도 처음부터 끝까지 법도를 지키려고 했다.23) 그 일의 수행뿐 아니라 방법까지도 법도에 맞아야 한다는 것이다. 오랑캐의 마음을 달래려고 해도 사체(事體)가 구차해서는 안 된다는 것이다.24)

---

20) 국서를 전하지 못하고 다섯 달이 흐른 다음의 시이다. 「有感」"彼哉蠻俗荒, 信義元自忽, 隣交視若無, 星槎敢侮蔑"

21) 「對馬島記事」"由來夷之性, 躁毒猶沐猴, 微臣勢孤危, 滿目豺與貅, 履虎幸免咥, 徒手搤其喉, 不有國威壯, 何以能懷柔."

22) 「有感. 時同行有買賣事」"曰汝往欽哉, 可令王化覃, … 會當謹終始, 毋令退有談."

23) 「有感」"男兒行事必以正, 苟免儉生非所期"이 시는 뇌물을 주고서라도 국서를 빨리 전달하는 계책을 세우자는 논의에 대한 유감이다. "所以君子謹於此, 準繩規矩敦始終, 噫吁嘻使乎四方事莫重, 誰能去禮與義而不辱其君命" 심지어 학봉은 현소와의 서신 교환에서도 조각 종이에 봉하지도 않고, 단정하지 못한 필체로 쓴 편지를 경계하면서 비록 친하고 사랑해서 그런 것이라고 하더라도 성현의 교훈과는 거리가 있으니 체면을 생각해 자중하라는 편지를 쓸 정도였다. 권3「答上官玄蘇書」, 참조.

24) 「有感」"縱曰悅夷心, 事體何屑越, 國事宜共濟, 不宜有乖剌."

완고한 원칙주의자적인 면모를 보여준다. 그러면서 오랜 시간 국서를 전해주지 못한 가운데 절개는 더욱 굳건하게 하고자 하면서도25), 외교적 상대의 말을 사려깊이 듣고자 하지는 않았다.26)

그러므로 학봉은 일본의 국도를 바라보면서도 그 문명의 화려함을 보기보다는 그 도시의 구획이 제대로 질서를 잡지 못하고 있음을 지적하는데 그쳤다. 이를테면 황금빛 지붕이 반짝이는 관백의 관소를 보고 오성 십이루에 비견했지만, 층층의 누대, 수정으로 만든 주렴 등을 동탁의 미오(郿塢)에 비견했으며, 신분적 질서를 잃고 등급의 구분이 없는 것을 참람하다고 지적했다.27) 백성들이 사는 만천호의 즐비한 집과 가게의 호화로운 물산들, 도회의 풍성함과 정리된 도로 들판의 기름진 상황과 추수철의 풍광이 눈 앞에 선연함에도 불구하고, 학봉의 시선은 그들의 도회는 옛 법을 몰라 전조후시(前朝後市)의 구별이 없고, 좌조우사(左祖右社)를 밝히지 못했으며, 천치백치(千稚百稚)의 도량이 없어 왕공(王公)이 성을 수축하는 법을 모른다고 진단했다.28)

그러므로 학봉의 최종적인 일본문물에 대한 평가는 "벌과 개미처

---

25) 「贈副官平義智詩」, "男兒心似鐵, 去國節彌堅"
26) 「醉席用岑韻聯句」, "夷言何足較, 梅信好相尋"
27) 「八月二十八日登舟山, 觀倭國都」, "天宮縹緲若鵬騫, 白日照耀黃金甍. 關白之居最傑卓, 彷彿十二樓五城, 層臺複閣立中天, 水精簾箔園千楹. 豪奢甲第摠金屋, 董家郿塢令人驚. 尊卑失序等威亡, 紛紛僭擬誰能評."
28) 앞의 시, "民居櫛比戶萬千, 列肆寶貝羅金蠃, 漫漫板屋樓厚地, 四達闌闠縱復橫, 原田膴膴黃雲滿, 西風八月當秋成, 夷歌四起樂豐登, 地饒民稠吳與莉, 大荒居然一都會, 山河金湯誰敢爭, 只恨蠻邦欠稽古, 眼前聚落同戲嬰, 前朝後市了莫辨, 左祖右社誰能明, 千雉百雉又無制, 王公設險迷前經"

럼 모여 사는 것 무엇 볼 것 있나, 만촉에서 날마다 전쟁만 한다"는
식의 멸시적인 시선으로 귀결되었다. 게다가 "인의를 닦지 않고 무력
만 숭상하니 백성들이 언제인들 전쟁 그칠 날을 보겠는가"라고 지탄
하면서도 "시 지어 오랑캐 왕 경계시켜 주고 싶다만 어리석은 그들이
뉘라서 내 마음알까"[29]라고 반문하며 가르침의 대상도 되지 못한다
고 한심스러워했다.

이러한 학봉의 사행 자세와 일본에 대한 이해의 관점은 조선의 군
주 곧 선조의 덕화를 변방에도 펼쳐 보이겠다는 충직한 신하의 모습
이라고 할 수 있겠다. 이러한 모습은 이후 조선의 선비와 신료들에게
그의 주밀하지 못한 귀국 보고에도 불구하고 사행 기간 내에서의 그
의 신하와 사인(士人)으로서의 진정성을 확인시켜 주는 것으로 긍정
적인 평가를 이끌어 내는데 유효했을 것이다.

그러나 대화의 상대에 대한 진지한 관찰과 상호적인 대화를 이끌
어 내는 데는 전략적인 방법이 아니었을 수도 있다. 그의 사행을 두고
이후 일본에서 부정적인 평가가 나왔던 것은 어쩌면 그의 태도에서
기인한 바도 없지 않았을 것이다.

살펴본 바와 같이 학봉의 일본에 대한 기본적인 인식은 임란 이전
조선 중앙관료의 일본인식 가운데서 가장 완고한 편에 속한다.[30] 기

---

29) 앞의 시, "蜂屯蟻聚何足觀, 蠻觸日日尋戈兵 … 不修仁義尙以力, 居民那見風塵淸 …
   題時我欲警蠻酋, 蚩蚩誰能知余情"

30) 관련한 연구로는 함영대, 「임란이전 조선 중앙관료의 일본인식」, 『한문학보』 21,
   우리한문학회, 2009. 이 연구에서 임란 이전 조선 중앙관료들은 일본에 대해 기본
   적으로 부정적으로 인식했는데 권근과 김성일로 대표되는 그러한 인식의 저변에는
   중화주의의 세계관에 견인된 화이관적 질서인식과 일본의 신뢰하기 어려운 외교적
   행태들 그리고 조선의 의리적 관점으로는 우호적으로 평가하기 어려운 일본 사신들

실 학봉으로 대표되는 경인(庚寅) 사행은 일본측의 입장에서는 매우 감당하기 어려운 존재였다. 일본측은 학봉의 사행 일원이 의심이 있어 편안하게 의논하지 못했고, 과도한 위엄을 보여 교만한 기세로 굴복시키려 했다고 지적했다.

> 대저 저들(1590년 사행)은 우리 주(州)를 그들의 번신(藩臣)과 같이 보았다. 따라서 우리가 저들을 접대할 때 조금이라도 미치지 못하는 바가 있으면 저들은 "이는 저들(쓰시마)이 교만하여 우리(조선)를 저들 아래에 두려는 것이다. 오히려 저들로 하여금 우리가 하는 말을 듣게 해야 할 것이다"라고 생각했다. 그들에게 이미 이러한 의심이 있었으니 끝끝내 편안한 마음으로 우리와 일을 의논하지 못하고, 어떤 일에 임하여서는 특히 우리가 하는 말에 어긋나게 마음대로 해서 우리에게 위엄을 보여 교만한 기세를 굴복시키려 했다. 이후 (일본에 오는) 통신사는 모두 이러한 생각을 하였기에 우리가 이에 대처하는 것이 매우 어려웠다.[31]

---

과 대마도주를 비롯한 일본 관료들의 실리적이고 계산적인 속성에 대한 거부감이 작용했다고 파악되었다. 그러나 그러한 부정적 인식의 우세 속에서도 일본의 속성을 정확하게 파악하고 외교적인 노력을 통해 교린의 성과를 이룩하려는 시도 역시 박서생이나 신숙주, 윤개 등 의식있는 관료들에 의해 추구되었는데 그들은 역시 일본에 대해 온전히 긍정하지는 않았지만 일본의 실체를 정확하게 이해하고 외교적으로 적극적으로 활용하려는 노력을 기울였다고 판단했다. 3~4면 참조.

31) (田中健夫외(1978)『朝鮮通交大紀』, 名著出版, 312면) 大抵彼れ我州を視ること其藩臣のことし. よりて我かこれを礼待するの間, 少しくも至らさる處あれは, 彼おもへらく, "これ驕傲して彼れか下に出す. かへつて彼れをして我かいふところを聽かしめむとするなり"と, 彼れ既にこの疑慮あり. 終ひに氣を和し心を安して我と相議らす, 其事に臨むの間, ことさらに我かいふ處に戻り, 縱ひままにして我に威を示し, 驕傲の氣を服せしむとせり. 此後, 信使來たることにこの念あらすといふことなく, もつて我をしてこれに處するの甚た難かたしむるに至る. (김시덕(2014), 앞의 논문 재인용)

물론 일본의 입장만을 전적으로 옹호할 이유는 없을 것이다. 다만 외교사행으로 학봉의 시각과 행동은 유연하게 대처하기 어려운 매우 완고한 상대였음은 분명하다는 것을 확인할 수 있다.

## 3. 학봉 김성일의 시중(時中)인식

학봉은 경인 사행에서 자신의 행위를 정당화하기 위해 많은 논변을 제시하면서 시중(時中)에 대한 입장을 적지 않게 지시한다. 학봉은 시중에 대해 "선유(先儒)의 이른바 '중(中)이란 일정한 체(體)가 없어 때에 따라 있게 된다.'고 이해하면서 '사세가 다르고 시기가 같지 않기 때문'에 항상 그 때에 맞는 행동, 즉 시중을 실천해야 한다고 주장했다. 특히 그가 사행길에서 중요시 한 것은 이 사행이 100년의 만의 사행이기 때문에 전례(前例)의 시초가 된다는 점을 고려하여 "일시의 이해만 보는 것이 아니라 결말이 될 바를 생각해야 한다"고 주장했다.32) 그러므로 그는 항상 자신의 행위가 지금 뿐만이 아니라 이후에도 좋은 외교 선례가 된다는 점을 염두에 두고 사행의 일정마다 견해를 제시했다.

특히 외교적 상대가 되는 일본에 대해서는 이제까지의 부정적이기

---

32) 「答上使書 上使黃允吉」 "先儒所謂中無定體, 隨時而在者, 正以此也. 鄙人所謂勢異而時不同者, 亦以此也. … 大抵君子處事, 不但視一時之利害, 當致謹於始, 而慮所終也. 今焉吾輩之行, 適當其始, 此非吾輩盡心處乎." : 「與許書狀論禮書」, "且君子貴謀始, 始之不謹, 未有能善其後者也. 吾輩之行, 出於百年之後, 此亦一初也. 拜上拜下, 其幾皆在今日."

만 한 이해에서 좀 더 진전하여 그들의 성격을 좀 더 자세하게 서술하
면서 외교에서는 좀 더 주의를 기울여야 한다고 지적했다.

일본으로 말하면 비록 오랑캐이기는 하나 군신상하의 분별이 있고
빈주(賓主)간에 접대한 예절이 있으며, 성질이 또한 영리하여 남의 뜻
을 잘 알아보니, 금수와 같이 대접해서는 아니 되네. 그러므로 우리 조
정에서 이웃 나라로 대우하였고, 그 사신을 접대하는 예절도 북쪽 오
랑캐와는 차등이 있었네. 때로는 서로 통신사를 보내어 교린하는 도를
두터이 하고, 사신을 가려 뽑아 교섭할 책임을 전임시킨 것인데, 이것
은 고려조에서도 이미 시행한 바이고, 본조에서도 폐하지 아니하는 것
이었네.
나라 체모의 경중이 사신에게 달려 있기 때문에 오천(烏川) 정몽주
(鄭夢周)가 사신으로 가게 되자 왜인들이 감복해서 침략하는 것을 금하
고 포로를 돌려보냈었으나, 나흥유(羅興儒)가 사신으로 가서는 비단
교섭이 요령을 얻지 못하였을 뿐 아니라 제 몸도 또한 잡혀 갇히는 것
을 면하지 못하였으니, 사신의 한 몸이 또한 중하지 않은가. 그러므로
사신인 사람은 반드시 체모를 존중히 하되 행동을 반드시 예법대로 하
여, 오랑캐로 하여금 감히 만홀히 보지 못하게 하고, 또 마땅히 흉금을
털어놓고 성의를 보여 인정과 의리가 서로 합하게 하여 오랑캐로 하여
금 자연히 사랑하고 사모하는 마음이 생기도록 해야 하네. 그런 다음
에야 바야흐로 사신된 책임을 다하여서 임금의 명령을 욕되게 하지 않
는 것이 될 것 일세. 만약 그들의 마음을 기쁘게 하고 그들의 뜻에 순
종하는 것만을 능사로 여길 뿐이라면 예로부터 사신으로 갈 만한 인재
를 어찌 귀하게 여겼겠는가33)

---

33) 「與許書狀書」 "如日本者, 雖曰夷狄, 有君臣上下之分, 有賓主支接之禮, 性且伶俐, 善
解人意, 非可以禽獸待之. 是故我朝待之以隣國, 館接之數, 有加於北狄, 時或通聘, 以

학봉은 일본이라는 나라는 상하의 분별이 있고, 군주간에 예절이 있을 뿐만 아니라 성질이 매우 영리하기 때문에 금수로 대접할 상대가 아니라고 지적했다. 외교적인 전례 역시 일본을 교린의 대상으로 파악하여 상대해 왔다는 점도 분명히 했다. 다만 사신의 체모에 따라 일본에서의 대접이 달라지고 국체 역시 여기에 좌우되기 때문에 위엄을 보이되 성의를 다해야 한다고 지적하면서도 외교적 상대의 뜻에만 부합하려고 하면 안 된다는 점을 명확히 했다.

관련 내용을 외교적 의례와 관련된 것과 국가 간의 위차 문제로 구분하여 그 시중의 논리를 살펴본다.

## 1) 외교적 의례의 문제

**선위사 문제** : 학봉이 가장 먼저 서장관으로 동행한 허성에게 항의성 서한을 보낸 것은 대마도에서의 선위사(宣慰使)를 기다리는 문제였다. 학봉은 왕명을 받고 국경을 나가게 되면 일에 따라 적당하게 처리한다는 『예기』의 조항을 적극적으로 해석하여 이번 사행이 100년만의 사행이니 만큼 선위사를 기다려 가야 한다는 주장을 내세웠다. 그런데 그것은 사목(事目)에도 없는 것이고 일본측에서도 진작에 준비한 것은 아니었다. 그럼에도 학봉은 선위사를 기다려야 한다고

敦交隣之義, 簡選使价, 以責專對之任, 此前代之所已行, 本朝之所不廢者也. 國之重輕, 係乎使命, 故烏川爲使, 則夷人感悅, 禁侵掠而還俘獲, 羅興儒銜命, 則非徒不得其要領, 其身亦不免囚繫, 使乎一身, 不亦重乎. 爲使臣者必也尊其體貌, 動必以禮, 使夷狄不敢生慢易之意, 又當開心見誠, 情義交孚, 使夷狄自能起愛慕之心, 然後方盡使乎之責, 而不辱君命矣. 若徒以苟悅其心, 將順其意, 爲能事而止, 則古來專對之材, 又何足貴乎?"

주장했다. 이유는 두 가지였다. 하나는 일본과 우리나라는 대동한 나라이고 의리로는 이웃의 우호국이니 지난날 소홀했던 것을 이번에 제대로 타이르면 이것으로 전례를 만들 수 있다는 논리였다.

여기에 더하여 이전에 학봉이 조선의 동평관에서 현소를 접견할 때에 현소로부터 관원을 차출하여 영접한다는 말을 들은 바가 있었기 때문이다. 학봉은 이것은 통신사행의 전례를 세우는 사체와도 관계된 중요한 문제라고 인식했다.[34]

**국분사에서 종의지의 가마출입건** : 대마도 부관인 종의지가 사신들이 있는 곳에 가마를 타고 바로 입장한 것에 대한 비판으로 학봉은 이것이 왕명을 전하는 대국의 사신에 대한 능멸로 이해하고 자리를 박차고 떠나옴으로써 그 문제점을 지적했다. 학봉은 왕명을 받는 사신은 한나라의 체모와 관계되기 때문에 자리를 회피함으로써 모욕을 피하고 금수의 행동을 함께 하지 않음으로써 금수를 다스린 시중의 효과를 보였다고 역설했다.

당시의 황망한 상황을 회피하기 위해 그 자리에 있던 역관(譯官)은 병을 핑계되었는데 학봉은 그것도 마땅하지 않은 것으로 여겼으며, 결국 해당 사건은 종의지가 가마꾼을 참수하는 것으로 종료되었다. 학봉은 그것을 두고 국가의 체모를 세운 것이라고 판단했다. 학봉은

---

34) 「答上使書 上使黃允吉」, "日域之與本朝, 以地則敵國也, 以義則隣好也. 蠻人無禮, 前此待信使, 至忽略也. 其時脫有人焉, 將我國接待其使之禮, 諄諄開諭, 則彼雖無識, 亦頗伶俐, 豈不覺悟而從命乎. 鄙人嘗有慨於此, 故東平館接見之日, 首及此事, 則玄蘇答曰, 我國亦當差官迎送云云 … 大抵君子處事, 不但視一時之利害, 當致謹於始, 而慮所終也. 今焉吾輩之行, 適當其始, 此非吾輩盡心處乎. … 在我輩則必待而行, 乃所以重事體也."

그 상황의 곤란함을 이유로 그들을 구차하게 따르는 것은 아녀자의 짓으로 대장부의 의기가 아니며 대국 사신의 체통은 더욱 아니라고 생각했다. 특히 일본의 사신들이 조선의 동평관에 있을 때에는 선위사들은 객사와 만나면 반드시 대문 밖에서 내려 의관을 바로하고 들어오기 때문에 처음부터 끝까지 태만하지 않는데 어떻게 이렇게 오만할 수 있단 말인가? 입장을 바꾸어 놓고 보아도 같을 것이라고 지적했다.[35]

일기주에서 사신 상견례 : 학봉은 사신들의 상견례는 시세가 급하더라도 주인이 손님을 청하는 것이지 손님이 주인을 청하는 것이 아닌데 학봉과 허성이 모두 친기(親忌)를 당한 날에 굳이 서둘러 상견례를 청한 것을 지적했다. 이것은 왜사 측에서 만나기를 원하지 않아 무산되었다. 학봉은 그러한 시도 자체를 문제 삼으며 예법대로 타이르지 못한 것을 지적했다.

왜사가 제공한 쌀의 적재 문제 : 사행단에 바치는 쌀을 받는 문제에 대해 실무자들에게 짐 싣는 배에 나누어 받게 하면 될 것인데, 사신이 직접 받은 것을 두고 학봉은 너무 체모를 잃은 것이라고 비판했다.

관백의 위상과 정하배 문제 : 학봉은 일본을 우리의 여국(與國)으로 보고, 관백을 천황[天王]의 대신으로 보아 일본을 맡아 다스리는 자는 소위 천황이요 관백이 아니며, 관백이란 것은 정승(政丞)이지 국왕이 아니라고 파악했다. 관백이 일국의 권력을 마음대로 하기 때문에 우리 조정에서 그 실정을 모르고 국왕이라고 하여 우리 임금과 대등한

---

35) 「答許書狀書 論國分寺被辱事書狀許筬」.

예로써 대우하였던 것인데 이것은 우리 임금의 존엄을 강등하여 아래로 이웃 나라의 신하와 더불어 대등하게 한 것이니, 욕되게 한 것이라고 지적하고[36] 이제라도 그 일본 내에서의 여러 존칭을 통해 그 실상을 알았기 때문에 국서에 비록 수길을 왕이라고 칭했다고 하더라도, 동등한 신하의 예인 영외배(楹外拜)를 할 것이요, 군신의 예인 정하배(庭下拜)를 할 수는 없다고 주장한다. 이것이 실상을 파악한 다음에 할 수 있는 왕명을 높이는 방식이라고 학봉은 주장했다. 그는 외교의례에서 적절한 변통을 과감하게 주장했다.

　　형의 말에 이르기를, '선왕조 때에 사신이 영외배하는 것을 잘못이라고 하여, 기록하여 사목을 만들기까지 하였는데, 어찌 어길 수가 있겠는가. 하물며 이번의 의주(儀註)에도 정하배라고 적혀 있는데 어찌 어길 수가 있겠는가.' 하였는데, 이것은 참으로 틀림없는 말이기는 합니다만, 또한 그렇지 않은 점이 있습니다. 선왕조 때에 관백을 왕으로 잘못 안 것이 또한 오늘날에 수길이 관백이 된 줄을 몰랐던 것과 같습니다. 오늘날에 사신된 자가 이미 그가 왕이 아닌 줄 알았다면, 마땅히 때에 맞게 적절히 일을 처리하고 복명하는 날에 사유를 갖추어 아뢰는 것이 바로 옛글에 이른바 '대부가 왕명을 받들고 국경 밖에 나가서는 경우에 따라 형편대로 임시 변통하는 의리인 것'인데, 어찌하여 일정한 규정만을 고지식하게 지켜 변통하지 않는단 말입니까.[37]

---

36) 「與許書狀論禮書」 "夫日本者何等國也, 我朝之與國也. 關白者何等官也, 僞皇之大臣也. 然則主日本者, 僞皇也, 非關白也, 爲關白者, 相君也, 非國王也. 惟其擅一國之威福, 故我朝不知其實, 謂之國王, 而待以敵體, 是降王者之尊, 下與隣國之臣, 爲等夷也。不亦辱乎."

37) 「與許書狀論禮書」 "足下言曰, 先王朝, 以使臣楹外之拜爲非, 至於著爲事目, 其可違乎. 況今儀注, 又以庭拜爲文, 其可違乎, 此眞確論, 而亦不然也. 先朝之錯認關白之爲

이것은 매우 과감한 주장으로 사신에게 정식으로 정해진 의주를 고쳐 당시의 현실적 상황을 고려하여 외교적 의례를 시행할 수도 있다는 매우 진취적인 생각이다. 그러므로 학봉은 다시 『예기』를 인용하여 "대부가 국경밖에 나가서는 사직을 편안하게 하고 국가를 이롭게 하는 일이라면 마음대로 처리해도 좋다"라고 주장할 수 있었던 것이며, 지금 이 한 가지 일은 사직을 편안히 하는 일에는 비길 수 없어도 위로는 임금을 높이고, 아래로는 사명을 중하게 여기는 두가지 좋은 점이 있으니 국체와 관계됨이 크다[38]고 자부할 수 있었던 것이다.

국서 전달에 뇌물을 쓰자는 논의 : 지체되는 국서의 전달을 효율적으로 하기 위해 수길의 좌우 측근에게 뇌물을 쓰자는 것인데 학봉은 단호하게 불가함을 역설했다. 수길의 좌우 측근들이 실질적으로 적지 않은 수고를 하고 있으니 그에게 예를 행한다면 사신의 임무도 쉽게 완수할 수 있고, 손님된 도리로 경의를 표하는 것도 나쁘지 않을 것이라는 생각에서 왕명을 전하는 대의를 위해 약간의 편법을 쓰자는 것이다. 학봉의 단호한 반대는 이유가 있는데 그렇게 한다면 당당한 대국의 사신으로 성덕의 위엄을 보이기는커녕 예물과 폐백이 사사로운 뇌물이 되는 문제가 있다는 것을 지적했다. 더구나 그 상대가 적국이며 오랑캐라면 그것은 더욱 불가하다는 것이다. 그는 '사신된 도리는 마땅히 의리로써 반복하여 타이르는 것이고, 만일 털 끝만이라도 비

---

王, 亦猶今日, 不知秀吉之爲關白也. 爲使臣者旣知其非王, 則當以便宜從事, 復命之
日, 具由啓達, 乃是大夫出疆之義, 何可膠守故常, 而不爲之變通乎."

38) 앞의 곳, "禮不云乎, 安社稷利國家, 則專之可也. 今此一事, 雖不比安社稷之重, 上以
尊吾君, 下以重使命, 一擧而兩善備焉, 其關於國體亦大矣."

굴한 일이 있다면 이는 왕명을 욕되게 하는 것'이라고 판단했다.[39]

관광(觀光)에 대한 비판 : 국서를 7개월이 지나도록 전달하지 못했는데 수길의 행차를 관광하자는 주장에 대한 비판이다. 학봉은 자기 역시 이국의 풍경이 보고 싶지만 왕명을 전하지 못했기 때문에 관광은 불가하다는 것이다. 학봉은 왕명을 전하지 못한 채 수길의 행차를 관광하는 것을 왕명을 가볍게 여기고 관백을 중히 여기는 것으로까지 판단하여 절교 선언에 가깝게 비판했다. 그는 일본이 예의는 모르지만 이해에는 밝기 때문에 관백의 뜻을 자랑하려는 뜻에 굴복하는 것은 일국의 행대로서는 가벼운 처사라고 인식했다. 더구나 당초 왕명의 전달 전이라는 이유로 관백의 관광 허락을 사양했는데 이번에 덥석 수락한다면 이것은 너무나 근거가 없고 굴욕적인 것이라고 보았다. 그리고 그 굴욕은 관광을 원하는 허성 개인의 문제가 아니라 국가의 체모와도 관련된 문제로 가벼이 처신할 수 없다는 것이다.[40]

입조(入朝)라는 문구의 문제 : 답서에 조선의 사신행차를 '입조(入朝)'라는 문건을 사용한 것에 대한 비판이다. 학봉은 일본측의 답서에 공손하지 않은 말들이 많은 것은 물론 항례의 외교서신에 사용하기 어려운 '합하(閤下)', '방물(方物)', '입조(入朝)' 등의 문구가 기록된 것을 매우 부당하게 생각하여 그 문구의 수정을 요구한 내용이다. 학봉의 부당함에 대한 수정 요구로 대개의 문구가 수정되었지만 '입조(入朝)'라는 문구만은 수정되지 않아 학봉이 다시 항의한 것이다. 학봉은 이 문구가 있는 것을 "조선이 왜국의 속국이 되어 일본의 의관이 모두

---

39) 「答客難說答上使書」.
40) 「與許書狀論觀光書」.

그들의 배신이 되는 형국"으로 이해하여 매우 큰 문제로 이해했다. 이 문구는 결국 수정되지 않은 채 '대명에 조회한다'는 해석으로 전환하여 이해라는 것으로 합의되었지만 학봉은 끝까지 그 문구의 문제점을 지적했다.

종의지가 음악(音樂)을 청한 문제 : 9월에 사신의 행차가 총견원에 있을 때 사신악의 연주를 종의지가 청한 것에 대한 거부이다. 이유는 두 가지인데 하나는 왕명을 전하지 못한 것이고, 다른 하나는 평의지의 불공(不恭)이다. 학봉은 악공이 비록 천한 신분이지만 국가의 공인이기 때문에 왕명을 전하기 전에는 예복을 입고 왜인에게 재주를 보여줄 수 없다는 것이다. 학봉은 왕명을 전하기 전에는 시집가지 아니한 처녀와 같다는 비유로 그 처신의 엄중함을 지적했고, 시집가지 않은 처녀가 기생처럼 노래를 팔아 기쁘게 한다면 이것은 천한 것이라고 판단했다. 더구나 일개 번신인 종의지가 거만하게 음악을 청하고, 그 대상이 장막중의 여자를 두고 하는 것에 대해서는 더욱 불가하다는 것이다. 공적인 음악을 연주하는 데 대한 학봉의 신중한 처신으로 판단된다.

입도(入都) 출도(出都)에 관복을 입어야 한다는 변 : 학봉은 입도와 출도에 관복을 입어야 한다고 주장했다. 당시 왜인이 조선 사신을 영접하지 않고, 관백 역시 밖에 나가있는데 굳이 관복을 입어야 할 것인가에 대해 학봉은 관복을 입는 것이 왕명을 공경하는 것이라고 판단했다. 그는 섬나라 사람들이 외국의 사신이 옴에 풍채를 바라볼 것이므로 의관이 훌륭하지 않다면 "보잘 것 없는 사람"이라고 평가받을 것이니 이는 체모가 손상될 수 있다고 판단했다.[41] 실제로 사신의 행차

에서 관복을 입었던 학봉은 다른 사신들에 비해 큰 호응을 받았던 것
으로 기록되어 있다.

예단의 문제 : 학봉은 사사롭게 주고받는 것을 비판하면서 조선국
사신이 '래조(來朝)'하였다는 문구가 발견된 이상 예단에 회례를 보
낸 때에 부사의 이름을 쓰지 말게 하고, 일본측의 음식을 자신의 종자
에게는 나누어 주지 못하게 했다. 받고 받지 않는 의례에 있어서 절차
의 중요성을 강조한 것이다.

이러한 다양한 의교적 의례에 대한 마찰은 결국 상대를 어떻게 인
식하고 대할 것인가가 문제일 것이다. 그런데 학봉의 자세를 자세히
보면 오히려 "금수에게는 의관을 하라고 책할 수 없고, 오랑캐에게는
사람의 도리를 하라고 요구할 수 없다."는 수월성 위주의 외교향례에
대한 비판적 인식이라고도 볼 수 있다. 학봉의 외교의례에 대한 강한
규례의 준용과 준칙의 강조는 오히려 상대에 대한 일말의 존중에 다
름 아닌 것이고, 이것이 오히려 상대를 제대로 평가하고 인정하는 방
법일 수도 있는 것이다. 그러므로 학봉은 일본에 대한 기본적인 폄하
내지 멸시에도 불구하고 외교적 대상으로서의 일본에 대한 직시를
정당하게 하고 있었던 것이다.

## 2) 국가간의 위차문제

사실 학봉이 국분사의 일에서 대마도의 부관이었던 종의지의 무례
를 심각하게 판단한 이유는 그가 대마도를 우리의 번신(藩臣)과 다름

---

41) 「入都出都辨」.

없다고 여겼기 때문이다. 우리의 조정을 섬기고 있기 때문이다.[42]

그러면서도 학봉은 기본적으로 우리나라는 중국과 같고 도왜(대마도)는 실로 오랑캐라는 입장을 가지고 있었다. 그러므로 대국의 사신이 하찮은 오랑캐에게 능멸을 당했다는 생각을 가졌던 것이다. 그것은 춘추의 의리와도 같지 않다는 것이다.[43]

학봉은 명나라에 대해서는 거의 군신간의 관계로 파악하여 일본과는 확연하게 구분되는 변별적인 입장을 강조했다.

> 하물며 대명국은 곧 우리 조정의 부모 같은 나라로, 우리 전하의 하늘을 두려워하는 공경과 대국을 섬기는 정성은 처음부터 끝까지 변함이 없습니다. 그러므로 북쪽으로 신경(神京)을 바라봄에 천자의 위엄이 지척(咫尺)에 있는 듯하여 조공(朝貢)하는 사신이 길에 잇달아 있으니, 이는 실로 온 천하가 다 들어서 아는 바입니다. 귀국이 지금은 비록 대명과 화친(和親)이 끊어졌으나 수십 년 전에는 일찍이 대명국에 들어간 사신이 있었습니다. 그러니 우리나라가 대명과 한집인 것을 어찌 알지 못하겠습니까.
>
> 아, 임금과 신하 사이의 의리는 천지의 떳떳한 의리로서, 이른바 민이(民彝)라는 것입니다. 사람으로서 이것이 없으면 의관은 갖추었더라도 금수와 다를 것이 없고 나라로서 이것이 없으면 중국일지라도 오랑캐 나라와 같은 법입니다. 대명과 우리 조정은 대의(大義)가 이미 정해져서 하늘과 땅이 위치를 바꿀 수 없는 것과 같은데 어찌 감히 두 마음을 가질 수 있겠습니까. 만약 두 마음을 가진다면, 이것은 수족(手足)

---

42) 「答許書狀書 論國分寺被辱事書狀許筬」 "況本島臣事我朝, 與藩臣無異, 副官又是島主之子, 其無禮何敢若是."

43) 앞의 곳, "以今觀之, 本朝猶中國也, 島倭實蠻夷也. 以大國之使, 屈辱於小醜, 見其凌蔑無禮, 而猶莫之恥, 反以體貌之重, 爲薄物細故, 其亦異乎春秋之義矣."

이 두목(頭目)을 해치고 자제(子弟)가 부형을 공격하는 것이니, 인간의 도리에 어떻다 하겠습니까.[44)]

학봉이 생각하는 조선과 명나라의 관계는 부자지간이나 군신지간에 비견되는 것으로 그 사이의 의리는 절대 바뀔 수 없는 민이(民彝)였다. 이런 큰 의리가 정해져 있으므로 두 마음을 가질 수 없으니 일본의 대명 침략에 대해서는 간과할 수 없다는 점을 분명히 했다.[45)]
국가간의 위차에 있어 학봉의 입장은 명확했던 것이고 그것은 학봉만이 아니라 조선의 유자들이 전반적으로 지녔던 생각이라고 짐작된다.


## 4. 남는 문제

연구에 의하면 학봉은 조선전기의 대표적인 실천적 예학자로 파악된다. 사행 중에 저술하여 일본 승려 종진(宗陳)에게 준『조선연혁고고이(朝鮮國沿革考異)』와『풍속고이(風俗考異)』도 조선의 풍속과 예에 관한 기록이 대부분인데 그 내용은 조선전기 예제(禮制)를 연구하는

---

44) 「擬答宣慰使書」 "況皇明, 乃我朝父母之國也. 我殿下畏天之敬, 事大之誠, 終始不貳, 故北望神京, 天威咫尺, 玉帛之使, 冠蓋相望, 此實天下之所共聞知也. 貴國今雖絶和, 數十年前, 曾有觀周之使, 豈不知我邦一家於天朝乎. 嗚呼君臣之義, 乃天之經地之義, 所謂民彝也. 人而無此, 冠裳而禽犢, 國而無此, 中夏而胡羯也, 天朝我朝, 大義已定, 猶天地之不可易位也, 其敢有二心乎. 如有二心, 則是手足戕頭目, 子弟攻父兄, 其於人理何如耶."
45) 앞의 글, "今見書契之辭如此, 而默默無言而歸, 則是豈使臣之義乎"

데 가장 기초적인 자료로 평가받는다.[46] 그런 만큼 학봉은 예에 대한 강한 신념을 바탕으로 외교사행으로서의 정당한 예의 실현을 위해 부심했다. 한편으로는 왕명을 제대로 실현하기 위한 방책으로 과감하게 외교적 규칙인 의주를 변경하면서까지 자신의 생각을 관철하려고 했다. 또 다른 한편으로는 일본에 대한 부정적이 인식에도 불구하고 상대를 정당한 대화의 파트너로 인식하여 타이르고 권유하기를 쉬지 않았다.

그러나 이 사행은 알려진 바와 같이 기본적으로 대마도주의 주선으로 진행된 것인데 조선에는 통신사(通信使)로 일본에는 래조사(來朝使)로 이해된 것으로 그 시작은 풍신수길의 대마도 압박에 따른 대마도주의 고육지책이었다.[47] 그러므로 통신사행의 성격에 대해서도 조선과 일본 두 나라가 전혀 다르게 이해하고 있었던 것은 너무도 당연한 것이다. 수길(秀吉)은 통신사 요청 과정을 전혀 모르고 입조사절로 인식하였고, 조선에서는 수길의 입조 요구 사실을 모른 상태에서 신왕 즉위축하 사절로 인식했다. 그러므로 출발부터 마찰의 소지를 배태하고 있었으며, 양측의 인식차가 너무 커서 갈등과 파탄의 소지를 안고 있었다.[48]

그러함에도 불구하고 우리는 학봉의 1590년 사행을 통해 몇 가지 생각해볼 문제를 떠올려 볼 수 있겠다. 먼저 외교적 대상으로서 일본

---

46) 김언종, 「학봉선생의 예학」, 『학봉의 학문과 구국활동』, 여강출판사, 1993.
47) 1590년 통신사 파견과 관련한 자세한 논의는 민덕기(2013), 앞의 논문, 61~66면 참조.
48) 이와 관련한 논의는 하우봉, 「김성일의 사상과 일본인식」, 『학봉 해사록 재조명 학술대회』, 열상고전연구회 92차 학술대회 발표논문집, 2018, 1~30면 참조.

에 대한 이해의 시각이다.

학봉은 일본에 대해 영활한 존재로는 파악했지만 정당한 대화의
파트너로 생각하지는 않았다. 가르쳐야할 대상으로 파악하여 덕화를
전하고 감화시키겠다는 인식이 지배적이었기 때문에 래조사(來朝使)
로 이해한 일본의 기본적인 형편을 차지해 놓고서라도 외교 행차의
국면마다 적지 않은 마찰을 발생시켰다. 그러함에도 불구하고 상대
가 그것을 수용하려고 했다면 적지 않은 발전적인 국면이 전개될 수
도 있었겠지만 아쉽게도 다양한 문헌에서 증언하는 것은 융통성이
부족한 시신행렬이었을 뿐이다.

좀 더 직접적으로 말하면 학봉의 경우 일본 자체에 대한 관심의 여
부는 정확하게 파악할 수 없지만 적어도 자신만의 선입견을 가지고
일본에 대해 한 수 아래로 보고 있었던 것은 명확하다. 그것은 일본의
발전된 문명을 보고나서도 바뀌지 않는 것이었다. 이것은 상대방에
대한 정당한 파악이나 향후 상대에 대한 온당한 이해를 어렵게 한다
는 점에서 적지 않은 문제가 있다.

그러함에도 불구하고 우리는 학봉이 사행에서 보여준 외교적 의례
에 대한 정당한 이해, 조문에 대한 적극적인 해석, 체통을 지키려는
당당한 자세만큼은 여전히 음미할 만한 가치가 있다고 생각된다. 외
교의 문제는 실리의 관점을 포기할 수 없다. 또한 상대의 설득을 위해
명분과 전례(前例)에 대한 고려도 간과할 수 없다. 학봉은 선위사, 영
외배, 답서의 문제 등에서 국가간 항례로서의 외교 의례에 대한 정식
을 수립하려 노력했다. 높게 평가하지 않을 수 없는 대목이다. 학봉
의 깐깐한 문제제기는 이후 진행된 통신사 행차에서도 적지 않은 규

례로 작용하였던 것으로 파악된다.[49] 이것은 100년만에 부활된 외교 행차에서 학봉은 매우 중요한 의전들의 선례를 만들어 두었던 것이 다. 그런 점에서 그의 시중의식은 이후 적지 않은 시사점을 주었을 것으로 이해된다. 이후 조선에서의 학봉에 대한 고평은 바로 이런 점 에서도 비롯된 것이 아닌가 생각된다.

---

49) 하우봉(2018), 앞의 논문, 28면.

# 학봉『해사록』과『조선통교대기』

◆

## 16세기 말 조일외교를 바라보는 두 시각

## 1. 서론

　鶴峯 金誠一(1538~1593)은 1590년 통신사행에 부사로 참여하였으며 이때의 경험을 바탕으로『海槎錄』을 저술하였다. 비교적 이른 시기의 사행록으로『해행총재』에 수록되어 있다. 이보다 후대의 사행록이 대개 일기와 시로 구분되는 것과 비교할 때,『해사록』에는 일기 대신 寒岡 鄭球가 지은「行狀」으로 간략하게 수록되어 있는 점이 특징적이다. 대신 권3과 권4에 일본인에게 보냈거나 보내려고 작성하고 보내지 않은 서간이 17통 수록되어 있으며, 아울러 說·辨·志가 각기 한 편씩 수록되어 있다. 권1, 권2에 시가 수록된 것에 비해 서간의 비중이 대단히 높다는 점이 가장 큰 특징이라 할 수 있다. 전란의 위기가 감도는 시기에 조선과 일본의 서로 다른 이해 관계 속에서 파견된 통신사였기에, 한가하게 유람의 흥취를 기록하고 있을 여유는 없었기 때문이라 생각된다. 수록된 서간은 쓰시마의 응대와 의례로 인한 갈등, 통신사행단 내부의 분란, 국서 개찬을 둘러싼 갈등 등이

기록되어 있어, 당시의 긴박한 동아시아 정세를 파악할 수 있는 중요
한 사료이기도 하다. 이를 통해 15세기 중반 통신사 파견이 중지된
이래 약 100년 만에 이루어진 통신사행이 이전까지의 상례에서 한참
벗어나 있으며, 豊臣秀吉의 망상적인 대외관과 침략 야욕으로 인해
조선·일본과 양속관계에 있었던 쓰시마가 상당히 곤란한 상황에 처
해있었다는 것 또한 알 수 있다.

　그런 점에서 학봉이 남긴 기록은 조선만이 아니라 일본과 쓰시마
에서도 관심의 대상이 되었다. 1719년 통신사의 제술관이었던 申維翰
이 大阪의 서점에서 발견한 임진왜란 관련 서적 중에 『看羊錄』, 『懲毖
錄』과 더불어 학봉의 『해사록』이 있었다.1) 이 『해사록』은 쓰시마에
서 입수한 초간본 『학봉선생문집』의 권7, 권8에 수록된 『해사록』이
본토로 전해져 화각본으로 출판되었을 가능성이 지적되었다.2) 쓰시
마의 장서목록인 『天和3년(1683) 목록』에 이 『학봉선생문집』이 보이
고, 『해사록』이 수록된 『학봉선생문집』이 1649년에 성립하였던 것으
로 미루어 보아 17세기 중후반 경에 『해사록』이 쓰시마에 전해졌음을
알 수 있다.

　18세기 초 쓰시마에서 대조선 외교의 실무를 담당하고 있던 松浦霞
沼(마쓰우라 가쇼, 1676~1728)는 역대 조선과의 외교사를 정리하고 향
후 대조선 교섭에 실질적으로 도움이 되는 외교지침서를 만들고자

---

1) 『해유록』 11월 4일조, "最可痛者, 金鶴峰海槎, 柳西厓懲毖錄, 姜睡隱看羊錄等書, 多
　載兩國隱情, 而今皆梓行于大坂, 是何異於覘賊而告賊者乎."
2) 김시덕, 「근세 일본의 학봉 김성일 인식에 대하여」, 『남명학연구』 41, 경상대남명학
　연구소, 2014, 104면.

했다. 『朝鮮通交大紀』(1725년 자서)는 이렇게 해서 탄생하였는데, 이 문헌의 성립에 『해사록』이 적지 않은 영향을 미친 것으로 보인다.

본고에서는 『朝鮮通交大紀』에 실린 『해사록』과 이에 대한 편자 霞沼의 按說을 주로 검토하고자 한다.[3] 지금까지 『해사록』에 대한 연구는 주로 국내 자료를 중심으로 이루어졌는데, 본고에서는 『조선통교대기』를 시야에 넣음으로써 15세 말 전란이 기운이 감도는 시기에 조선과 일본, 쓰시마가 어떤 입장에 놓여 있었는지, 또 100여 년이 지난 시점에 대조선 외교의 일선에 서 있었던 쓰시마의 유학자가 이를 어떻게 평가하고 있었는지를 아울러 살펴보고자 한다.

## 2. 『조선통교대기』의 편자와 구성

『조선통교대기』의 편자인 松浦霞沼의 이름은 允任(마사타다), 자는 楨卿(데이쿄), 호는 霞沼(가쇼), 통칭은 儀右衛門(기에몬)으로 播磨(하리마: 지금의 神戶市 일대) 출신이다. 어머니는 國學者인 契沖(게이추)의 여동생이다. 京都에서 南部草壽에게 사사하고 불과 13세의 나이에 對馬島 번의 가신이 되었다. 木下順庵(기노시타 준안)에게 배웠으며 시문에 뛰어나 木門十哲 중 한 명으로 꼽혔으며 紀州의 祇園南海와 쌍벽을 이룬다는 평을 받았다. 1703년 쓰시마에 부임하여 조선 통교와 관련

---

3) 『조선통교대기』에 수록된 『해사록』에 주목한 선행연구로 김시덕, 「『구로다 가보』와 『조선통교대기』」, 『문헌과 해석』 52, 문헌과해석사, 2010과 김시덕, 앞의 논문, 2014가 있다. 여기서 서지적 검토와 일부 안설에 대한 분석이 이루어진 바 있다.

된 일을 맡았으며 編纂總裁의 직무도 겸해서『조선통교대기』11권을 편찬하여 막부에 헌상하였다. 1711년 통신사행 당시 木下順庵에게 동문 수학한 雨森芳洲(아메노모리 호슈)와 함께 통신사를 응대했으며 제술관 李礥 등과 수창하였다. 1719년 통신사행 때는 제술관 申維翰 등과 주고받은 시가『桑韓唱酬集』,『桑韓星槎答響』에 수록되어 있다. 통신사 제술관이었던 申維翰은 松浦霞沼에 대해 "나이는 40인데 키가 자그마하지만 풍채가 좋고 才士의 기상이 있었다. 시에 대한 의론이 몹시 특이하였고 작품도 간간이 좋은 것이 있다"[4]라고 하였고, 그 시에 대해서는 "시를 짓는 것이 재치와 情은 꽤 긴절했으나 기력이 미치지 못하여 孤澹함을 면치 못하였다"라고[5] 평하였다. 霞沼는 자식이 없어 芳洲의 차남인 贊治를 입양하였다.

1711년 사행 당시 新井白石(아라이 하쿠세키)가 빙례 개혁을 단행했으나 1719년에 다시 원래 의례를 회복하였다. 霞沼는 白石의 빙례개혁에 반대한 芳洲의 편에 섰으며, 후에 芳洲와 상의하여 신법과 구법의 장점을 취하여 절충하는 방식으로 典禮를 만들었다.『朝鮮通交大紀』외에도『分類紀事大綱』을 편찬하였으며, 저술로『殊號辨正』,『殊號事略正誤』,『善隣原始錄編』,『霞沼寓筆』,『霞沼詩集』등이 있다.[6]

『조선통교대기』는 쓰시마 내부에서 조선과의 교섭에 대비하기 위한 외교 지침서로 활용되었으며[7] 1719년 통신사의 방문에 맞춰 막부

---

4)『해유록』7월 19일, "儀時年四十, 爲人短小, 有翩翩才士氣, 詩論絶奇, 所作亦往往可愛."

5)『해유록』,「문견잡록」, "爲詩才情頗緊, 而力不逮, 未免於孤澹."

6) 松浦霞沼에 대해서는 松浦霞沼, 田中健夫・田代和生 校訂,『朝鮮通交大紀』, 東京: 名著出版, 1978, 27~38면을 참조.

에 헌상되었다.8) 이 책은 아무나 열람할 수 없는 祕傳書로 현재까지 『조선통교대기』가 인용된 문헌은 『外蕃通書』와 『通航一覽』 두 가지가 알려져 있을 뿐이다. 그렇다면 『조선통교대기』의 편찬 목적은 무엇일까? 霞沼는 『조선통교대기』의 범례에서 편찬 목적으로 다음 세 가지를 들고 있다.

첫째, 조선이 쓰시마를 어떻게 대하고 있는지 태도와 정황을 살필 것
둘째, 매사에 조선에 대응할 수 있는 수단을 준비할 것
셋째, 조선과 쓰시마의 관계에 대해서 막부에서 물었을 때 답할 수 있도록 준비할 것

즉, 조선과의 외교 교섭을 위한 지침서이면서 동시에 조선과 쓰시마가 맺고 있는 특수한 관계를 막부에 이해시키기 위한 것 또한 이 책을 편찬한 중요한 목적이라 할 수 있다.9) 그런 점에서 『해사록』은 쓰시마에 대한 조선의 시각이 잘 드러나는 중요한 사료라 할 수 있으며, 『조선통교대기』 권3, 권8, 권9에 걸쳐 많은 비중을 차지하며 인

---

7) 김시덕, 앞의 논문, 2010, 72면.
8) 막부 헌상본에는 霞沼의 안설이 대부분 삭제되어 있다. 추정컨대, 쓰시마가 자신의 의중을 막부에게 모두 보이고 싶지 않았기 때문에 삭제한 것이라 생각된다. 이 책의 주된 편찬 목적이 쓰시마의 대조선 외교를 위한 것임을 짐작할 수 있다. 후술하겠지만, 조선과 일본에 양속적인 관계에 있었던 쓰시마가 18세기에 들어 지배권을 확립하려는 막부의 영향을 강하게 받게 되지만 대조선 외교와 관련해서는 여전히 독자성을 유지하고자 한 증표라 생각된다.
9) 편찬목적에 대해서는 『조선통교대기』, 18~19면을 참조. 이외에도 『조선통교대기』의 성립과 선행문헌, 임진왜란에 대한 저자의 관점에 대해서는 김시덕, 앞의 논문, 2010에서 상세히 분석하였다.

용되고 있다. 좀 더 구체적으로 살펴보자면 『조선통교대기』의 권3 및
권9, 권10에는 『해사록』 권3, 권4의 서간 및 권4의 說 · 辨 · 志가 수록
되어 있다.[10] 이외에도 권5의 「행장」 가운데 일부가 안설에 인용되어
있다. 그런데 『해사록』의 서간을 전부 수록한 것이 아니라 그 가운데
일부만 수록한 점이 눈에 띈다. 편자인 霞沼는 어떤 기준으로 서간을
선별하여 수록한 것일까? 수록된 서간과 누락된 자료를 정리하면 다
음과 같다.

표 1. 『조선통교대기』에 수록된 『해사록』

| 해사록 | | 조선통교대기 | 내용 | 비고 |
|---|---|---|---|---|
| 권3 | 答上使書[上使黃允吉] | 권9 | 宣慰使를 기다려 같이 갈 것을 주장 | 쓰시마 의례 |
| | 答上官玄蘇書 | × | 편지를 보낼 때 형식과 예를 갖출 것을 요청 | 의례 |
| | 答許書狀書[論國分寺被辱事書狀許筬] | 권9 | 쓰시마의 무례를 못 본 척 하는 것은 국체를 손상시키는 것임을 주장 | 쓰시마 의례 |
| | 與許書狀書 | 권9 | 선위사의 상견례 회피, 쓰시마의 무례에 대해 회피하지 말고 강하게 항의할 것을 주장 | 쓰시마 의례 갈등 |
| | 與許書狀論禮書 | 권9 | 庭下拜를 주장하는 허성에 대해 秀吉은 국왕이 아닌 關伯이므로 영외배를 주장 | 의례 갈등 |
| | 擬贈上副官都船主書 | × | 궁궐 공사로 국서 전달이 지체된 것 | 국서 |

---

10) 엄밀히 말하면 초간본『학봉선생문집』권7, 권8에 수록된『해사록』의 서간 및 說辨
志이다. 여기에 대해서는 김시덕, 앞의 논문, 20014, 102~106면에서 상세하게 밝
혔다. 내용상 큰 차이가 없는바, 본고에서는 논의의 편의상 널리 쓰이는『해행총재』
수록본『해사록』을 이용하였다.

| | | | 을 책망하고 사신 접견을 서둘러 줄 것을 요청 | |
| :---: | :---: | :---: | :--- | :---: |
| | 答客難說答上使書 | 권10 | 秀吉의 측근에 뇌물을 주어 국서 전달을 앞당기는 것을 반대함 | 국서 의례 |
| | 與許書狀論觀光書 | 권10 | 秀吉의 말을 따라 행렬을 구경하러 나간 것은 예에 어긋남을 지적 | 의례 |
| 권4 | 答玄蘇書 | × | 회답서의 '閤下', '方物' 두 단어의 수정 요구가 받아들여짐. 아울러 '入朝'도 고치고 예로써 교제할 것을 요구 | 국서 |
| | 與上使松堂書 | × | '入朝'에 대한 현소의 해명을 믿지 말고 국서 개찬을 강하게 요청해야 함을 주장 | 국서 |
| | 重答玄蘇書 | × | 회답서를 인용하며 조목조목 반박하고 국서 개찬을 요청 | 국서 |
| | 擬答宣慰使書 | × | 개찬하지 못한 회답서를 가지고 돌아가면서, 사대의 의리를 지킬 것을 역설 | 국서 |
| | 擬與副官平調信書 | × | 왜구에 포로가 된 이들을 돌려준다는 약속을 이행할 것을 요구 | 막부 |
| | 擬答對馬島主書 | 권3 | 특송선, 세견선, 圖書와 관련한 조치에 대한 도주의 요청은 들어 줄 수 없으며, 假道는 불가함 | 쓰시마 |
| | 與對馬島主上副官書 | 권3 | 大內氏, 少貳氏가 멸망한 것을 숨긴 데 대해 항의 | 쓰시마 |
| | 擬重答上副官對馬島主書 | 권3 | 大內氏, 少貳氏의 영지를 毛利氏, 小早川氏가 다스리는 사실을 숨긴 것을 책망함 | 쓰시마 |
| | 答平調信書 | × | 사신단이 도주보다 앞서 출발했을 때 배에서 내린 格倭를 처형하는 것은 지나친 처사라고 설득 | 쓰시마 |
| 권4 | 副官請樂說 | 권10 | 平義智가 음악을 청한 것이 무례했으 | 쓰시마 |

| | | | | |
|---|---|---|---|---|
| | | | 며 국서 전달 전이라 불가함 | |
| 說辨志 | 入都出都辨 | 권10 | 상사와 서장관이 도성에 들어가면서 예복을 입지 않은 것과, 회답서를 받지 않고 國都를 나간 것을 책망함 | 갈등 |
| | 倭人禮單志 | 권10 | 西海道의 일본인이 보낸 예단에 '來朝'라는 글이 있어 물리려 하였으나 상사와 서장관이 반대, 설득하여 돌려줌 | 갈등 |

霞沼가『해사록』의 서간을 모두 수록하지 않은 것은 서간에는 중복되는 내용도 있기에 지면을 절약하고『해사록』을 통해 편자가 말하고자 하는 것을 분명히 보여주기 위해서라 생각된다. 선별하여 수록한 서간의 내용은 주로 쓰시마와 관련된 것이 많다. 임진왜란과 관련된 문헌들을 수록한 권3에 실린 「擬答對馬島主書」, 「與對馬島主上副官書」, 「擬重答上副官對馬島主書」는 모두 쓰시마 도주나 상관, 부관에게 보냈거나 보내려고 한 서간이고, 권9의 「答許書狀書」와 「與許書狀書」, 권10의 「副官請樂說」 역시 쓰시마가 통신사를 응대하는 사이에 일어난 사건들을 기록한 글이다. 『조선통교대기』가 쓰시마와 조선 간의 현실 외교에 관한 지침서이기 때문에 쓰시마와 관련된 기록을 우선적으로 발췌했을 것이다. 국서 개찬과 관련한 내용은 주로 「答玄蘇書」, 「與上使松堂書」, 「重答玄蘇書」, 「擬答宣慰使書」에서 상세하게 다루어지고 있는데 이 서간은 누락되었다. 그 이유를 생각해본다면, 국서 개찬과 관련한 내용은 다른 서간에서 대략적으로 언급되어 있기도 하고, 또 통신사 교류가 안정되었던 시점에서 볼 때 秀吉의 국서와 관련한 소동은 에도 막부 성립 전의 일회적인 사건으로 이후의 쓰시

마와 조선의 교류에 중요한 지침이 될 만한 일은 아니라고 판단했던 듯하다.

이외에 권10에 수록된 「答客難說答上使書」, 「與許書狀論觀光書」, 「入都出都辨」은 교토에서 국서를 전달할 때 일어난 일을, 「倭人禮單志」는 일본에서 통신사가 조공 사절로 인식되고 있었음을 보여주는 글이다. 학봉은 사행 내내 일본의 무례함을 지적하고 위계에 맞는 격식과 의례를 준수할 것을 요구하는데, 그 이면에는 조선이 일본의 번국으로 인식되어 있다는 데 대한 불안감이 있었던 것으로 보인다. 그것은 秀吉의 회답서에서 현실화되었다. 후술하겠지만 霞沼 역시 이에 대해 나름의 문제의식을 지니고 있었던 것으로 보인다.

한 가지 흥미로운 점은 霞沼가 통신사 내부의 갈등을 보여주는 서간을 많이 수록했다는 점이다. 「與上使松堂書」를 제외하고 학봉이 정사인 황윤길, 종사관 허성에게 보낸 서간은 모두 수록하였다. 통신사 내부에서 오간 이 서간들은 당시 쓰시마의 통신사 응대와 조선을 대하는 秀吉의 태도에서 비롯된 문제 등 당시의 외교 분쟁의 정황을 가장 잘 보여주는 한편, 이를 둘러싸고 통신사 내부에서 어떤 이견과 갈등이 존재했으며 그것이 어떻게 해소되었는지 혹은 미봉된 채 흘러갔는지를 적나라하게 보여준다. 또한 학봉이 마치 상대방과 대화를 하듯이 쓴 문체나, 가상의 인물을 설정하여 문답을 주고받는 등의 흥미를 끄는 글쓰기 방식도 霞沼가 선록하는 기준으로 작용했으리라 생각된다.

## 3. 조일외교에 대한 학봉과 가쇼의 관점

### 1) 조선·쓰시마·일본의 관계

조선 전기 일본은 敵國抗禮의 이념에 입각한 교린 상대로 인식되었다. 책봉체제에 편입된 대등한 나라로서 敵禮(抗禮)의 상대였던바, 室町幕府와 琉球 왕국이 그 대상이었다. 그러나 실제 行禮儀式을 보면 막부에서 보낸 日本國王使를 조정의 조하 의식에 참석시키고 3품의 班次에 배석시키는 등 군신의 예를 취하게 하였다. 국왕사가 무례한 외교자세를 보이거나 상업적인 이익을 구하거나 경제적 지원을 청하는 저자세를 보인 것도 조선의 대일본 인식에 영향을 미쳤다. 더구나 僞使가 오는 경우가 많았으며, 이들은 조선에 대해 '上國', '大國'이라고 칭하는 등 저자세를 보였으며 이는 조선 내부에서 '日本小國觀'의 형성으로 이어졌다. 15세기 중반에 통신사 파견이 중단됨으로써 일본에 대한 인식은 전기의 소국관에서 멈춘 상태로 이어졌던 것으로 보인다.[11)]

학봉의 일본인식도 기본적으로 적국항례에 기반하고 있는 것으로 보인다.

일본과 우리나라는 지위로는 서로 대등한 나라이고 의리로는 이웃의 우방입니다. 그런데 야만인들이 무례하여 전일에 통신사를 대접하는 것이 몹시 소홀하였습니다. 그때 만약 그럴 만한 사람이 있어서 우

---

11) 하우봉, 『조선시대 한국인의 일본인식』, 연세국학총서77, 혜안, 2006, 15~108면 참조.

리나라가 자기네의 사신을 접대한 예를 들어 정성스럽게 타일렀더라면, 그들이 비록 무식하나 또한 제법 영리한 면도 있으니 어찌 깨달아 명을 따르지 않았겠습니까.[12]

선위사를 기다릴 것을 주장하며 上使 황윤길에게 보낸 서간에서 한 말이다. 조선과 일본이 대등한 관계, 곧 敵國이자 우호국가라고 학봉은 생각하고 있다. 敵國에 대해서는 抗禮로 대해야 함에도 일본이 통신사를 대접하는 것이 소홀하여 무례하다는 것이다. 그렇지만 다른 한편 교화에 의해 개선될 수 있는 여지가 있다고 보았다. 학봉은 유교적 예에 입각한 敵禮 관계를 유지해야하며, 그것을 관철하는 것이 이번 사행의 임무라고 생각했던 듯하다.

그런데 쓰시마에 대해서는 일본과 구분해서 인식하고 있다.

대저 이 섬이 우리나라와 어떤 관계에 있습니까. 대대로 우리나라의 혜택을 받아 우리의 동쪽 藩屛이 되었으니 의리로 말하자면 임금과 신하이고 땅으로 말하자면 附庸國입니다. 우리 조정에 생명을 의탁하여 살아가고 있는 형편이니, 만일 關市를 철폐하고 조공을 허락하지 않는다면, 이것은 어린아이의 목을 비틀고 젖줄을 끊는 것과 다름이 없을 것입니다. 이에 祖宗朝 이래로 오랑캐를 어루만져주는 방법을 깊이 알아서 한편으로는 용이나 뱀으로 여기고 한편으로는 외방의 신하로 여겼습니다. 그리하여 위엄으로 두렵게 하고 은혜로 회유하여, 지금까지 한 번도 일시적인 안정을 위해 저들에게 속임을 당하거나 모멸을 받은

---

12) 『海槎錄』, 「答上使書」, "日域之與本朝, 以地則敵國也, 以義則隣好也, 蠻人無禮, 前此待信使, 至忽略也, 其時脫有人焉, 將我國接待其使之禮, 諄諄開諭, 則彼雖無識, 亦頗伶俐, 豈不覺悟而從命乎."(『해사록』의 번역은 한국고전종합DB를 참조하여 수정함. 이하 동일)

적이 없었습니다. 이 섬에서도 또한 우리 조정의 은혜와 신의가 중함을 알아 우러러 신뢰하기를 두텁게 하였습니다. 그러므로 藩臣이라고 자칭하고 각별히 屬國의 법도를 지키며 대대로 토산물을 가지고 와 대궐을 향해 머리를 조아렸으니, 그 위엄에 놀라고 은덕에 보답함이 지극했던 것입니다. (…) 우리들의 실수는, 바로 그들의 환심을 사기 위하여 예를 낮춤[禮下]이 지나친 데 있습니다. 그래서 그들이 바로 오만한 생각을 가져, 몇일 뒤에는 벌써 처음과 태도가 다르다는 것을 알았습니다.[13]

서장관 허성에게 보낸 서간에 보이는 내용이다. 일본은 조선과 대등한 나라이지만 쓰시마는 조선에 경제적으로 종속되어 있으며 군신 관계를 맺은 부용국과 같다고 보았다. 대국과 소국이 중층적으로 조공책봉 관계를 맺고 있었던 전근대 동아시아의 국제 관계 속에서 쓰시마는 영토적으로는 일본에 속해 있었지만 정치적으로는 조선에 가까운 처지였다. 스승이었던 퇴계 이황 역시 조선과 쓰시마를 부자 관계에 비유하였고, 변경을 수호하는 공적을 치하하기 위해 歲賜米豆를 지급한다고 하며 쓰시마를 藩國으로 규정하였다.[14] 학봉의 쓰시마 인식도 여기서 크게 벗어나지 않았던 것으로 보인다.

그렇다면 쓰시마의 유학자인 霞沼는 『해사록』에 보이는 일본과 쓰

---

13) 『海槎錄』, 「答許書狀書」, "夫此島之與我國何如也, 世受國恩, 作我東藩, 以義則君臣也, 以土則附庸也, 寄命大朝, 以資生理, 若絶其關市, 不許其朝貢, 則是無異扼嬰吭而絶之乳也, 自祖宗朝以來, 深得撫夷之體, 一以爲龍蛇, 一以爲外臣, 威以震之, 恩以綏之, 未嘗一於姑息而受其欺侮也, 此島亦知大朝恩信之重仰賴之厚, 故奉藩稱臣, 恪守侯度, 世執壤奠, 稽顙北闕, 其怛威報德也至矣. (…) 吾輩之失, 正坐欲得其歡心, 禮下之已甚, 故便生驕傲之氣, 數日之後, 已覺其不承權輿矣."

14) 조선과 쓰시마의 관계에 대해서는 하우봉, 앞의 책, 73~108면에 상세하다.

시마에 대한 기록을 어떻게 인식하고 있었던 것일까? 「答上使書」에 붙인 안설을 통해 霞沼의 생각을 엿볼 수 있다. 霞沼는 『京都將軍譜』에 기록된 통신사 관련 기사를 인용하고 있는데, 이에 의하면, 명 正統 5년(1440) 기사에는 "조선사신 高得宗·尹仁甫가 來聘했다"(朝鮮使者, 高得宗,尹仁甫來聘)[15]라고 했고, 명 正統 8년(1443)의 기사에는 "이해 5월에 조선인이 來朝하여 兵庫에 이르렀다. 畠山德本이 '조선인이 貢職을 바치러 왔다'고 말했다"(此年五月朝鮮人來聘, 將到兵庫, 畠山德本謂朝鮮人托貢職以來)라고 기록되어 있다. 또 天順 4년(1460)에는 "이해에 조선빙사가 來貢하였다"(此年朝鮮聘使來貢)는 기사가 있다. 霞沼는 『京都將軍譜』에서 통신사가 온 것을 '내빙', '내조' 등으로 제각기 쓴 것에 대해 『해사록』을 언급하며 이렇게 말한다.

> 김성일이 「倭人禮單志」에서, 바다 서쪽 왜의 사신이 그 서간에 '조선인 來朝'라고 써서 가지고 온 것에 격노하였으며 그 사신에게 그 단어를 개찬하게 하여 그 후에 그 물품을 받은 사건에 대해 논하였다. '來聘'과 '來朝'라는 말이 名分이 크게 같지 않음을 알지 못하고, 참으로 無識妄作한 데 이르렀다. 지금 『將軍譜』에 '내조', '내빙'을 혼용하여 지칭한 것이 이와 같으니, 몹시 이상하다 하겠다.[16]

---

15) 『조선통교대기』, 316면. 이하 『京都將軍譜』의 기사는 모두 같은 면에서 인용.
16) 『조선통교대기』, 312면, "按二, 金誠一か倭人禮單志二, 海西倭の使其の書二朝鮮人來朝と認め來り誠一等これを責怒し, 其使をして其書詞を改撰 せしめて其後其鎖物を受たりし事を論せり, 其の來聘來朝といふ名分の大ひ二同しからさるを識らす, 誠に無識妄作の至りなり, 今將軍譜また來朝來聘をもって混し称せしもの斯のことし, 甚た怪しむへし。

「왜인예단지」를 보면 학봉은 堺濱에서 일본인이 음식과 함께 보내온 문구에 '來朝'라는 말이 있는 것을 보고 이미 받아서 먹어 버린 음식이지만 똑같은 것을 사서 돌려주고자 하였다. 상사와 서장관은 일본인들이 무지하여 한 짓으로 생각하여 보고도 못 본 척했는데, 학봉은 되돌려 보내고 예단의 문구가 잘못 되어서 받을 수 없다는 뜻을 분명히 전달함으로써 의리를 분명히 하고자 하였다. 이에 都船主 柳川調興이 나서서 자신이 일본어를 한문으로 번역하는 과정에서 한문을 잘 알지 못하여 실수를 한 것이라 용서를 구함으로써 일은 일단락되었다. 그러나 몇 달 후 국서를 전달하고 오는 길에 보내온 예단에 또 '來朝'라는 단어가 있었다. 역관이 이것을 보고 다시 고쳐 써오게 하였지만 학봉은 끝내 그 예단을 받지 않았으며 回禮를 보낼 때 자신의 명의를 빼고 자신의 종자에게도 음식물을 받지 않도록 하였다.

학봉의 처사는 다소 과하게 보이기도 하지만, 일본과는 敵國抗禮를 하되 그 외의 제후들에 대해서 羈縻 정책을 취해 온 조선 조정의 원칙에 부합하는 판단이라 생각된다. 회답서를 받고 秀吉가 조선을 번국으로 인식하고 있다는 것을 알게 된 이상, 다른 다이묘까지 조선을 번국으로 간주하는 현실을 학봉은 도저히 용납할 수 없었을 것이다.

霞沼도 학봉과 마찬가지로 일본과 조선은 대등한 敵禮國이라는 인식을 가지고 있었던 것으로 보인다. 『京都將軍譜』의 해당 구절에 안설을 달아 "'職貢'은 '來朝'의 뜻이므로 적당하지 않은 말이다"(此の貢職また來朝の義にして詞の当たらさるなり)라고 하거나, "'聘'이라고 하고 또 '貢'이라고 한 것은 모두 잘못된 말이다"(聘といひてまた貢といふ皆其詞を失せり)라고 하여 바로잡았으며, '來聘'과 '來朝'를 혼용해서

쓰는 것에 대해 '無識妄作'이라는 표현을 쓰며 강하게 비판하고 있다. 이러한 점은 당대 에도 일본에 만연한 조선에 대한 인식과 비교할 때 현실적이고 합리적인 판단이라 생각된다. 에도 막부는 초기부터 지방의 다이묘들에 대한 지배력을 유지하기 위해 통신사절을 복속의 사절로 연출하였으며,[17] 서민들이 즐긴 歌舞伎, 淨瑠璃, 軍記物 등에서도 신공황후 삼한정벌 전승과 임진왜란을 소재로 삼아 조선을 속국으로, 통신사를 조공 사절로 그린 작품이 인기를 끌었다.[18] 또 많은 유학자들이 일본이 武威로 조선을 압도하였으며 한반도는 고대로부터 일본에 복속된 곳이라 생각하였다.[19] 이에 비해 대조선 외교의 일선에 서 있는 霞沼의 조선관은 관념적인 우월감에 매몰되지 않은 현실적인 면이 보인다. 霞沼와 가까운 사이로 조선과 誠信으로 교류할 것을 주장했던 雨森芳洲와도 상통하는 인식이라 할 수 있다.[20]

그러나 조선이 쓰시마를 대하는 태도에 대해서 霞沼는 얼마간 불만을 가지고 있었던 것으로 보인다.

대저 저들은 우리 州를 저들의 藩臣과 같이 여긴다. 따라서 우리가 이들을 예로써 접대할 때 조금 미치지 못하는 바가 있으면 저들은 "이

---

17) R.Toby, 『일본 근세의 '쇄국'이라는 외교』, 창해, 2013을 참조할 것.

18) 須田努, 「에도 시대 민중의 조선·조선인관」, 미야지마 히로시 외, 『일본, 한국병합을 말하다』, 열린책들, 2011; 金時德, 『異國征伐戰記の世界』, 東京: 笠間書院, 2010을 참조.

19) 이효원, 「通信使와 徂徠學派의 교류 양상과 그 의미」, 『한국문화』 77, 2017, 19~47면.

20) 雨森芳洲와 霞沼의 정세인식의 유사성은 김시덕, 위의 논문, 2010, 70~71면에서 지적한 바 있다.

는 교만하여 [우리를] 저들 아래에 두려는 것이니, 오히려 저들로 하여
금 우리가 말하는 것을 듣도록 해야 한다"라고 생각했다. 그들에게 이
미 이런 우려가 있어 끝내 편안한 마음으로 우리와 의논하지 못하고,
어떤 일에 임해서는 더욱 우리의 말을 어기고 마음대로 해서 우리에게
위엄을 보여 교만한 기운을 굴복시키려 했다. 이후에 오는 信使가 이런
생각을 가지고 있지 않은 경우가 없었으니 우리가 이에 대처하는 것이
몹시 어려웠다.

　우리는 이들을 맞이함에 다만 舊禮에 따를 뿐 조금도 아부하거나 기
대려는 마음이 없어야 하고, 또한 우리나라의 위엄을 빌어 저들을 멸
시하는 일 없이, 양국의 우호와 백성의 안도에 관련된 일에만 전념하
여 그 성신으로 사귀는 결실이 있게 하여 그 사이에 주선하고 힘써서
마음을 다한다면, 저들이 어찌 진실로 기뻐서 심복하여 우리와 의논하
여 무사함을 잘 조정하는 것을 가지고 걱정하겠는가. 무릇 양국의 일
은 모두 이로 미루어 생각해야 할 것이다.[21]

통신사가 쓰시마를 번국으로 여기고 있기 때문에 고압적인 자세를

---

21) 『조선통교대기』, 312면, "大抵彼れ我州を視ること其藩臣のことし、よりて我かこれ
を礼待するの間少しくも至らさる處あれは、彼おもへらく、これ驕傲して彼れか下に
出すかへつて彼れをして我かいふところを聽かしめむとするなりと、彼れ既にこの疑
慮あり、終ひに氣を和し心を安して我と相議らす、其事に臨むの間ことさらに我かい
ふ處に戻り、縱ひままにして我に威を示し驕傲の氣を服せしむとせり、此後信使來た
ることにこの念あらすといふことなく、もって我をしてこれに處するの甚た難かたし
むるに至る、我これを待つの道にあって宜しく唯旧例のことくし、且少しくも媚を獻
し憑りたのむの心なく、また我が國の威を借りこれを蔑にしろにするのことなく、兩
國和好生民安堵の關かるところを專らとして其誠信相与ミするの實ありて、其間に周
旋して務て心を盡さは、彼れいかてか誠に悦ひ服し、我と相議り無事を調ふるをもつ
て念とせさることあり、およそ兩間の事ミなこれによりて推し知へし。"『해사록』을 수
록한 취지를 쓴 題言의 일부로 권9의 제일 앞에 실려 있다. 번역은 김시덕, 위의
논문, 2014를 참조.

보인다는 데에 대해 불만을 표하고 있다. 쓰시마가 조금만 실례를 해도 통신사는 교만하게 자신들을 깔본다고 생각해서 더 멋대로 행동하고 위엄을 가지고 억누르려 한다는 것이다. 그러나 이렇게 말한 것은 어디까지나 쓰시마를 대하는 학봉의 '태도'에 국한된 것으로 생각된다. 앞서 학봉이 조선이 쓰시마의 숨통을 쥐고 있다고 하거나 속국 내지는 번병으로 간주한 것에 대해서는 霞沼는 안설을 달지 않았다. 여기서도 조선이 쓰시마를 藩臣이라 여기는 것에 대해 적극적으로 부정하지 않았다. 이는 쓰시마가 경제적으로 조선에 의존하여 왔으며 정치적으로도 조선의 번병으로 자처했던 사실을 현실적인 차원에서 어느 정도 승인하고 있기 때문이 아닌가 생각된다.

나중에 검토하겠지만, 학봉의 태도에 대한 불만은 학봉이 쓰시마인의 행동에 대해 사사건건 예로써 따지는 것을 염두에 두고 말한 것이라 생각된다. 학봉은 통신사가 쓰시마의 환심을 사기 위해 지나치게 겸양하였기에 오히려 저들이 더욱 교만하게 되었다고 했는데, 이와는 정반대의 시각이라 할 수 있겠다. 이는 쓰시마가 임진왜란 이전까지 정치적, 경제적으로 조선에 의존하였지만, 에도 막부가 성립한 이래 막부의 감독과 재정적인 지원을 받으면서 조선에 대한 의존도가 낮아진 상황을 반영한다. 그런 점에서 霞沼의 이 발언은 『조선통교대기』가 성립한 18세기 초반의 쓰시마의 입장을 대변하고 있기는 하지만, 학봉 당대의 쓰시마의 처지라고 보기는 어렵다. 상대를 멸시하지 말고 성신으로 교제하면 된다는 말은 당위적으로 옳기는 하나 구체적인 외교적 지침으로 활용되기는 어려울 것으로 보인다. 舊禮를 따라야 한다는 것 또한 무엇을 기준으로 하는지, 조선과 막부와의 관계가 달라진 당대에 어느 정도 실현성을 가지고 있는지 알 수 없다.

이와 같은 霞沼의 시각은 다음 절에서 살펴볼 쓰시마 도주 宗義智와 통신사의 갈등을 다룬 안설에서 더욱 분명하게 드러난다.

## 2) 통신사와 쓰시마의 갈등과 학봉에 대한 평가

통신사가 쓰시마에 도착하자마자 외교 의례와 관련한 갈등이 발생하게 된다. 이를 해결하는 과정에서 학봉은 정사 황윤길 및 서장관 허성과 편지를 주고받으며 논쟁을 벌이게 된다. 『해사록』에 실린 서간 가운데 가장 많은 분량을 차지하고 있는 「答許書狀書」을 통해 사건의 전말을 상세히 파악할 수 있다.

쓰시마에 도착한 학봉을 당혹하게 한 첫 번째 사건은 東山에서 통신사와 쓰시마의 상사, 부관, 도선주가 만날 때 부관이었던 宗義智가 말을 탄 채로 장막 앞까지 온 것이었다. 학봉은 이때 벌써 불쾌함을 느꼈지만 겉으로 드러내지 않았다고 말하고 있다. 그런데 그 후 國分寺에서 다시 회동을 할 때 宗義智는 가마를 타고 대문을 지나 바로 당에 올랐으며 사신들을 흘겨보며 신하나 종을 대하듯 하였다고 그는 말한다. 학봉이 보기에 조선과 쓰시마는 엄연히 군신의 관계이며 임금이 보낸 사신을 맞이하는데 신하가 가마를 탄 채로 나오는 것은 예에 어긋나도 한참 어긋나는 행위로 보였던 것이다. 황윤길과 허성 등이 이에 대해 아무런 문제 제기를 하지 않자, 학봉은 병을 핑계 대며 자리에서 일어나 숙소로 돌아와버렸다. 허성은 이와 같은 학봉의 행동이 지나치다고 생각해서 두 사람은 논쟁을 하게 된 것이다.

결국 쓰시마 측에서 통신사에게 실례한 것을 인정하고, 도선주가 사람을 보내 "부관이 나이가 젊고 예법을 몰라서 이런 잘못이 있었습니다. 비단 도주가 듣고 놀라 失色하였을 뿐만 아니라, 國王께서 만약이 일을 듣게 되면 우리들도 또한 죄를 받을 것입니다"라고 하며 용서를 구하였다. 학봉은 "쓰시마는 우리 조정을 섬기고 있어 번신과 다름없고 부관은 또한 도주의 아들이다. 그런데 그 무례함이 어찌 감히이와 같은 수 있는가"라고 꾸짖으면서 사태는 일단락 된 듯했다. 그런데 그날 저녁 宗義智는 자신이 통신사에게 실례하게 된 것은 가마꾼이 멈추라는 명령을 듣지 않고 문 안으로 들어갔기 때문이라고 하여 가마꾼을 참수하고 말았다. 이 소식을 들은 학봉은 죄를 뒤집어쓰고 죽은 가마꾼을 불쌍히 여기면서도 나라의 체모가 바로 선 것에 대해서는 다행으로 여겼다.

이 사건에 대해 霞沼는 안설에서 다음과 같이 말하고 있다.

공이 國分寺에 이르렀을 때 가마에 탄 채 바로 당에 오른 것은 한때의 잘못된 행동이다. 그러나 그 죄를 가마꾼에게 돌리고 또 신사에게 그 일을 알리기 위해서, 신사와 함께 배를 탔던 격왜를 데려다 놓고 가마꾼을 포구에서 베어 죽인 것은 그 잘못을 크게 사죄한 것이다. 또 그 후에 관소 밖 백보 떨어진 곳에서 가마를 내려 종자를 물리치고 도보로 들어온 것은 또 공경함이 과한 것이다. 『학봉선생문집』에 이 일을 기록하기를, "국분사의 연회에서 의지가 가마를 탄 채 계단 아래까지 왔는데, 그 무례함을 엄히 꾸짖으니, 義智가 부끄러움을 이기지 못하여 곧 돌아가 가마꾼에게 벌을 주고 베어 죽이고 언사를 공손히 하여 와서 사죄하였는데, 이때 백보 전에 종자를 모두 떼어 놓고 종종 걸음으로 들어와 몸을 굽신굽신하니, 공이 그에게 정성을 다할 것을 말하고 보냈다"[22]라고 하였다. 그 잘못을 사죄하는 것이 공경을 다하여 몹

시 과한 것을 가지고, 도리어 이렇게 우리를 욕보이고 멸시하는 기록을 남겼다.[23]

霞沼는 도주가 가마를 타고 관소에 들어온 것이 예에 어긋난다는 점은 인정하면서도 宗義智의 사과는 충분했다는 점을 강조하였다. 그리고 사죄를 지나치게 한 것으로 인해 오히려 통신사에게 얕잡아보이게 되었다고 하였다. 학봉이 허성에게 지나치게 쓰시마의 비위를 맞춰 주는 바람에 쓰시마 사람들에게 통신사가 무례함을 당하게 되었다고 본 것과 같은 논리이다.

이외에도 학봉은 쓰시마 측에서 무례를 범한 일을 여러 개 거론하고 있다. 平義智가 먼저 통신사를 만나보기를 청해놓고 상사가 관소에 찾아가자 날이 저물었으니 다른 날 만나자고 하며 회피하기를 여러 번 한 것, 평복을 입은 채 사신을 만나려고 한 것, 접견 후 사신보다 먼저 나가버린 것, 만나기로 약속을 정해 놓고 사소한 이유로 직전에 약속을 취소한 것, 연회에서 조선의 역관에게 "이따위 소주는 내가 몹시 싫어하니 우리의 좋은 술로 대신하자"고 말한 것, 선위사가

---

22) 이 대목은 『해사록』 권5의 「행장」에 보인다.

23) 『조선통교대기』, 331~332면, "公國分寺に至られし時、其輿に乗し直に階下に至り堂に陞りたりし事、一時の過擧にあらすといふへからす、然も其罪を輿夫に歸し、且信使をして其事を知らしめむか爲也とて、信使と船を同しくするの格倭をして俱にこれを浦口に斬らしむるに至ハ甚た其過を謝するに過きたりといひつへし、また其後館外百歩の地よりして輿を下り從者を屛け徒歩して入られたりし事又其敬に過たるなり、鶴峰集ニ此事を記して、國分寺之會、義智乘輿以來至階下、嚴責其無禮、義智不勝慙愧、乃歸罪於昇輪者而斬之、卑辭來謝、未及百歩屛盡驗從徒歩以入、形容僂僂勉勉以忠順而遣之、といへり、其過を謝し敬をいたすに甚た過たりしを以て、かへってかくのことく我を辱しめ蔑しろに記せし也。"

올 것이라고 했으나 한 달이 지나도록 오지 않자 선위사 없이 가기를 청한 것, 매일 아침 창과 칼을 앞세우고 와서 문안하는 것, 서신을 보낼 때 격식을 갖추지 않은 것 등을 거론하며, 쓰시마가 통신사를 가볍게 여김이 극도에 이르렀다고 분노하였다.

霞沼는 여기에 대해서도 "東山의 회동에서 사신이 나중에 나오게 된 일은 과도하게 스스로 낮추어 오히려 賓客의 예에 맞지 않는 뜻이 되었다. 편복으로 신사를 만나려 한 것은 또 과분하게 서로 친근하려고 한 뜻에서 나온 요청이다. 통신사가 회답연에서 美酒를 가지고 소주를 대신하려고 한 일은 또한 그 술자리에 심취하여 취기를 다하여 즐거움을 더하려는 뜻에서 말씀드린 것일 터이다"[24], "두 창과 두 검을 앞세우고 바로 사신의 앞에 이른 일과 같은 것은 마음을 써 준 일이다"[25]라고 하나하나 반박하였다. 그리고 "다만 우리나라와 외국의 풍속이 크게 다르므로 오히려 그들이 노여워하게 되었다. 그렇다고는 하지만 과도하게 스스로를 낮추거나, 혹은 지나치게 친밀하여 이런 잘못이 있게 되었다. 무릇 그 예식에 딱 맞게 한다면 우리가 이런 폐단을 만들지 않을 것이다"[26]라고 하여 조선과 쓰시마의 풍속이 달

---

24) 『통교』, 332면, "東山の會、使臣に後れて出てむと請れし事、過てミつから卑下しあえて其賓客の禮に当らさるの意なるへ し、其便服して信使と相見へむことを請れしもの、また其分外に相親しむの意より出て請れたりしなるへし、信使答宴の日、其美酒をもって燒酒に代むとありし事、また其の酒席に留連し醉を盡し欲ひを治くすへきの意より仰られしならむ."

25) 같은 곳, "また二戈兩劍をもって前導し、直に使臣の前に至られし類、共心得あるへきの事なり.

26) 같은 곳, "但我國の俗外國の風誰と大ひに同しからさるより、かえって彼れか怒りに触れしなり、然りといへとも其過きて自ら卑下して或ひは其親ミに余りしより、此過ちありしなり、およそ其式禮式のことくして留らハおのつからこの弊へなかるへし."

라서 일어나는 오해가 지금과 같은 사태를 불러일으킨 원인이라는 인식을 보여준다. 그리고 그 해결책으로 모든 일을 예전부터 전해오는 禮式에 맞게 해야한다고 말한다.

> 무릇 이 일은 예식에 맞게 하는 것이 좋다. 양국이 서로 만나는 때에 더욱 서로 마음을 써야 한다. 무조건 따르고 기쁜 마음으로 마음 써주는 것이 지나쳐서 스스로를 비하하고, 도리어 욕됨을 받아서는 안된다. 또 우리나라의 위엄을 빌려서 조금도 저들에게 교만한 일이 없도록 큰일이건 작은 일이건 매사에 한결같이 예부터 전해오는 예식[舊式]을 지키는데 그쳐야 한다. 억지로 아첨하여 친절함이 과하면 저들에게 멸시를 받을 것이니, 그 교만한 기운이 자라게 해서는 안된다. 이런 점을 잘 알아야 한다.27)

그러나 지켜야 할 예식이 무엇인지에 대해서는 말하지 않았다. 쓰시마는 임진왜란 이후까지도 조선에서 세사미두와 圖書를 지급 받는 등 일본과 조선의 양속 관계였지만 국서개작이 발각된 17세 중반 이래 막부의 감시 하에 놓이면서 점차 일본에의 예속성이 높아졌다. 이런 시점에서 이전의 조선-쓰시마 관계에서 통용되었던 舊式이 그대로 적용될 수는 없을 것이다. 변화하는 조선과의 관계에 따른 구체적인 대응책은 霞沼도 제시하지 못하고 있는 것이다. 대신 霞沼는 쓰시

---

27) 같은 곳, "大抵事其禮式に当るをもって宜しとすへし、兩國相接るの間に至りてハ、もっとも其の心得あるべきものなり、姑く共心得に順悦するを計り過きて自卑下し、却て辱しめを取るへからす、また我國の威を借りて少しくもこれに驕り慢る事なかれ、凡事小大となく一つに其舊式を守りて止まるへし、曲てこれに媚ひ親ミに過き、彼れに蔑しろにせられ、よりて其驕傲の氣を長せしむる事あるへからす、宜しく知るへき所なり。"

마 내부에서 군신존비의 名分을 바로 세울 것을 주문한다.

　　宗義智 공이 조선 왕성에 이르렀을 때, 玄蘇를 상관으로 하고 스스
로 그 부관이 되고, 가신을 도선주로 삼았다. 우리나라가 예로부터 國
王使로 승려를 임명하였다. 그렇기는 하지만 도주의 존귀함을 굽혀 玄
蘇의 부관이 되었으니 온당한 일이 아니다. 또 그 가신을 도선주로 삼
아 동렬처럼 하신 것은 군신존비의 예를 잃어 외국의 비웃음을 살 뿐만
아니라, 또 이런 일을 당함으로 해서 저들이 더욱 마음대로 교만하여
우리 島主를 경멸하는 눈으로 보게 된다. 그래서 학봉이 서간에서 "都
船主가 준엄하게 꾸짖었으므로 부관이 밤새도록 잠을 자지 못했습니
다"라고 하였고, "도선주가 사람을 보내 사죄하기를 '부관이 연소하여
예를 몰라 과실이 이와 같으니 비단 도주의 귀에 들어가면 아연 실색하
실 것이고, 국왕께서 이 일을 들으신다면 우리들도 죄를 짓는 것이 됩
니다'"라고 말하게 된 것이다. 이것은 同列 간의 말이고 군신존비의 명
분이 전혀 없으니 욕됨이 큰 것이다. 몹시 한탄스럽다. 이때 船主들 중
그 누구도 말할 것을 생각하지 않았으니, 柳川調信 무리였다.[28]

군신 사이의 명분은 유교에서도 가장 중요하게 여겨지는 윤리 가

---

28) 같은 곳, "公朝鮮王城へ至られし時、玄蘇を上官としミつから其の副官たり、家臣を
して都船主たらしめられしなり、我國古來國王使また僧人をもってせしなり、然り
といへとも州主の尊を屈し玄蘇か爲に副官たり、おたやかならさるものなり、また其
家臣をして都船主たらしめ同列ことくならしむるに至てハ、其君臣尊卑の禮を失して
笑傷を外國に取るのミならず、またかくせられしによりて彼れ益心にまかせて驕傲し
我州主を視ること蔑如たり、其れをして、都船主責之、副官達夜不床、といひ、都船
主使人謝之日、副官年少不知禮、有比過失、非但島主聞之瞿然失色、國王若聞此
事、吾等赤得罪云云、といひしむるに過たる、これ同列間の詞にしていつれも君臣尊
卑の分なきものなり、辱しめの大ひなるものなり、激しつへし、此時船主其の誰たり
しといふこと考ふへからす、調信か輩なるし。"

운데 하나이다. 쓰시마가 조선에게 멸시를 당하는 이유를 霞沼는 이 유교적 윤리의 손상에서 찾고 있다. 도주인 宗義智가 부관이 됨으로 써 신하인 도선주와 같은 반열에 놓이게 된 것이다. 그리고 신하가 도주를 꾸짖는 기이한 상황이 연출된 것이다. 후에 통신사는 宗義智 가 새로이 도주가 되었다는 사실을 알게 된다. 사세에 따라 부득이하 게 한 것이지만 군신상하의 명분이 뒤바뀐 것은 외국의 경멸을 사기 에 충분하다고 霞沼는 한탄하였다. 그리고 주군을 보좌하는 신하가 이를 간언하지 못한 것은 잘못이라는 점을 지적하고 있다.

  학봉 역시 쓰시마에 대해 사사건건 집요할 정도로 예를 갖출 것을 요구하였다. 그것은 단순히 통신사 또는 학봉 개인에 대한 예의 차원 이 아니라, 기미교린이라는 유교적 이념에 바탕한 국제질서를 준수 할 것을 요구한 것이다. 오늘날 조약체제에서 여러 국가가 이념상의 평등성을 바탕으로 외교관계를 맺는 것에 비해, 조공책봉 체제에서 는 대국과 소국은 평등하지 않다. 오히려 이념상 차등을 규정함으로 써 문명권 내부의 질서가 보장되는 체제라 할 수 있다. 소국은 복종의 댓가로 교역을 통한 경제적 이득과 군사적 보호를 보장받는다.29) 이 러한 '차등적 질서'는 외교의 장에서 이루어지는 각종 의례를 통해 가 시화 된다. 학봉이 쓰시마와 일본에 요구한 것은 바로 이러한 차원의 의례이며, 이를 관철시키기 위해 학봉은 목숨을 버릴 것도 두려워하 지 않았던 듯이 보인다. 국가 간의 외교 의례를 준수하는 것은 조선과

---

29) 이는 비단 동아시아에 국한되지 않는, 전근대 제국의 존재 방식이다. 제인 버뱅크 · 프레더릭 쿠퍼, 이재만 역, 『세계제국사』, 책과함께, 2016에서는 '차등의 정치'라는 개념으로 이를 설명하였다.

일본의 문제만이 아니라 문명권 전체의 질서와도 직결되는 문제이기 때문이다. 상사와 종사관이 모두 반대하는 바람에 결국 관철하지 못하였지만 회답서를 끝까지 개찬하고자 했던 데에서 학봉의 이러한 의지를 엿볼 수 있다.

예법 준수에 대한 강한 집념으로 인해 학봉은 霞沼에게 "거만하여 남의 말을 받아들이는 일이 없어 사정에 어둡다. 중봉 조헌의 사람됨과 백중을 이룬다. 『은봉야사별록』에서 임진년의 일로 그 나라를 잘못되게 한 죄는 오로지 성일에게 있다고 한 것이 전적으로 거짓된 말이라고는 할 수 없을 것이다"[30]라는 평을 받게 되기도 한다. 그러나 다른 한편으로 이와 같은 학봉의 원칙주의는 사세에 따라 일본이 요구하는 대로 끌려 다니는 황윤길과 허성과 대비되어 霞沼에게 깊은 인상을 남긴 듯하다. 『해사록』에서 인용한 마지막 글에 해당하는 「왜인예단지」에 붙인 안설에서 霞沼는 "성일의 사람됨은 황윤길이나 허성과 같은 부류가 아니기는 하지만 또한 몹시 거만하여 스스로 이것이라 정하여 다른 사람의 말을 받아들이지 않아 사정에 어둡게 됨에 이르렀으니, 그 공과 죄가 반반이라 하겠다"[31]라고 평가하고 있다. 그리고 그 바로 다음에 『학봉선생문집』의 「행장」 중 회답서 개찬을 끝까지 요구하는 학봉의 모습을 그린 대목을 제법 길게 인용하였다.

---

30) 『조선통교대기』, 328면, "大抵誠一か人と成り高慢に過て人言を納る事なし、もつて事情に疎かなる、ここに至る、趙重峰・伯中 間の人たるに似たり、隱峰野史に、壬辰の事、其國を誤まるの罪もつはら誠一にありといひし、全く誣たりといふへからす."

31) 『조선통교대기』, 368면, "誠一か人となり黃・許か類ひにあらすといへとも、また甚た高慢に過て自ら是なりとし、人言を納ることなくもって事情に疎かなるに至たりしなり、其の功罪相当れりといひつへし."

그 마지막 구절은 다음과 같이 끝난다.

> 상사와 서장관은 저들이 '방물' 등의 말을 고친 것을 다행으로 여겼
> 고, 저들을 자극하여 무슨 일이 생길까 두려워하였다. 그리고 일행의
> 일은 상사가 결정하는데 서장관이 또 상사와 합의하였으므로, 공은 끝
> 내 자신의 뜻을 실행할 수 없었다. 이에 공은 분통스럽고 답답한 마음
> 에 그 글을 바다 속에 던져 버리고 시를 지었다. 그 시 가운데 '물속의
> 어룡은 이 글자 알아볼테지[水底魚龍應識字]'라는 구절이 있었다"[32]

상사와 서장관과 대비하여 학봉의 충절과 울분이 잘 드러나는 대
목을 발췌 인용하였음을 알 수 있다.[33] 이러한 학봉에 대한 평가는
『해사록』의 화각본 유포와 더불어 일본에서도 일정하게 수용된 것으
로 보인다.

1763년 계미통신사행단의 일원으로 일본에 간 趙相觀이 일본의 유
학자 陶國興에게 편지를 받았는데 그 내용이 바로 학봉의 통신사행에
관한 것이었다. 편지에서 陶國興은 학봉의 자손이 조상을 추모하는
정성에 감명을 받아 일본에 전해지는 학봉의 사적에 관련된 秘錄을
찾아 보낸다고 하였다. 그 비록의 내용은 대략 다음과 같다: 秀吉이
조선의 국서가 자신의 의도와 다르다는 것을 알고 오래도록 답서를

---

32) 『해사록』, 「行狀」, "上使,書狀旣幸其許改'方物'等語, 又恐激變生事, 而一行之事, 制
  在上使, 書狀又與之合焉, 故公終不得行其志, 憤歎鬱抑, 乃以其書投于洋中, 因作詩
  有'水底魚龍應識字'之句."

33) 이어서 『징비록』과 『은봉야사별록』에서 학봉이 일본의 침략을 예측했는지 아닌지
  논란이 되는 서로 다른 견해를 인용하였다. 이를 통해 '공과 죄가 반반'이라는 자신
  의 주장을 뒷받침하려고 한 것으로 보인다.

써주지 않자 황윤길과 허성은 해를 당할 것을 두려워하여 먼저 가마
를 출발시켜 堺浦(堺濱)에 가버렸는데, 김성일은 "다른 나라에 왕명을
받들고 사신으로 나왔다가 답서를 받들지 않고 귀국하는 것은 왕명
을 풀밭에 내던지는 것이다"라고 하고, 혼자 京師에 머물러 있으면서
답서 써 주기를 거듭 청하였다. 秀吉이 이를 애처롭게 여겨 답서를
써주었지만 말투가 몹시 교만스럽고 경박하였기에 김성일이 여러 차
례 다시 고쳐 바로잡은 다음에야 비로소 가지고 갔다. 또한 김성일은
사신의 행차가 지나가는 각 州郡의 제후들이 선물로 주는 것도 고사
하여 한 가지 물품도 받지 않았다. 이에 주군 사람들이 김성일이 信義
가 있는 데에 몹시 감격하였다는 것이다. 이렇게 비록의 내용을 쓴
다음 陶國興은 "이런 사실로 볼 때 김선생은 專對하는 재주가 있어서
이역 땅에 이름을 떨쳤는바, 임금의 명을 욕되게 하지 않았다고 할
만합니다"라고 칭찬하였다.[34]

　앞서 검토한 데에서도 알 수 있듯이 『조선통교대기』에서 학봉은 그
리 긍정적으로 그려지지 않았다. 쓰시마에게는 껄끄러운 존재였기
때문이다. 그러나 예에 입각한 원칙을 견지하려는 태도는 훗날 조선
과 일본에서 칭송의 대상이 되었다. 그것은 학봉의 노력이 단순히 자
국의 이익을 위한 것이 아니라 문명권의 질서를 수호하려는 의지의

---

34) 『학봉집』 부록 권4 「日本陶國興, 與花山士人趙相觀書」, "主公見三使於聚樂亭, 承國
書, 饗使臣, 賜白銀四百兩, 朝鮮國王所贈書, 不應主公之意, 以故不出答書. 允吉, 筬
等恐被害, 俄然發興, 到泉州界浦, 而居船中. 誠一謂奉使他邦, 不持回翰而歸國, 棄君
命於草莽, 獨留京師, 再四請之不已. 主公憐其志而與返翰. 雖然其辭甚驕輕, 誠一難
之, 不承其書, 改定數次而持歸, 使行所經州郡諸侯之贈固辭, 一物不受焉. 州郡人甚
感誠之信義云云. 由是觀之, 金先生擅專對才, 震名異域, 可謂不辱君命矣."

표명이기도 했기 때문이다. 또한 일본에서는 17세기 말『징비록』화각본의 출판으로 충신이라는 이미지가 유포되기 시작했다.[35] 화각본 『해사록』의 간행 시점은 알 수 없으나『징비록』에서 전환된 충신 김성일의 이미지가 霞沼의『해사록』의 해석에도 일정하게 영향을 미쳤지 않았나 생각된다.[36]


## 4. 결론

이상으로『조선통교대기』에 수록된『해사록』과 이에 대한 松浦霞沼의 안설을 중심으로 조선과 일본 및 쓰시마 사이에 일어난 갈등을 검토하였다.『해사록』의 서신과 說·辨·志는 임진왜란 직전의 불안정한 국제 정세를 잘 보여준다. 조선 전기의 안정된 교린 체제에 생긴 균열을 안간힘을 다해 막아보려는 학봉의 분투는 일견 고지식하고 현실 감각을 잃은 듯이 보이기도 하지만, 문명권의 역내 질서를 유지하기 위해서 취할 수 있는 가장 합리적인 판단이기도 했다.

이는 霞沼 역시 마찬가지이다. 그는 조선과 일본이 적례 관계라 생각하였고, 쓰시마가 조선과 맺고 있었던 종속적인 관계 또한 어느 정

---

35) 김시덕(2014), 112~115면 참조.
36) 비슷한 시기 伊藤東涯(1670~1736)도 자신의 저술에서 雨森芳洲의 말을 인용하여, 학봉이 국서 개찬을 끝까지 주장한 것으로 인해 조선에서 그의 義烈과 사신의 능력이 칭송받고 있다고 기록하고 있다. 東涯는 에도 시대를 대표하는 유학자의 한 사람인 伊藤仁齋의 아들로, 한반도에 관한 저술인『三韓紀略』을 편찬하기도 하였다. 여기에 대해서는 伊藤東涯,『秉燭談』,「天正韓使ノコト」(『日本隨筆大成』〈第1期〉11, 東京: 吉川弘文館, 1975), 183면을 참조.

도 승인하고 있었다는 점에서 학봉의 인식과 동궤에 있다고 하겠다. 霞沼의 안설을 보면 학봉의 고압적인 태도를 비판하고 있지만 그 논리는 오히려 학봉과 유사한 지점이 있다. 霞沼는 갈등의 원인으로 조선과 일본의 풍속이 달라 오해를 불러일으키게 된 점을 지적하고, 오해를 피하기 위해서는 舊禮를 준수해야 함을 거듭 역설하였다. 이는 학봉이 외교 의례를 중시하며 원칙을 고수한 것과 동일한 논리이다. 그런 의미에서 두 사람은 유교적 예를 준거로 하여 문명권 내부의 질서와 안정을 도모하려는 '文明意識'을 공유하고 있었다고 할 수 있을 것이다.

그런 점에서 霞沼가 말하는 舊禮란 유교적 예라 생각된다. 霞沼는 마지막 안설에서, 『國朝五禮儀』의 「殯禮」 가운데 일본 사신을 접대하는 의례를 발췌 수록해 놓았다.[37] 학봉이 영외배를 주장한 것에 대한 반론의 근거로 수록한 것으로 보인다. 霞沼 역시 유교적 예를 준칙으로 삼음으로써 양국의 문화적 차이에서 오는 갈등을 해결할 수 있다고 생각했던 것이 아닐까. 霞沼가 말한 '풍속의 다름'은 문화의 차이를 뜻하고, 구례의 회복이란 이러한 문화의 차이를 포괄하는 문명적 가치 규준의 회복을 뜻한다고 할 수 있다. 이해관계를 달리하는 양국 유학자가 공유하는 인식의 지평이라 하겠다.

오늘날의 시각에서 본다면 학봉의 태도는 우월감에 젖은 자민족중심주의로 보일지도 모른다. 그러나 전근대 동아시아 문명권 내부의 평화를 담보했던 '차등적 질서'를 수호해야한다는 당대 유학자의 공

---

37) 『조선통교대기』, 371~372면.

통된 사명을 염두에 둔다면 이러한 평가는 사태의 일면만 본 것이 아닐까. 국가와 민족 간의 분쟁이 날로 격화되고 있는 오늘날, 이를 넘어서 문명권 전체의 질서를 수호하고자 했던 학봉의 태도가 시사하는 바가 있지 않나 생각된다.

# 학봉 사행로의 역사지리학적 검토

## 1. 들어가며

필자를 포함하여, 기왕에 한일의 많은 학자들이 통신사행로에 대해 연구를 해 왔다. 그러나 그것은 주로 임진왜란 이후, 즉 일본 에도시대의 충분히 제도화된 사행로 연구에 특화되어 있어서, 그 이전 상황에 대해서 깊은 연구는 없었다. 그래서 필자는 선행 연구에서 향후 임란 이전 통신사행로 연구도 하겠다고 예고를 했는데, 이번 학술대회 기회에, 학봉 김성일의 『해사록』을 주제로 경로 연구를 하고, 그 실마리를 잡아 보고자 한다.

임진왜란 이전 통신사는 다섯 번 파견되었다. 무로마치 막부를 향하여 세 차례, 도요토미 히데요시를 향하여 두 차례이다. 임진왜란 이후의 통신사와 가장 다른 점은 종점이 에도(도쿄)가 아니라 교토였다는 점이다. 그리고 에도시대만큼 제도화가 되지 않았다는 점도 중요하다. 다만 중복되는 구간에서 통신사의 경로는 크게 달라지지는 않았다. 임란 이전에도 이후에도, 양국 관계가 교린, 즉 동등한 관계라는 전제에 섰다.

파견의 목적은 왜란 이후는 국교회복, 포로 송환, 새 장군 취임 축
하 등이었다. 한편 그 전의 통신사행은 왜구 단속 요청이나 전국시대
인 일본 정탐 등이 주 목적이었다. 아마 다른 원고에서도 언급이 되겠
지만,『해사록』에 나오는 통신사행은 정사 황윤길, 부사 김성일, 서
장관 허성 등으로 구성되었다.

## 2. 한국 국내사행로

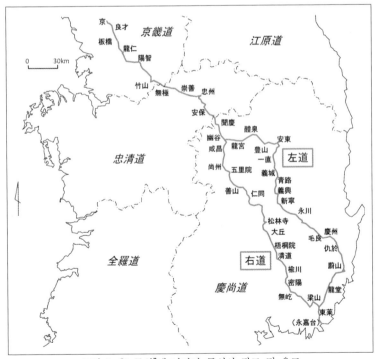

그림 1. "노문식"에 나타난 통신사 좌도 및 우도

임란 이전 이후를 막론하여, 통신사의 경로는 어느 정도 정해져 있었다. 『춘관지』『증정교린지』 등을 보면, "노문식" 항에, 경유해야 할 경로가 이하와 같이 적시되어 있다.

좌도
양재 판교 용인 양지 죽산 무극 숭선 충주 안보 문경 유곡 용궁 예천 풍산 안동 일직 의성 청로 의흥 신녕 영천 모량 경주 구어 울산 용당 동래

우도
自문경 由함창 상주 오리원 선산 인동 송림사 대구 오동원 청도 유천 밀양 무흘 양산 至동래

위와 같이 한양에서 백두대간을 넘어 문경까지는 외길로 갔다가 문경에서 좌도와 우도로 갈라져서, 양자는 종점에 가까운 동래에서 다시 합류된다. 통신사 특히 정사는 왕로에는 좌도를 쓰고, 복로에는 우도를 쓰도록 되어 있었다. 우도는 거의 조선시대 공식 관도인 영남대로(동래로)와 동일한데, 좌도는 관도의 본선에도 지선에도 없는 특수한 경로를 다닌다. 즉 왕로만 특별한 사유가 있어서 일부러 통상 노선과 다른 길을 일부러 선택했다는 것이 된다.

그 이유도 위 자료들에 써 있는데, 충주, 안동, 경주 등 대읍에서 지대를 받고, 또 일본에 가져갈 선물을 수집하는 것이 목적이 되어 있었다. 통신사행은 500명이 넘는 큰 행렬인 만큼 풍요로운 땅을 지나야 숙식도 해결되고, 선물 모으기도 유리했던 것이다. 그렇기 때문에 일부터 몇십 리씩 우회하는 길을 서슴지 않고, 공식경로에 지정하

고 있었던 것이다. 위의 4개 대읍들 중 동래는 후에 지대 장소에서 빠지고 있다. 경주는 신라의 왕경, 충주는 동 중원경으로 고대부터 대읍에 속했으며, 안동 역시 고려시대 이후 대도호부로서 지역의 웅도가 되었다.

상기 경유지는 그냥 상징적인 경유지가 아니라, 실제로 통신사 일행이 숙식을 취하는 장소를 상정하고 있다. 예컨데 양재역(말죽거리)에서 점심을 먹고(중화), 판교역에서 숙박하는 식이다. 되도록 지정된 경유지 및 체류 지점에 유도하므로써 지공 등 일정에 차질이 없도록 한 기색이 보인다.

양재는 지금의 말죽거리 부근, 판교는 판교신도시가 개발되기 전 판교 원마을이 있었던 장소이다. 용인은 현 구성동의 구 용인읍치 소재지이며, 양지는 지금의 양지면 소재지이다. 죽산은 지금의 안성시 죽산면 소재지, 무극은 지금의 음성군 생극면에 있었던 무극역이다. 숭선은 충주시 신니면 문숭리에 있었던 숭선참, 안보는 동 수안보면에 있었던 안보역, 문경은 현 문경읍 소재지이다. 좌도에 들어가서 용궁과 예천은 각각의 소재지, 풍산은 현 안동시 풍산읍, 일직은 의성군 일직면에 있었던 일직역이다. 청로는 의성군 금성면 청로리에 있었던 청로역이며, 의흥은 군위군 의흥면 소재지, 신녕은 영천시 신녕면의 구 장수역 소재지이다. 모량은 경주시 건천에 있는 구 모량역, 구어는 동 구어역, 용당은 양산의 용당창이다.

우도의 경우, 오리원은 상주시 낙동면 신오리, 인동은 구미시 인동동, 송림사는 대구시 북구 가산산성 입구에 있는 절이다. 조선시대 대부분 시기에서 칠곡읍치는 가산산성 안에 있었기 때문에, 대로에 가까운 절을 사용하였다. 절을 경유지로 하는 것은 국내에서는 여기가 유일하다. 오동원은 대구 달성군 가창면 오동원에 비정된다. 청도는 청도군 화양읍의 구 청도읍성 터이다. 유천은 청도군과 밀양시의 경계선에 위치하는 유천역이며, 무흘은 현 삼랑진역 근처의 역이다.

우도는 거의 영남대로 그 자체인데, 유일하게 다른 부분은 도시와 관련된 부분이다. 조선시대 대로는 중앙집권 체제의 특성상, 수도를 중심으로 방사상으로 직선도로가 여러 방면으로 뻗어가는 형태를 취하고 있었다. 그 때 풍수적 택지로 인하여 산에 둘러쳐져 있는 경우가 많았던 지방도시를 무시한 노선 설정을 할 경우가 많고, 각 도시에는 현재 고속도로 나들목처럼 별도의 지선을 내고 연락하였다. 그러나 통신사는 상기한 것처럼 주요 읍치에서 머물며 지대를 받는 전제가 있었기 때문에, 직선 경로는 우회해서라도 대읍들을 드나들어야만 했다.

통신사는 죽산읍내로 들어가지만, 영남대로는 분행역 비립거리에서 용산동 방면으로 직행하였다. 통신사는 충주읍을 경유하지만, 영남대로는 달천나루에서 단월역을 경유해서 유주막 쪽으로 직행하였다. 통신사는 함창 및 상주 읍내를 경유하지만, 영남대로는 때다리 (당교)에서 덕통역, 태봉, 낙원역을 거쳐 병성동으로 직행한다. 이어 통신사로는 선산읍을 경유하기 위해 낙동나루를 쓰지 않고 여차리나루를 쓰고 해평으로 간다. 또이어 서울나들이길을 안 쓰고 인동읍을 거치고, 송림사를 들린다. 대구 이남은 특별히 경로가 다른 지점은 없는데, 이는 영남대로 자체가 종점에 가까워지면서 모든 읍치에 들락거리는 '완행열차' 스타일로 변하기 때문이다.

결과적으로 통신사 우로는 영남대로보다 50리 가까이 거리가 늘어
나게 된다.

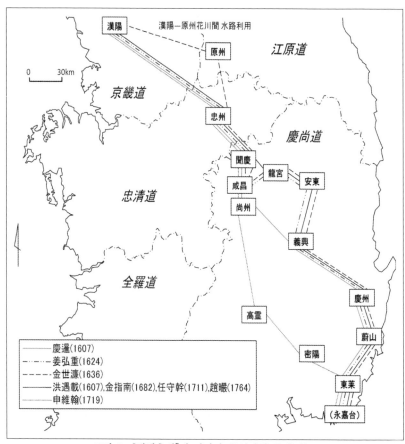

그림 2. "해행총재"에 나타난 통신사행 국내 왕로
* (轟博志, 2013)에서 전재

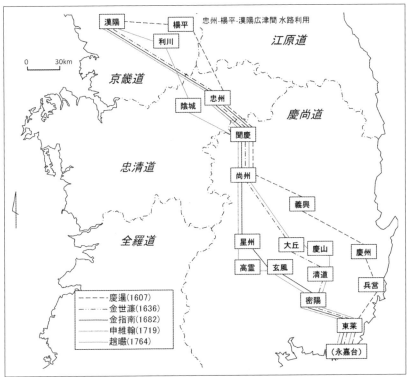

그림 3. "해행총재"에 나타난 통신사행 국내 복로
* (轟博志, 2013)에서 전재

　그런데 실제의 통신사는 위의 노정을 원칙으로 하면서, 하나도 같
은 일정은 없었다. 그것은 그림을 보면 잘 나타나지만, 주로 자신의
사정에 따라, 경로를 변경하는 사신들이 많았기 때문이다. 가장 많은
사유는 근친 즉 자신들의 부모나 가족에게 가서 인사를 드리는 것으
로, 당시 생명의 위험도 있는 외국 사행을 앞두고 해야 할 일이었다.
그리고 무사히 돌아오면 다시 찾아뵙고 귀환을 보고하였다. 물론 황
해도나 북한 지방에 고향이 있으면 어쩔 수 없지만, 통신3사(정사, 부

사, 종사관)가 될 만한 가문은 중부 및 남부 지방에 많았으므로, 대부분의 경우 경로상 크게 어려움 없이 근친 수행이 가능하였다.

임란 전후 통신사행을 모두 기록하고 있는『해행총재』를 보면, 왕로 경로를 상세히 기록한 8편 기록에서, 좌도를 그대로 따라가는 경우는 절반인 4편에 불과했다. 나머지 4편은 일부 구간이 좌도를 크게 벗어나고 있다. 임란 후 제2차 통신사의 부사인 경섬은 문경의 견탄까지는 정사, 종사관과 같이 좌도를 갔었지만, 견탄에서 그들과 헤어졌다. 경섬은 함창, 상주, 비안, 군위를 거쳐 의흥에서 다시 일행과 합류했다. 그 이유는 본인이 사행록에서 밝혔듯이 상주에 사는 정모께 인사를 드리기 위함이었다. 정식 출장보고서 격인『해행총재』에 이러한 사사로운 일이 실릴 정도이니, 근친이 얼마나 공적으로도 중요시되고, 미덕으로 여겨졌는지 알 수 있다.

제8회 통신사의 부사인 김세렴은 정사인 임광과 함께 출발점부터 육로가 아닌 수로를 택하여, 배로 남한강을 거슬러 올라갔다. 이는 마침 왕의 능행과 겹쳤기 때문에, 육로로 가서는 마칠 수가 없었기 때문이다. 정사에 이르러서는 한번 육로로 출발하여 과천까지 진행한 후에야 수로로 변경하라는 명령을 전달 받고 부랴부랴 남태령을 되돌아가서 배를 탔다. 김세렴은 또 남한강과 섬강이 합류하는 흥원창에서 정사 및 대부분의 부하들과 헤어지고, 섬강을 소급해서 강원도 원주를 경유하여 충주에서 정사와 합류했다.

김세렴의 별도 행동에 따라간 것은 군관, 역관, 의원 등 6명 뿐이었다. 그 이유는 역시 근친이었다. 그의 고향은 원주였기 때문에, 정사의 양해를 얻어서 근친을 실행한 것이다. 당시 한양에서 원주까지만 해도 1주일을 걸리는 긴 여정이었기 때문에, 사행은 근친을 할 다시 없는 기회였던 것이다.

제9회 통신사의 제술관이었던 신유한은 함창 유곡역까지 일행과 함께 좌도로 내려간 다음, 일행과 헤어져 영남대로의 지선인 통영로를 남쪽으로 향했다. 그는 거기서 '보통은 좌도 여러 읍치를 우회하고 가는데, 자신은 집이 고령에 있기 때문에, 근친을 하는 양해를 얻었다'고 기록하고 있다. 이런 기술에서, 좌도가 통신사의 정식 통로라고 인식되었고, 또 거리가 긴 '우회로'라고 인식되었음을 알 수 있다.

복로에서 한반도내의 상세한 경로가 기술되어 있는 것은 5편이다. 왕로를 상세히 쓴 사신도 복로는 생략하는 경향이 있기 때문에, 왕로에 비해 건수가 적다. 그 중 노문식대로 우도를 가는 것은 역관 김지남의 기록 뿐이며, 나머지 4명은 모두 다른 경로를 가고 있다. 경섬은 부산에서 충주까지는 왕로와 같은 길을 가면서, 왕로와 같이 근친을 하고 있다. 또 충주에서 양주의 광나루까지는 남한강을 배로 내려가고 있다. 남한강이 통신사로의 대체 통로가 될 수 있음을 잘 보여 주고 있다. 신유한은 왕로와 복로 모두 같은 경로이다. 무사히 돌아온 것을 보고하는 것 역시 근친이었던 것이다. 조엄은 문경까지는 거의 우도를 따랐지만, 거기서 조령을 가지 않고 이화령, 음성, 음죽, 이천, 광주로 가는 소위 '직로'를 사용하였다.

김세렴은 양산에서 정사 및 종사관과 헤어진 후 상주까지는 우도와 헤어져, 고령 주변 이외는 신유한과 거의 같은 길을 가고 있다. 양산에서 3사가 헤어지는 장면에서 '各官纏経大変 且因一行亡急 無一邑來會 不得已依丁巳故事 三行分路'라고 말했는데, 병자호란으로 각

고을들이 황폐했기 때문에, 3가지 길로 나눠서 가기로 했다는 취지다.

그 결과 우도를 올라가는 건 정사 뿐이었다. 또 종사관은 추풍령로를 올라갔기 때문에 좌도를 쓰는 통신사가 없어서 각 읍치의 부담은 되도록 분산시키는 배려가 취해졌다. 양산에서 갑작스레 결정했기 때문에, '聞一行淸道作路 往待于大邱 日夕始還'이라며 대구에 온다고 생각했던 김세렴 일행이 현풍에 나타났다는 정보를 듣고 마중 가는 인원들이 급히 이동하는 진풍경도 출현했다.

1748년 제11회 통신사 귀국시에는 아예 비변사가 '구관에 따라 3사를 3개 도로에 분리시켜 지대 준비를 할 것'이라는 지시를 하달하였다. 그 때 노문식과 같이 우도와 좌도라는 구분이 아니라 중로(거의 노문식의 우도에 해당하나 한양 – 충주간은 영남대로 대신 봉화로를 이용해서 이천을 경유, 정사가 사용함), 좌로(평구역 – 양근 – 여주 – 가흥창 – 충주 – 죽령 – 안동 – 이하 노문식의 좌도와 같음, 부사가 사용함), 우로(죽산까지 우도 – 청주 – 추풍령 – 성주 – 현풍 – 창원 – 김해 – 부산, 종사관이 사용)로 구분되었다.

1748년 통신사행에 대한 자세한 기록이 없기 때문에 실제로 이 경로를 지났는지 알 수 없으나 국내 경로를 3사가 거의 중복되지 않도록 노정이 설정되어 있으며, 그 결과 어떤 지리지에 적힌 대로 체계나 노문식과 맞지 않는 결과가 되어 있다. 오히려 임진왜란 이전의 왜사 상경로에 가깝다.

시기는 약간 돌아가지만, 신유한도 '使行以前例分三路發文'이라고 써 있어서, 3사 분리가 거의 관행이었음을 적어 두었다. 단 그 때는 3사가 도중 충주에서 합류하게 되어 있어서 완전한 분리 경로는 아니었다. 이처럼, 민폐의 회피를 우선하면서 사실상 노문식이 일찍부터 사문화되어 있었음을 알 수 있다.

그렇다면 학봉 김성일이 택한 경로는 어떠했을까? 그가 지은『해사록』본문은 대부분 한시로 구성되어 있고 일기 형식은 아니기도 하고, 또 통신사행로가 제도화되지 않은 임진왜란 이전이라는 조건이긴 하지만, 조선의 대로체계와 지형조건 등을 감안하면 큰 차이는 없을 것으로 보인다.

『해사록』본문 중에 나오는 지명들을 한양과 가까운 순으로 정리하면 다음과 같다. 대부분 왕로에 관한 것이며, 충주만 복로이다.

> 충주 조령 문경 망호루(안동) 청로역 신녕 경산 성현역 징심헌(양산) 동래관 봉원(동래)

한시를 짓는다는 특성상, 오래 머문 장소, 경치가 있는 장소, 사람과 대화를 주고 받은 장소 등이 주가 되어 있다. 또, 위는 순서는 바꿨지만, 나오는 순서는 시계열과 꼭 일치하지는 않는다. 하지만, 대체적으로 좌도를 쓰고 내려가고 있는 것을 알 수 있으며, 자신의 고향인 안동도 자연스럽게 지나가고 있다. 다른 부분은 신녕 이남 구간인데, 영천 경주 쪽으로 가지 않고 경산 성현역 그리고 양산을 지나고 있다. 청도에서는 우도와 합류했을 것으로 보인다.

그림 4. 해동제국기에 나타난 일본

## 3. 일본 국내사행로

에도시대 통신사 일본 구간 사행로는 한국 국내보다 엄격하게 규정되고, 또 가능한 준수되고 있었다. 외국 사신이기 때문에, 경비상의 문제가 있었기 때문이다. 해로가 길었기 때문에 바람과 조류, 기후에 좌우되지만, 원칙적인 정박지만은 지켜지고 있었다. 대부분, 영주가 사는 성에서 격리된 섬이나 항구일 경우가 많았다. 즉, 對馬-壹岐-藍島-赤間關-上關-蒲刈-鞆-牛窓-室津-兵庫-大坂 까지가 해로, 거기서 요도강을 거슬러 올라가서 淀에서 상륙해서 교토로 다다른다. 임진왜란 이전 통신사는 여기까지이다. 임란 이후는 에도(도쿄)까지 가게 되는데, 도가키도를 중심으로 해서 통신사에게 마련된 특수한 도로 즉 조선인가도를 가게 된다.

『해사록』 본문에 나오는 지명들과 대조해 보자. 皮多加地浦(比田勝), 對馬島, 西山寺, 慶雲寺는 모두 대마도이다. 히타카쓰는 부산진을 출항해서 첫 기항지이며, 서산사는 통신사와의 외교를 통괄하는 역할을 하고 있었다. 기타 壹岐島, 赤間關, 室津浦, 兵庫關, 淀川 등은 일치되는 경유지이다. 大德寺는 교토에서 김성일 일행이 머물렀던 절이다. 竈戶關은 上關의 별명이다. 道毛津은 鞆(도모)의 음을 따온 것으로 보이니, 결국 藍島와 蒲刈, 牛窓 외는 모두 묘사되고 있는 것이다. 특이한 것은 해로의 종점이 오사카가 아니라 堺浜인 것이다.

사카이는 중세 상업도시이며, 오사카의 근방에 있으면서 오사카 이상으로 번창하였다. 거기 인접사라는 절에 김성일은 오래 머물고 있다. 그런데 '堺浜宮을 일명 大坂城이라고도 한다'고도 썼으니, 누군지 모르겠다. 牧方町은 오사카와 요도 사이의 요도강 하항도시이다. 鳥羽村은 요도와 교토 사이에 있는 육로상의 마을이다. 高崎村과 小城山村이 어디인지 현시점에서 비정할 수 없으나, 순서로 봐서는 오사카-교토 사이인 것으로 생각된다.

## 4. 나가며

이상 간단하게 『해사록』에 나타난 김성일의 사행로에 대해서 살펴보았다. 그 결과, 임란 이후의 제도화된 사행로와, 한국 국내 육로도, 일본 국내 해로도, 원칙적으로 크게 차이가 나지 않았음을 알 수 있었다. 시대나 정치적 상황이 바뀌어도 지리적인 조건들이 바뀌지 않는

한은 사행로는 크게 변하지 않고 관성을 유지하고 있었던 것이다.

전 여정에서 학봉은 정사나 서장관보다 일본에게 원칙론적인 대응을 해 왔다고 평가받고 있다. 특히 대마도 영주나 외교승, 도요토미 정권 등이 관례보다 격식을 낮춘 접대를 해 왔을 때는 강력히 대응하였다. 명나라를 치기 위해 협조하라는 식의 도요토미의 무례한 답서에 대해서도 마찬가지였다. 다른 두 사신들이 일본에서 조선으로 가져갈 선물을 많이 챙겨 갔지만 김성일은 그렇지 않았다. 교류를 하고 차운을 한 사람도 한정되었고, 일본 정황을 충분히 탐색할 수 있는 입장에는 없었던 것 같다. 그래서 다른 사행록보다 경로 표시도 명확하지 않았으며, 한시 주체인 것도 있고 해서 『해사록』만으로는 일본 국내의 완전한 경로 복원은 불가능할 정도이다.

앞으로는 임란 이전 다른 사행기와의 비교 및 일본 국내 자체 교통로 연구를 덧붙여서 보다 심층적 연구를 해 나가고자 한다.

# 사행록 및 필담창화집을 통해 본
# 후대 문인들의 평가

## 1. 머리말

학봉(鶴峰)이 참여한 경인통신사(庚寅通信使, 1590~1591)[1]의 사행 성과에 관해서, 당대는 물론이고 현재까지도 학계에서 논란이 많다. 따라서 연구성과도 매우 많았다. 왜군의 침략 여부에 관한 귀국보고를 중심으로 한 차례 연구성과가 집대성되었는데[2], 통신사행(通信使行)은 사행원의 구성 자체가 다양하기 때문에 여러 측면에서 재조명할 여지가 많다.

---

1) 조선시대에 일본에 10여 회 파견된 통신사의 명칭은 다양하게 표기되고 있다. 1711 년에 파견된 통신사를 예로 들면, 당대 일본에서는 저들의 연호를 붙여 정덕도조선 통신사(正德度朝鮮通信使)라고 칭했으며, 한국 학자들은 임진왜란 이후에 파견된 통신사부터 번호를 붙여 8차 통신이라고도 한다. 물론 '1711년 통신사'라고 부르기도 하지만, 간지를 붙여 신묘통신사라고 부르기도 한다. 임난 이후의 통신사만 번호를 붙여 부르게 되면 신숙주가 서장관으로 파견되어 가장 많이 거론되는 1443년의 통신사를 비롯하여 임란 이전에 통신사를 포함시킬 수가 없다. 이 발표문에서는 파견된 해의 간지를 붙여, '경인통신사'라고 칭한다.
2) 한일관계사학회 편, 『1590년 통신사행과 귀국보고 재조명』, 경인문화사, 2013.

오늘의 발표는 "학봉『해사록』3) 재조명 학술대회"라는 명칭이 보여주듯이, 학봉이 일본에 다녀오는 동안 기록한『해사록(海槎錄)』을 여러 분야의 학자들이 다양한 방법으로 접근하여 해석하게 되었다.

경인통신사의 주요 구성원은 정사 황윤길(黃允吉, 1536~ ? ), 부사 김성일(金誠一, 1538~1593), 서장관4) 허성(許筬, 1548~1612)인데, 사행 기록은 학봉의 것만 남아 있다. 황윤길은 문집도 없으며, 허성의 문집은 후대에 여러 문헌에서 옮겨온 글들이어서 그들의 입장을 대변해줄 기록이 없는 점이 아쉽다.5)

---

3) 통신사의 사행록을 집대성한『해행총재(海行摠載)』에 학봉의 해사록이『학봉해사록(鶴峰海槎錄)』이라는 제목으로 실렸는데, 이는 물론 학봉이 붙인 제목이 아니라 조엄(趙曮) 등의 후대 편집자가 붙인 것이다.『해행총재』에『해사록(海槎錄)』이라는 제목의 사행록이 여러 종 실렸으니 구분이 필요했겠지만, 학봉이 쓴『해사록(海槎錄)』이 첫 번째 저술이므로 다른 사행록과 구분하기 위해『학봉해사록(鶴峰海槎錄)』이라는 제목을 붙일 필요는 없었다.

4) 삼사(三使)가 한양을 떠나는 1590년 3월 1일『선조(수정)실록』기사에 허성을 '종사관(從事官)'이라고 기록하였고,『선조실록』1591년 2월 6일 기사에도 "통신사는 정월 28일에 나왔으며, 종사관 허성과 성천지는 동래부에 수감하였다."고 기록하였다. 출발과 도착에 모두 '종사관 허성'이라고 기록한 것이다. 그러나 '서장관 허성'이라는 기록도 많이 보이는데다, 서장관과 종사관의 차이점을 설명하면서 "허성은 서장관이다"고 밝힌 기록이 보이므로, 발표문에서는 '서장관'으로 통일하여 사용한다. "예조의 계사(啓辭)에 '회답사의 종사관을 경인년에는 서장관이라 호칭하고 서장관은 대간(臺諫)의 결함(結銜)이기 때문에 회답사의 원역(員役)을 헌부(憲府)의 서리(書吏)로 마련했었는데 이번에는 종사관으로 계하되었다. 만약 경인년의 예로 마련한다면 서장관의 호칭으로 하는 것이 마땅할 듯하다. 이조에게 결정하게 하는 것이 어떻겠는가. 그 결정에 따라 원역도 마땅히 그대로 두거나 줄여야 하기 때문에 감히 아뢴다.' 하자, 윤허한다고 전교하셨습니다. 경인년에는 허성(許筬)이 서장관으로 감찰(監察)을 겸임하고서 떠났었습니다. …"-『선조실록』1606년 12월 12일.

5) 허성이 일본에서 집으로 보낸 친필 편지가 몇 통 남아 있는데, 사행에 관한 내용이 아니라 안부 내지 집안일에 관한 내용들 뿐이다.

학봉의 귀국보고에 관한 공과(功過)나 시비(是非) 논란은 당파나 학연에 따라 해석이 달라진다. 오늘의 발표에서는 후대 일본에 파견된 통신사 사행원(使行員)이나 이들을 만난 일본측 문인들의 창화(唱和)나 필담(筆談)을 수집, 분석하여, 통신사행 현장에서 학봉에 대한 평가가 어떠했는지 확인해 보고자 한다.

## 2. 통신사 기록의 종류

통신사는 조선에서 일본으로 파견한 사절단이니, 양측이 주고받은 기록의 형태가 다양하다. 통신사는 국가간 공적 교류를 담당하였을 뿐만 아니라, 직접 일본인과 접촉하는 가운데 민간교류적인 성격도 띠게 되었다. 때문에 통신사 기록은 같은 시기 조선과 일본이 각기 기록을 남기고 있었으며, 기록의 주체 역시 반드시 일률적이지 않다. 양국의 정부가 작성한 기록이 있는가 하면, 통신사 외교에 직접 참가한 사람이 남긴 사행록이나 필담집 성격의 자료도 있다. 전자로는 조선측의『통신사등록(通信使謄錄)』, 각사(各司) 외교관례집과 일본측의 대마종가문서(對馬宗家文書)의 『신사기록(信使記錄)』 및 통신사 접대기록을 꼽을 수 있으며, 후자로는 조선측의 사행록(使行錄) 및 문집 소재 사행기록과 일본측의 필담창화집(筆談唱和集)을 대표로 꼽을 수 있다. 이를 표로 나타내면 다음과 같다.6)

---

6) 허경진, 「조선통신사 유네스코 문화유산 등재의 필요성과 현재상황, 미래가치에 대해」,『조선통신사 유네스코 세계유산 등재를 위한 국제심포지엄』자료집, 부산문화

| | 공식 외교문서 | 민간교류 기록 |
|---|---|---|
| 조선 | 『통신사등록(通信使謄錄)』 | 사행록(使行錄) |
| | 각사(各司)의 외교관례집 | 문집 소재 사행기록 |
| 일본 | 대마종가문서(對馬宗家文書)의 『신사기록(信使記錄)』 | 필담창화집(筆談唱和集) |
| | 통신사 접대기록 | |

이렇게 분류된 기록들은 현재 한국과 일본 뿐만 아니라, 외국 도서
관에도 상당수 흩어져 있다. 필담창화집(筆談唱和集)은 현재 40책이
번역 출판되었으며[7], 사행록도 고전번역원DB에 공개된 『해행총재』
외에 『해동제국기』, 『동사일기』, 『동사록』, 『해사일록』, 『수사일록』
등이 번역 출판되어, 학봉 『해사록』을 비롯한 15종이 계속 출판될 예
정이다.[8]

학봉의 사행 기록은 시(詩), 서(書), 설(說), 변(辨) 등의 다양한 형태
로 『해사록』에 실려 있다. 침략을 앞두고 긴장이 고조에 달한 시기였
기에 창화(唱和)가 활발하지 않았으며, 문화교류가 목적이 아니었기
에 필담(筆談)도 시도되지 않았다. 접반승 겐소(玄蘇)와 창화한 시들
이 『해사록』에 실려 있을 뿐이다.

학봉은 필담에 나서지 않았지만, 후대 통신사 사행원과 일본 문인
들 사이의 필담에 학봉이 등장하며, 학봉의 시에 차운하는 경우도 찾

---

재단, 2012, 39~40면.
7) 허경진 책임편집, 『조선후기 통신사 필담창화집 번역총서 1-40』, 보고사, 2013-
2017.
8) 허경진 기획, 『통신사 사행록 번역총서』, 보고사, 2017-2020.

아볼 수 있다. 사행록은 저자 혼자서 기록하므로 일방적인 기록임에
비해, 창화나 필담은 한일 두 나라 문인이 함께 만난 자리에서 주고받
은 형태의 글이기 때문에 쌍방적인 기록이다. 그만큼 더 객관적인 기
록이라고 할 수 있다.

　학봉의 귀국보고가 임진왜란의 발발과 함께 문제되었는데, 후대의
한일 두 나라 문인들은 학봉의『해사록』이나 사행(使行) 태도에 대하
여 어떻게 인식했는지, 다양한 문헌을 바탕으로 하여 검토하기로 한다.


## 3.『해사록』의 편집과 국내 유통

　조선시대에 문집을 편집할 때에는 개별 작품들을 시기별로, 또는
문체별로 편차를 나누어 편집하였다. 문집(文集)의 정의 자체가 확실
하지 않은데, 『한국민족문화대백과사전에』는 "개인 또는 여러 사람
의 문장이나 시부(詩賦) 등을 모아 편집한 책."이라고 하였다.

　이러한 개념 때문에, 저자 생전에 단행본으로 편집된 책은 문집에
들어가지 않는 경우가 많았다. 『국역 학봉전집』을 예로 든다면,《학
봉일고(鶴峰逸稿)》권1이나 권2에 실린 시문(詩文)은 문집 편집과정에
서 찾지 못해 빠졌던 작품들이지만, 권3의《조천일기》,《기묘일기》,
《북정일록》이나 권4의《상례고증》등은 이미 저서로 편집되어 있었
으므로 문집에 넣지 않았던 저술들이다.

　《해사록(海槎錄)》경우에는 문제가 달라진다.《학봉일고》권3, 권4
의 저서들은 1649년 문집을 편집할 때에 모두 넣지 않았지만, 비슷한

성격의 단행본《해사록(海槎錄)》은 문체별로 흩어서 여러 권에 분산 편집하였다. 예를 들면 시(詩)는『학봉집』권2에 실었고, 부(賦)나 사(辭)도 권2에 실었다. 서(書)는 권5, 잡저(雜著)는 권6에 넣었다. 아마도《해사록》에 실렸던 글들이 중요하다고 생각되어 널리 전하기 위해, 문집을 목판으로 간행하면서 흩어 넣었던 것이다.

《학봉집》제2권은『국역 학봉전집1』에 실려 있는데, 첫 작품의 제목 끝에 "이하는《해사록(海槎錄)》이다."라고 번역되어 있다.『학봉집』의 원문은 "以下海槎錄"인데, 정확하게 번역하자면, "이하는《해사록(海槎錄)》에서 가져왔다."고 하는 것이 옳다. 이 부분은 이미《해사록(海槎錄)》이 아니기 때문이다. 1649년의 편집자들이 "이하는《해사록(海槎錄)》이다."라는 뜻으로 "以下海槎錄"을 썼다면, 차라리 제2권의 권명(卷名)을《해사록(海槎錄)》으로 정하는 것이 더 좋았을 것이다.

이는《해사록》뿐만 아니라,《조천록(朝天錄)》이나《북정록(北征錄)》·《해서록(海西錄)》·《금성록(錦城錄)》등의 시집들도 원래의 체제를 그대로 살려서 권마다 제목을 붙여 편집했더라면, 독자들이 작품 창작의 연대도 알기 쉽고 그 시기의 배경이나 학봉의 행적도 시집 명칭만 보고도 이해하기 쉬웠을 것이다.

《학봉집》제6권 끝부분에 〈차례〉에 없고 제목도 없는 발문 2편이 감추어져 있는데, 1613년에 최현(崔晛)이 쓴《해사록》발문과 1642년에 이식(李植)이 쓴《해사록》발문이다.

최현의 발문에 "이《해사록(海槎錄)》한 질은 선생께서 경상 우도(慶尙右道)에 있을 때 산음(山陰)의 수령으로 있던 김락(金洛)이 빌려보기를 청했는데, 선생께서 그러라고 허락하였다."[9]고 하였다. 이 기록을 보면 학봉이 일본에서 돌아온 직후부터 《해사록》이 완성되어 읽혀지고, 널리 알려져서 빌려다보는 상황임을 알 수 있다. 그 뒤에 '벽을 바르려고 하는 것을 구해온 《해사록》'도 있었고, '책이 두꺼워서 보기에 불편하므로 세 책으로 나눈 《해사록》'도 있다. 문맥을 살펴보면 김륵(金玏)이 세 권으로 나눈 뒤에는 편의상 그런 형태로 필사되기 시작한 듯하다.

학봉의 귀국보고가 논란이 되었지만, 1642년에 이식(李植)이 쓴 발문에 "선생께서 일본에 사신으로 가서 세운 공렬은 더욱더 위대하다"고 한 것을 보면 이즈음에는 정치적인 논란보다는 현실적인 인식이 더 중요했음을 알 수 있다. 이식이 《해사록》 발문을 쓰던 1642년 초가을 상순은 이식의 국제정세 인식에 전환점을 가져온 시기이다.

에도막부에서 이에츠나(家綱) 탄생을 축하하는 통신사를 1643년에 보내달라고 요청하면서, 도쿠가와 이에야스(德川家康)의 일광산(日光山) 사당(祠堂)에 걸 편액(扁額)과 시문(詩文), 종(鍾)과 서명(序銘)을 청하므로 직전 대제학이었던 이식이 명(銘)을 짓고, 시문도 지었다.[10] 통신사행이 제12차까지 지속되었던 것은 에도막부의 요청을 수용하여 인조 20년에 동종을 일본에 증여하고 신뢰관계를 굳힌 것이 매우 중요한 계기가 되었다고 할 수 있다. 이러한 때에 조선 문인의 경국문장이 크게 활용되었던 것이다.[11]

조선과 일본 두 나라의 평화 유지를 위해 도쿠가와 이에야스의 사

---

 9) 김성일 저, 정선용 역, 『국역 학봉전집2』, 민족문화추진회, 1999, 32면.

10) 『인조실록』 20년(1642) 2월 18일.

11) 심경호, 「일본 일광산(동조궁) 동종과 조선의 문장」, 『어문논집』 65권, 2012, 316면.

당에 시를 지어주고 동종의 명을 썼으므로, 몇 달 뒤에 학봉의『해사록』을 받아보면서 감회가 남달랐다. 서인(西人) 정권에서 대사헌을 역임하고 문병(文柄)을 오래 잡았던 중심 인물이었지만 "애당초 조정에서 선생의 말 때문에 방비책을 세우지 않아 왜적들을 불러들인 것이 아니었다. 형세가 기울고 기미가 박두할 때까지 대비책을 세우지 못하였던 것은 선생의 허물이 아니다"고 해명해 주었다.

그가 학봉의《해사록》을 긍정적으로 보게 된 또 하나의 배경은 명나라 관련 문장을 지었다가 청나라에 잡혀갈 정도로 국제정세가 악화되었기 때문이다. 10월 12일에 심양에 있는 재신(宰臣) 한형길(韓亨吉)이 "용골대가 최명길(崔鳴吉)·이현영(李顯英)·이식(李植) 등을 모두 봉황성으로 잡아오라고 명령했다"는 내용의 장계를 보내왔다. 명나라와 내통한 혐의를 받은 것이다. 결국 그 이튿날 "영의정 최명길(崔鳴吉), 이조 판서 이현영(李顯英), 예조 참판 이식(李植), 행 호군 이경증(李景曾), 대사헌 서경우(徐景雨), 대사간 이후원(李厚源)이 청국으로 떠났다."12) 이식은 초가을 상순에 일본과 청나라의 중간에 서서《해사록》발문을 쓰면서, 학봉이 "우뚝이 서서 확고하게 예(禮)로써 스스로를 견지하여, 격동되지도 않고 꺾이지도 않아 왜인들로 하여금 간담이 떨리게 하였"13)던 행적을 되새겨 보았다.

계미통신사 정사 조엄(趙曮) 1763년에 일본으로 가면서 역대 통신사 사행록을 집대성하여 『해행총재』를 편집하였는데, 이때 조엄이 가져갔던 학봉《해사록》은 4편이었다. 그 뒤에 정구(鄭逑)가 지은 행

---

12) 인조실록 20년(1642) 10월 13일.
13) 김성일 저, 정선용 역, 『국역 학봉전집2』, 민족문화추진회, 1999, 33면.

장(行狀)이 덧붙어 5편 체재가 되었는데, 행장이 덧붙은 사행록은 학봉《해사록》뿐이다. 시(詩)·서(書)·설(說)·변(辨)·지(志) 등의 다양한 글들이 실려 있는 종합적인 사행록이 된 것이다.

필자가 현재까지 전문을 확인한《해사록(海槎錄)》은 다음의 4종이다.

1) 종가 소장본 : 본문과 발문의 글씨와 다른 것을 보면, 1605년 시골 집에서 벽 바르던 책을 박이장이 찾아와서 마지막 장에 발문을 덧붙인 상태.

2) 국학진흥원 소장본 : 1628년 성현찰방 강윤조가 필사한《해사록》을 아들 강흡이 후임으로 근무하다가 찾아내어 보관하였음. 산문만 뽑아서 필사하였음.《학봉집》권6에 실린 최현과 이식의 발문이 없는 초기 유통본. 독자의 관심에 따라 시집과 산문집이 별도로 유통되었음.

3) 계명대 동산도서관 소장본.

4)『해행총재』본 : 조엄이 1763년에 통신사로 가면서 기존의『해행총재』를 현재 상태로 재편집한 상태.

이외에도 여러 사람의 기록에서《해사록》이 다양한 형태로 유통된 기록이 보이는데, 이에 관해서는 별도의 이본고(異本考)를 쓰고 있다.

## 4. 사행록이나 필담 창화집에 보이는 학봉의 면모

통신사로 파견된 사행원들은 사행 지침서로 선배들의 사행록을 가져가는 경우가 있으며, 일본 문인들은《해사록》이나 그 밖의 문헌들을 통해 학봉의 변모를 나름대로 인식하였다.

## 1) 역대통신사 명단에 보인 단순한 정보

후대 통신사들이 일본에 파견될 때에 지침으로 가지고 갔던 책이
『일관요고(日觀要考)』인데, 통신사 백과사전이라고 할 수 있을 정도
로 다양한 정보들이 수록된 책이어서 일본인들이 많은 관심을 가졌
다. 이 책은 무진사행(1748년) 사행원이 가지고 갔던 것을 일본인이
훔쳐가서 다양한 필사본으로 유통되었으며, 다양한 이본이 국내에는
물론 일본이나 미국에까지 유포되어 있다.14) 이 책에서는 임난 전후
의 통신사를 분류하지 않고 소개하였다.

> 통신(通信)
> 홍무(洪武) 초 : 일본이 우리나라와 우호를 맺으려 하자 우리나라도 사
> 　　신을 보내어 경조(慶弔)의 예를 행하였으니, 신숙주(申叔舟)가
> 　　서장관(書狀官)으로 왕래한 일이 바로 그 중에 하나이다.
> 성종(成宗) 조 : 부제학(副提學) 이형원(李亨元)과 서장관 김흔(金訢)이
> 　　우호를 도모하기 위하여 쓰시마에 이르렀다가, 풍랑이 거세 병
> 　　이 나서 쓰시마 도주(對馬島主)에게 국서와 예물을 전달하고 돌
> 　　아왔다.
> 선조(宣祖) 경인(庚寅, 1590) : 이에 앞서 무자년(1588)에 사신 다치바
> 　　나 이에히로(橘庚廣)가 글을 가지고 와서 우리나라와 통신(通信)
> 　　을 청하니, 물길에 익숙하지 못하다는 이유로 사양하였다. 이후
> 　　에 또 소 요시토시(平義智)를 보내어 말하기를,

---

14) 구지현, 「일관요고의 형성과 일본 전래의 의미」, 『열상고전연구』 44집, 2015.

"쓰시마 도주가 물길에 익숙하고, 포로 10여명을 보내겠다."
라고 하자, 황윤길(黃允吉), 김성일(金誠一), 허성(許筬)을 통신사로 파
견하였다.
병오(丙午, 1606) : 도쿠가와 이에야스(德川家康)가 소 요시토시(平義
　智)를 통해 뜻을 전달하여 말하기를,
"임진년(1592, 선조25)의 일에 대해서는 제가 관동(關東)에 있어 알
지 못하였습니다. 게다가 지금은 평적(平賊)의 잘못을 모두 바로잡았
으니 진실로 원수가 아닙니다."라고 하고 또 왕릉을 파헤친 자를 바쳤
다. 겨울에 여우길(呂祐吉), 경섬(慶暹), 정호관(丁好寬)을 통신사로 파
견하였다.

병오년(1606) 이후에는 쇼군이 즉위할 때마다 에도막부에서 조선
조정에 통신사를 요청하였으며, 병오통신사를 포함하여 모두 12회가
파견되었다. 조선전기에도 통신사라는 칭호로 여러 차례 사신을 파
견했지만, 신숙주, 이형원·김흔, 황윤길·김성일·허성 등의 세 차
례만 기록한 것은 이들의 비중을 그만큼 높이 여겼기 때문이다. 특히
홍무(洪武)초의 통신사로 정사 변효문은 기록하지 않고 서장관 신숙
주만 기록한 것도 그러한 인식을 보여준다.

선조(宣祖) 때에 이르러 왜의 추장 평수길(平秀吉)이 원씨(源氏)를
시해(弑害)하고 스스로 서서 관백(關白)이 되어 말하기를,
"우리 사신은 매양 조선에 가는데, 조선 사신은 오지 않으니, 이는
우리를 업신여기는 것이다."
하며, 통신하기를 요구하므로, 조정에서 답서를 보내, "수로(水路)를
잘 알지 못한다"고 사절하였다. 수길이 또 쓰시마 도주 소 요시토시(平
義智)를 시켜 보내서 청하게 하니, 오랫동안 동평관(東平館)에 머물면

서 반드시 우리 사신이 같이 가기를 요구하였다. 조정에서 처음에는 허락하지 않다가 실정인지 거짓인지 탐지하기 위하여, 경인년에 황윤길(黃允吉)·김성일(金誠一)·허성(許筬)을 세 사신으로 삼아 가서 보답하게 하여 의지와 같이 떠났으니, 쓰시마 도주가 사행(使行)을 호위한 것이 이로부터 예가 되었다. -『해사일기』 1763년 8월 3일

1763년에 파견된 계미통신사의 정사 조엄이 기록한『해사일기』는 드물게 정사·부사·서장관을 모두 기록하였다. 조엄이 통신사행록 전집이라고 할 수 있는『해행총재(海行摠載)』를 편찬하는 중이었기에, 객관적으로 기록하려 했던 듯하다.

통신사 필담집이나 창화집 가운데 상업적인 판매를 목적으로 출판하는 경우가 많았으므로, 가능하면 많은 정보를 수집하여 편집하기도 하였다. 기해통신사가 일본을 방문하자 세오 요세쓰사이(瀨尾用拙齋)가 1719년 미노(美濃), 오와리(尾張)에서 조선 문인들과 필담 창화한 내용을 편집하여 교토 게이카서방(京華書坊)에서 출판한『상한창화훈지집(桑韓唱和壎篪集)』은 몇 권이나 되는 방대한 분량인데, 이 가운데 「열조한사내빙고(列朝韓使來聘考)」에서 경인통신사 삼사(三使)의 명단을 확인할 수 있다.

삼한(三韓)에서 내빙한 것이 대대로 국사(國史)에 드러나 있어 사신들의 성명을 모두 살펴볼 수 있다. 그리하여 정치(貞治) 이후 내빙한 시대와 사행원들의 대략을 기록하여 참고할 수 있도록 구비하였다. 후광엄제(後光嚴帝, 고코곤테이) 정치(貞治) 5년 병오년(1366) 가을에 의전공(義詮公, 足利義詮, 아시카가 요시아키라)이 장군(將軍)이 되었을 때, 고려 사신이 이즈모(出雲)에 도착해 교토(京都)에 이르렀는데

도성 안으로 들어가지 않아 천룡사(天龍寺)에서 지내도록 하였다.

후원융제(後圓融帝, 고엔유우테이) 영화(永和) 3년 정사년(1377)에 의만공(義滿公, 足利義滿, 아시카가 요시미츠)이 장군이 되었을 때, 고려 사신 정몽주(鄭夢周) 호 포은(圃隱), 시호 문충(文忠) 등이 내빙하여 지쿠시(築紫) 하카타(博多)에 이르러 탐제(探題, 단다이) 이마가와 료슌(今川了俊)을 뵙고 돌아갔다. 수도 경도에는 이르지 않았다. 이 일이 『동국통감(東國通鑑)』 등의 서적에 보인다. …

후양성제(後陽成帝, 고요제이테이) 천정(天正) 18년 경인년(1590)에 도요토미 히데요시 공이 관백(關白)이 되었을 때, 상사(上使) 첨지(僉知) 황윤길(黃允吉) · 부사(副使) 사성(司成) 김성일(金誠一) · 서장관(書狀官) 전적(典籍) 허성(許筬) 등이 내빙하였다.

경장(慶長) 원년 병신년(1596) 가을 7월에 전라도 관찰사 황신(黃愼) 장관과 박홍장(朴弘長) 등이 내빙하였다. 살펴보니, 수길 공을 만나지 못하고 돌아갔다.

이 책에는 고려시대의 경우에 병오통신사는 이름도 쓰지 않고, 정사통신사 정몽주는 출전(出典)까지 자세하게 기록하였다. 경인통신사는 삼사(三使)를 다 기록하였다.

## 2) 경인통신사의 대표인물로 인식

다양한 사행록에서 경인통신사의 행적에 관해 언급하고 있는데, 대부분 학봉(鶴峰)을 대표적인 인물로 인식하거나, 정사 황윤길에 관해서는 언급하지 않고 있다.

8월 17일[기유]

아침에 흐림. 지공을 받아서 먹은 뒤 도주가 가기를 청하여 배를 출발시켜 2,3리를 채 못 갔는데 바람에 방해를 받아 협포(脅浦)에 정박하였다. 유시(酉時)에 배를 출발시켜 강어귀 노옥촌(蘆屋村)의 해변에 도착하여, 배에서 유숙하였다. 사카이 바닷가(堺濱)는 해변 건너편에 있는데, 김학봉(金鶴峰)과 황윤길(黃允吉)[15]이 정박했던 곳이다.

위의 기록은 임난 후 두 번째 파견되었던 정사통신사의 부사 박재(朴榟)의『동사일기(東槎日記)』인데, 사카이 바닷가를 건너다 보면서 학봉과 황윤길을 회상했다. 정사보다 부사를 먼저 쓴 까닭은 아마도 사카이에서 일어난 예단(禮單) 문제 때문일 것이다.

경인통신사 일행이 7월에 사카이 바닷가(堺濱)의 인죠지(引接寺)에 이르렀을 때에 사이카이도(西海道)의 왜인이 예단을 보내왔는데, "朝鮮國使臣來朝"라고 적혀 있었다. 학봉이 늦게야 "來朝"라는 글자를 알아보고 왜인의 간계를 깨달아 예단을 반송하려 했지만, 이미 그 음식을 하인들에게 나누어 준 뒤였다. 학봉이 상점에서 예단 그대로 구매하여 돌려주면서 그 이유를 말하자, 도선주(都船主) 야나가와 시게노부(柳川調信)가 "원래 番文(倭文字)인 것을 내가 사수(寫手)를 시켜 한자(漢字)로 쓰게 하다가 이렇게 되었으니, 내 책임이다"라고 사죄하고는 고쳐 쓸테니 받아달라고 청하였다. 상사와 서장관도 받아들이자고 하여, 학봉도 동의하였다. 그러나 일행이 11월에 다시 사카이 바닷

---

15) 황윤길(黃允吉)이 원문에는 "황회원(黃會元)"으로 되어 있다. 그러나 1590년 통신사의 정사는 우송당(友松堂) 황윤길(黃允吉)이다. 회원(黃會元)은 황여일(黃汝一, 1556~1622)의 호인데, 기록하는 때에 오류가 있었던 듯하다.

가에 돌아왔을 때에도 역시 예단에 "來朝"라고 적혀 있어, 학봉이 문제점을 지적하였다. 왜인이 다음날 고쳐 써 오자 상사와 서장관은 받았지만, 학봉은 끝내 거절하고 회례시(回禮時)에 부사(副使)의 이름은 빼라고 하였다. 박재가 사카이 바닷가(堺濱)를 바라볼 때에는 당연히 예단(禮單)과 내조(來朝)라는 글자부터 생각했을 것이며, 부사인 김성일의 이름부터 떠올라서 자연스럽게 먼저 썼을 것이다.

1596년 8월 8일 통신사가 일본에 방문하였을 때도 도요토미 히데요시(豊臣秀吉)와 만나려고 사카이(堺)에 체류하였는데, 히데요시가 중국과의 통교(通交)를 방해하고 일본을 업신여기며 왕자를 동행하지 않았다는 이유를 들어 국서(國書)의 수령을 거부하였다. 이러한 사건이 있었음에도 학봉의 이름만 언급한 것을 보면, 그만큼 사카이 바닷가에서의 학봉의 언행이 후배 통신사들에게 깊이 인식되었던 듯하다.

『해행총재』에는 사행록 뿐만 아니라 임진왜란에 포로로 잡혀갔다가 돌아온 문인들의 기록도 실려 있는데, 이들에게도 학봉은 경인통신사의 대표였다.

> 신이 포로가 되어 왜의 땅에 와서 왜승에게 자세히 들어 보니, 평상시에 있었던 이른바 왜사(倭使)란 것이 모두 쓰시마 도주(對馬島主)가 보낸 사인(私人)이요, 이른바 왜의 국서(國書)라는 것도 모두 쓰시마 도주가 지어 보낸 위서(僞書)로서, 비단 모든 왜들이 전혀 모르는 사실일 뿐 아니라, 비록 이키(壹崎)·히젠(肥前) 등 여러 왜장(倭將)들까지도 역시 들어보지 못한 일이라 합니다. … 김성일(金誠一) 등이 왔을 적에 왜승이 이 사실을 우리나라 역관에게 듣고서, 그 거짓된 실상을 말하려고 하자 쓰시마 통역이 정상이 탄로될까 두려워하여 즉시 왜승을 몰아냈다고 합니다.[16)]

김성일(金誠一)이 왔을 때 왜승이 이러한 일을 우리나라 통역에게서 들고, 그 중간의 교사(巧邪)와 위계(僞計)를 말하려하자 쓰시마의 통역이 그 정상이 폭로될 것을 두려워해서 갑자기 손을 흔들어 저지시켰다 합니다.17)

위의 기록은 강항(姜沆)의 『간양록(看羊錄)』이고, 아래의 기록은 정희득(鄭希得)의 『해상록』인데, 두 사람 다 왜인이 조선 조정을 속이는 사례를 들면서 경인통신사의 대표로 학봉만 언급하였다. 왜승이 학봉의 이름만 기억했기에, 이들도 그렇게 받아 쓴 것이다.

1636년에 파견된 병자통신사의 정사 김세렴도 경인통신사로 학봉만 언급하였다.

오다와라(小田原)에 도착하니, 밤 2경이 되었다. 이곳은 바로 사가미슈(相模州)의 지방이며, 옛날에 호조도노(北條殿)가 웅거하던 곳이다. 호조도노가 군사가 강성하므로 굳고 험한 지형에 의지하여 신하로 복종하려 하지 않으니, 히데요시(秀吉)가 직접 싸움을 독려하여 수륙(水陸) 양면으로 공격하자 호조도노가 항복을 청하였다. 그러자 이에 야스(家康)에게 동로(東路)를 거느리게 하였고, 나라 안의 여러 고을을 다 차지하고 나서 드디어 임진년에 우리나라를 침략하는 변이 있었던 것이다. 김학봉(金鶴峰)이 들어왔을 때에 오래 머무른 것은, 히데요시가 이 땅을 치고 있었으므로 그가 돌아오기를 기다렸기 때문이라 한다.18)

---

16) 강항, 『간양록(看羊錄)』.
17) 정희득, 『해상록』, 「왜국(倭國)으로부터 부산(釜山)에 돌아와 닿은 날에 봉상한 소장(疏章)」.
18) 김세렴, 『해사록』 1636년 12월 4일.

오다와라는 현재의 가나가와현(神奈川縣) 오다와라시(小田原市)이다. 에도시대에는 사가미국(相模國)에 속하였고, 오다와라번(小田原藩)의 성시(城市)인데, 도카이도(東海道) 오다와라슉(小田原宿)의 슈쿠바마치(宿場町, 역참마을)로서 번창하였다. 조선 후기 통신사행 가운데 1617년과 1811년을 제외한 나머지 사행 때마다 사신 일행이 이곳에 묵었다. 그러나 경인통신사는 이곳까지 가지 않았으므로, 김성일과 직접 관련이 없는 곳이다. 김세렴이 이곳을 지나며 옛이야기를 듣다가, 경인통신사가 도요토미 히데요시를 오래 기다린 이유를 알게 된것인데, 역시 학봉만 언급하였다.

## 3) 차운시의 대상

통신사 사행원으로 일본에 가면서 선배 통신사의 사행록을 가지고 가는 이유는 사행의 지침을 삼기 위함이지만, 시를 지을 때에 차운(次韻)하기 위해서 사행록을 활용하기도 하였다. 후대 사행원들은 정몽주와 신숙주의 시에 많이 차운하였는데, 이들이 역사상 이름난 문인들인데다가 그들의 통신사행 자체가 높이 평가받았기 때문이었다.

박재는 특히 정몽주의 시를 집중적으로 차운했는데, 1617년 7월 11일에 지은 시

> 상사의 시에 차운하다[次上使韻]
> 포은께서 동으로 사행 가며 이 시를 지으셨으니,  圃老東行有此詩
> 하늘에 닿은 높은 절의를 오랑캐가 알 것이네.  薄雲高義外夷知
> 지금 사신의 부절 가지고 선조의 자취를 따르니,  如今持節尋先躅
> 판잣집 차가운 빗소리가 옛 적과 같구나.  板屋寒聲似舊時

[포은은 나의 먼 외조부이시므로 '선조'라 한 것이다.]

를 보면 외가의 선조이기에 집중적으로 차운했음을 알 수 있다. 정몽
주 경우에는 일본에서 쓴 글이 많지 않아 사행록이 따로 없으니, 『포
은집』을 가지고 가서 차운했을 것이다.

1643년 계미통신사 종사관이었던 신유(申濡)는 신숙주의 후손인
데, 본인이 선조의 사행 전통을 잇겠다는 자부심도 강했지만, 문중의
다른 사람들까지 나서서 『보한재집』을 주며 "선조의 사적을 이어달
라"고 부탁하였다.[19]

정몽주나 신숙주는 후손들이 차운하였지만, 학봉에게는 통신사행
에 참여한 후손이 없다. 혈연관계가 없는 사행원들이 학봉의 시에 차
운하여 지은 것이다.

조선과 다른 일본의 풍광을 처음 본 시인들은 자주 선경(仙境)에 비
유하였다. 비가 많은데다 날씨가 더워서 나무들이 잘 자라다보니 골
짜기가 더 깊어보이고, 바다 멀리 있는 섬을 삼신산으로 보고 싶었던
것이다. 『학봉일고』 제2권에 실린 「차오산이 지은 '비 갠 뒤의 경치를
읊은 십운' 시의 운을 차운하다.[次五山霽景十韻]」은 전형적인 선계
시(仙界詩)이다.

| | |
|---|---|
| 만릿길에 쌍돛대를 매달고 오니 | 萬里雙懸颿 |
| 파도 위에 한 점 부평 뜬 것 같구나 | 層波一點萍 |
| 삼신산은 봉새처럼 내 오를 거니 | 三山吾鳳擧 |

---

19) 허경진, 조혜, 「신유의 일본과 중국 두 나라 인식에 대한 비교 연구」, 『열상고전연구』
55집, 2017, 11~12면.

| | |
|---|---|
| 절역 땅을 기러기처럼 그댄 날게나 | 絶域爾鴻冥 |
| 이번 길에 남쪽 바다 가까이 가니 | 此去南溟近 |
| 둘이 함께 노인성을 찾아가세나 | 相隨訪老星[20] |

박재는 1617년 7월 26일 류호인(流芳院)에 머물렀면서 시를 짓다가, 학봉의 시에 차운하였다. 아직《학봉집》이 출판되기 전이니, 어떤 형태이든《해사록》필사본을 구해서 가져갔을 것이다.[21] 임난 이후 두 번째 통신사였으니 경섬(慶暹)의 해사록을 가져갈 수도 있었을텐데, 그런 흔적은 보이지 않는다.

> 김학봉(金鶴峰)의 〈비갠 뒤 경치를 읊은 십운(霽景十韻)〉시에 차운하다[次金鶴峰霽景十韻]

| | |
|---|---|
| 가을 포구 대나무는 은빛 비 머금고 | 秋浦收銀竹 |
| 앞산에는 금빛 병풍 펼쳐졌구나. | 前山展金屛 |
| 하늘 열려 멀리 시야를 내닫고 | 天開遐矚騁 |
| 구름 흩어지자 울적한 회포 깨어나네. | 雲豁鬱懷醒 |
| 늘어선 섬들에 산봉우리 푸르고 | 列嶼螺呈碧 |
| 서늘한 대나무에 옥 이슬 푸르네. | 凉筠玉撼靑 |
| 모래는 펼친 깁을 머금은 듯 깨끗하고 | 沙含鋪練淨 |
| 바위는 구슬을 부숴놓은 듯 빛나네. | 巖碎亂珠熒 |
| 교실(鮫室)은 맑아 채색 무지개 오르고 | 鮫室晴騰彩 |

---

20)『학봉전집』자료는 고전번역원 DB를 이용하였다.

21) 박재의 후손 집에는『정미년회답사일기(丁未年回答使日記)』와 제목이 없는 정사년 일기가 전해져 왔다. 박재가 1617년에 회답사의 부사로 선정되자, 10년 전에 파견되었던 정미년(1607) 회답사의 일기를 빌려다 필사해 놓은 것이다. 아마 학봉의《해사록》도 이런 형태로 빌려다 필사해서 일본에 가져갔을 가능성이 크다.

| | |
|---|---|
| 신대(蜃臺)는 찬란하게 영기(靈氣)가 모였네. | 蜃臺爛炳靈 |
| 나그네 거처에 상쾌한 경치를 들이고 | 羈栖輸爽堁 |
| 오랑캐 땅에 비린내 씻어내네. | 蠻域刷膻腥 |
| 계수나무 노는 맑은 달빛에 머물고 | 桂楫停瑤鏡 |
| 맑은 이슬은 저물녘 정자에 가깝구나. | 明霞襯晩亭 |
| 천지간에 양 귀밑머리 세었으니 | 乾坤雙雪鬂 |
| 창해에 바람 따라 떠다니는 부평초 신세라오. | 滄海一風萍 |
| 한나라 절부는 위엄과 신의를 매달았고, | 漢節懸威信 |
| 장건(張騫)의 뗏목은 아득한 곳 가리켰다네. | 張槎指杳冥 |
| 밤들어 고개를 들어보니, | 夜來頗擧目 |
| 명철하신 북극성 있도다. | 北極哲明星 |

차운하다 보니 같은 글자를 썼는데, 학봉은 부평초를 보면서 삼신 산에 날아오르거나 노인성을 찾아갔다고 했다. 그러나 박재는 부평 초 신세지만 한나라 소무(蘇武)처럼 절개를 지키고 장건(張騫)처럼 사 행을 완수하겠다고 다짐하였다. 임금을 생각하니 북극성이 눈에 들 어왔다. 같은 글자로 차운하면서, 노인성(남극성)을 북극성으로 바꿔 쓴 것이다.

### 4) 휴대할 만한 사행록

박재(朴榟)나 신유(申濡)의 경우에서 보듯이, 사행원들은 사행 지침 서로 선배 통신사의 사행록을 가지고 일본에 갔다. 가장 많은 사행록 을 가지고 갔던 통신사는 계미통신사였는데, 정사(正使) 조엄(趙曮)이 역대 사행록을 집대성하여 『해행총재(海行摠載)』를 편찬하기 위해서 였다.

10월 6일

　전후의 통신사 가운데 사신이나 원역을 논할 것 없이 일기(日記)를 쓴 자가 많았다. 상서(尙書) 홍계희(洪啓禧)가 이를 널리 수집하여《해행총재(海行摠載)》라 이름한 것을 부제학 서명응(徐命膺)이 다시 베껴 써서《식파록(息波錄)》이라 제목하여 모두 61편을 만들어 사신 일행이 참고하여 열람할 자료를 삼았는데, 그가 체임하게 될 적에 모두 나에게 보내 주었다.

　내가 원래 자세히 열람하지 못하고 대강 보니 ⋯ 전조(前朝)의 포은 정몽주가 사신 갔을 때에 지은 시 1편을 다음으로 하고, 고령(高靈) 신숙주(申叔舟)가 계해년(1443)에 서장관으로 사신 갔을 때에 지은 것 1편 및 그가 지어 올린〈해동제국기(海東諸國記)〉1편을 다음 편으로 하고, 그 아래에는 경인년(1589)에 부사로 갔던 학봉(鶴峯) 김성일(金誠一)의《해사록(海槎錄)》4편 ⋯ 등이 있다. ⋯ 산천 · 풍속 · 관직 · 법제의 큰 것은 전배들의 기록에 이미 다 말하였고, 의복 · 음식 · 기명 · 화훼 및 으레 거행하는 의절(儀節), 일공(日供)의 가감 등의 일은 모두 초본(草本)《사상기(槎上記)》에 실리지 않은 것이 없는데 ⋯ 그 모든 광경(光景)을 그려낸 것과 같아 족히 통신사로 갈 때의 등록책(謄錄冊)이 될 수 있다.

　지금은 찾아볼 수 없는 "황선(黃璿)의《동사록》19편" 다음으로 학봉의《해사록》편수가 많은데, '4편'이란 정구(鄭逑)의 행장(行狀)이 추가되기 전의 형태이다. 조엄은 서기(書記)들에게도 편찬 업무를 나누어 맡겼지만, 자신도 틈날 때마다 읽었다.

　내가 계미년(1763)에 상사(上使)로 뽑혀 가면서 배 안에서 모든 기록을 두루 읽다가 수은(睡隱)의 글에 이르러 차탄하지 않을 수 없었다.[22]

조엄은 『해행총재』를 읽다가 필요한 부분은 따로 베껴 놓았는데, 학봉(鶴峰)과 남용익(南龍翼)의 시참(詩讖)을 소개한 경우를 예로 들 수 있다.

> (1764년 6월) 22일
> 우리나라는 땅이 좁아 나라 안의 행역(行役)이 멀어야 수천 리를 넘지 못하며, 매년 있는 중국행 사행길도 4천 리를 미치지 못한다. 만약 가장 먼 행역을 논한다면 일본행 통신사가 그 으뜸이 될 듯하며 왕복 이수 1만 1천 3백여 리에 뱃길이 그 5분의 3을 차지하니 이러한 행역이 어찌 운수와 명운의 소관이 아니랴?
> 전에 통신사로 갔던 이들 중에는 부험(符驗)이 있었던 이가 있었으니, 학봉(鶴峯) 김성일(金誠一)의,
>
> | | |
> |---|---|
> | 천 리 밖 일본 땅에 | 日域千里地 |
> | 한 몸뚱이 삼한의 신하 | 三韓一介臣 |
> | 바람받이에 큰 믿음 의지하니 | 風頭仗大信 |
> | 죽고 사는 것 하늘에 맡겼네 | 死生付高旻 |
>
> 라는 구절과 호곡(壺谷) 남용익(南龍翼)의
>
> | | |
> |---|---|
> | 하늘하늘 오동잎 나부끼는데 | 颯颯桐葉起 |
> | 푸른 대에 해가 비꼈네 | 依依竹日斜 |
> | 연꽃이 시드니 이슬을 받지 못하고 | 荷殘不受露 |
> | 술이 따스하니 안개가 피려 하네 | 酒煖欲生霞 |
>
> 는 다 꿈에 지은 것으로, 모두 시참(詩讖)이었다. 이 밖에도 징조를 미리 보인 것은 일일이 다 들 수 없다.

사행원들이 선배 통신사의 사행록을 가져가는 이유 가운데 하나는

---

22) 조엄, 『해행총재 해상록』, 「월봉해상록발(月峰海上錄跋)」.

차운시를 짓기 위해서이다. 배를 타고 며칠씩 지루하게 가는 동안에 파적거리이기도 하고, 귀국한 뒤에 자랑거리이기도 한데, 상황에 맞는 운을 정하기 위해 선배의 시를 참조했던 것이다.

유의(儒醫) 이토 간포(伊藤冠峰, 1717~1787)가 오와리(尾張)에서 조선 사신들과 한시를 창화(唱和)하다가, 헤어지게 되자 추월(秋月) 남옥(南玉)에게 전별 시를 지어 주었다.

> 조선으로 돌아가는 남추월을 전송하다[送南秋月還朝鮮國] 간포(冠峰)
>
> 주나라 예법 고치지 않아 절로 우뚝한데          周冠不改自巍峨
> 수많은 물상으로 놀랍게도 그대 지은 시 많네      博物驚君賦咏多
> 옥사산의 붉은 노을 흘러와 붓을 물들이고         玉笥紅霞流染筆
> 청련의 백설가 흩어져 노래하네                  靑蓮白雪散爲歌
> 동방 땅에서 풍속은 이미 다 살폈으니            觀風已盡東方地
> 북해 파도 타고 돌아가면서 승경 구경하시게       探勝將歸北海波
> 이별 후 그리움 오직 꿈속에나 있을 텐데         別後相思唯有夢
> 각자 하늘에 밝은 달 뜨면 그리움 어이 하랴       各天明月奈情何

> 관봉에게 화답하다[和冠峯] 추월(秋月)
>
> 비파호수 양양하고 부용 같은 부사산 높은데       琵水洋洋蓉嶽峨
> 나의 거문고 무사하여 바다와 산 많기도 하다      我琴無事海山多
> 신선 마을의 밤이슬 의복에 생기고              仙鄕沆瀣生衣履
> 물나라의 바람과 구름 속에서 휘파람 부네         澤國風雲入歗歌
> 하늘 끝에서는 개미 맷돌 돌기를 다하고          了盡乾端旋蟻磨
> 겨자씨 속에선 거센 파도 날뜀을 거둬들이네       收來芥裡傲鯨波
> 동쪽 사람 진세간의 이별 몹시 아쉬워하며         東人漫惜塵間別
> 마고에게 맑고 얕아짐 얼마나 되었는지 묻네       淸淺麻姑問幾何

허성(許筬)이 거문고를 타자 차천로(車天輅)가 〈허산전의 거문고 소리를 듣다[聞山前琴一律]〉이라는 시를 짓고, 학봉이 다시 〈차오산의 '허산전의 거문고 소리를 듣다'에 차운하다[次五山聞山前琴一律]〉를 지었다. 학봉의 시에 "바다 섬에 일이 없어 금선으로 화하여[海山無事化琴仙]"라는 구절이 있는데, 남옥이 '多'운에 맞추어 "나의 거문고 무사하여 바다와 산 많기도 하다[我琴無事海山多]"라는 구절로 살려 썼다.

남옥의 마지막 구절 "마고에게 맑고 얕아짐 얼마나 되었는지 묻네[淸淺麻姑問幾何]"는 학봉의 시 〈차오산의 '바닷가 돌에 제하다'에 차운하다[次五山題海濱石一絶]〉 "천지가 개벽한 것은 아득한 옛날의 일이니, 창해가 몇 번이며 상전이 몇 번인가. 어젯밤 봉래가 또 맑고 얕아졌으니, 가련하다 서왕모(西王母)의 귀밑털이 서리 같겠네.[天開地闢事荒荒, 幾度滄溟幾度桑. 昨夜蓬萊又淸淺, 可憐王母鬢如霜.]"에서 왕모(王母)를 마고(麻姑)로 바꿔 지은 것이다.

『해행총재』를 편찬하느라 틈날 때마다 선배들의 사행록을 읽고 베껴 쓰다 보니, 창화하는 과정에서 자연스럽게 학봉의 시 구절들을 되살려냈던 것이다. 이 시는 1764년 9월 헤이안쇼린(平安書林)에서 출판된 『문사여향(問槎餘響)』에 실려 있다.

## 5) 일본인이 소장했던 학봉의 시

임진왜란에 포로로 잡혀갔던 정희득(鄭希得, 1573~ ? )이 귀국길에 배를 기다리느라고 쓰시마에서 몇 달 머물렀는데, 1599년 1월27일에 레이센인(醴泉阮)[23])에 가서 스님 천수(天叟)를 만나보고는 "천수는 시승(詩僧)이며 대마도의 큰 인물이었다. 조용히 살며 산 밖을 나가지 않고 스스로 고승(高僧)이라 자처하는데, 나를 보더니 정겨웁게 대접했다."고 일기에 기록하였다. 천수(天叟)는 정희득 형제를 자주 레이센인(醴泉院)으로 초청하더니, 4월 12일에는 학봉의 시를 보여주었다. 석 달이나 만나면서 여러 차례 한시를 창화(唱和)하다가, 친해졌다고 생각하여 학봉의 시를 보여준 것이다.

> 4월 12일
> 천수(天叟)에게 가 보았다. 천수가 시 한 수를 내보이는데, 바로 우리나라의 학봉(鶴峯) 김성일(金誠一)이 사신으로 들어갈 때 지은 것이었다.[24)]

일기에는 만난 기록만 있고, 학봉의 시는《해상록》권2에 실려 있다.

> 천수가 시 한 수를 보이는데 그것은 곧 우리나라 사신 학봉(鶴峯)의 시였으므로 곧 차운하다
>
> | 조각배로 반나절이면 갈 수 있는 길인데 | 只隔孤篷半日程 |
> | 고향 산 나무숲 꿈속에서만 가보네 | 家山煙樹夢中行 |
> | 아득하구나 십 년 전 그 모든 일들 | 茫然一十年前事 |
> | 남긴 시편 읊어 보니 글귀마다 소리 있네 | 却咏遺篇盡有聲 |

---

23) 현재 나가사키현(長崎縣) 쓰시마시(對馬市) 이즈하라마치(嚴原町)에 있는 절인데, 문위사(問慰使)나 통신사(通信使)의 숙소로 자주 이용되었다. 1597년 9월 27일 정유재란 때 형 정경득(鄭慶得), 족질 정호인(鄭好仁) 등과 함께 일본에 포로로 잡혀갔다가 1599년 6월 29일 전라도 출신 15인과 함께 귀국한 정희득(鄭希得)도 1599년 1월 27일부터 여러 차례 이곳을 방문하였다.

24) 『해행총재』, 정희득,《해상록》권1.

여기서 부상이 며칠 길이나 되는고       此去扶桑問幾程
천 리의 내 걸음을 위로하는 그대에 감사하네       感君千里鉢余行
산중의 스님이 와서 맑은 시를 읊으니       淸詩忽自山中至
외로운 배 새벽 비소리가 화답해 주네       細和孤篷曉雨聲

학봉 김성일(鶴峰金誠一)

학봉은 교토로 가는 길에 이 시를 지었기에 얼마나 더 가야만 국서를 전달할 수 있는지 궁금해 했는데, 정희득은 학봉의 시를 보는 순간 조선에라도 온 것처럼 반가워하며 "조각배로 반나절이면 갈 수 있는 길"이라고 했다. 정희득이 말한 "십년 전 그 모든 일들"은 경인통신사의 사행이고, 학봉이 예를 지켜 주고받았던 글들이다. 소문처럼 학봉의 귀국보고 때문에 침략을 막아내지 못하고 포로가 되었다고 원망한 것이 아니라, "글귀마다 소리가 있다"고 평하였다.

학봉이 지은 원시는 《학봉집》이나 《해사록》에는 실려 있지 않고, 나중에 편집한 《학봉일고 권2》에 같은 운으로 지은 시가 실려 있다.

겐소(玄蘇)가 지은 절구 한 수의 운을 차운하다.[次玄蘇一絶]
역마 길 다 끝나자 곧바로 또 물길이라       驛路纔窮又水程
배를 타고 가면서 도인만을 믿고 갔네       浮杯專仗道人行
흰 구름 속 향하여서 청산으로 떠나가니       白雲却向靑山去
한밤중의 선창이 산사 종과 격해 있네       一夜蓬窓隔梵聲
이날 겐소가 배에서 내려가 산사(山寺)에서 묵었으므로 언급하였다.

유세준(柳世俊) 시봉(侍奉)이 겐소의 운으로 지은 시에 차운하다.

次世俊侍奉用玄蘇韻
부상 가는 이번 걸음 얼마를 더 가야 하나       此去扶桑更幾程

| 천리 먼 길 날 인도한 그대에게 감사하네 | 感君千里釦余行 |
|---|---|
| 맑은 시를 홀연히 산중에서 전해옴에 | 淸詩忽自山中至 |
| 외로운 배 안에서 새벽 비 소리 듣네 | 細聽孤舟曉雨聲 |

유세준의 부(賦)에 마치 나를 인도하고서 가는 것같이 말하였다.

접반승 겐소(玄蘇)는 1589년 도요토미 히데요시(豊臣秀吉)의 명을 받아 야나가와 시게노부(柳川調信), 소 요시토시(宗義智)와 함께 조선에 와서 명을 치기 위해 길을 빌려달라는 요청을 하였는데, 학봉이 그때 동평관(東平館)에서 만났으며, 시를 지어주기도 했던 구면(舊面)이다.

제목을 보면 이날은 겐소가 먼저 시를 짓고, 학봉과 유세준이 차운하여 지었는데, 학봉은 유세준이 차운한 시에 다시 차운하였다. 정희득이 레이센인(醴泉院)에서 보았던 학봉의 시는 시봉 유세준의 시에 차운한 시이다. 학봉이 이 시를 지은 장소는 정확하게 알 수가 없다. 배를 타고 가다가 겐소와 유세준은 산속 절로 가서 자며, 배에 남아 있던 학봉에게 시를 지어보냈다. 유세준에게 지어준 시가 레이센인(醴泉院)에 남아 조선 포로 정희득이 반갑게 읽어보고 차운하였는데, 정희득이 기록한 시와 《학봉일고》에 실린 시는 세 글자가 다르다. 학봉이 유세준에게 써 보내면서 부본(副本)을 안동으로 가져왔을텐데, 누가 잘못 베꼈는지 알 수 없다.

## 6) 행동의 전범

사행원들이 선배의 사행록을 가져가는 것은 어떤 문제가 일어났을 때에 어떻게 처신할 것인지 모범을 찾기 위해서이다. 사행록에 가장 많이 거론되는 선배 통신사는 정몽주와 신숙주이지만, 이들의 사행록은 시라든가 사전 형식이어서 의사를 결정하는 과정이 없다.

김세렴은 학봉에게서 대답을 들으려고 하였다.

> 12월 11일
> 에도(江戶)에 머물렀다.
> 등지승(藤智繩, 호행차왜로 대조선외교를 담당하던 관원 아리타 모쿠베에, 有田杢兵衛)이 사사로이 홍희남에게 말하였다.
> "고금 천하의 사변(事變)이 무궁하나, 오래 머물며 유람하시라는 청이 도리어 달가워하지 않는 자들이 재앙을 만들어내는 바탕이 될 줄을 어찌 알았겠습니까? 간밤에 오이(大炊)·도슌(道春, 하야시 라잔의 僧號) 등이 대군에게 말하기를, '머물며 유람하기를 권한 것은 사신을 존경하는 까닭인데, 사신이 허락하지 않았으니, (쓰시마 도주) 요시나리(義成)가 변변하지 못함을 알 만합니다. 만일 잘 주선하였다면 어찌 허락하지 않겠습니까?' 하며, 격분시키려 하고, 없는 일을 꾸미려 하여, 시기(時機)를 타서 말을 만들어내는 것이 끝이 없습니다."
> 홍희남이 들어와서 이 말을 전하고, 또 이렇게 말하였다.
> "도주의 형세가 십분(十分) 위태롭습니다. 9일에 도슌 등이 따져 물은 일을 살펴보면, 이 일을 생각하지 않을 수 없습니다. 유람하여 나들이 나가는 것이 우리에게는 별로 손해가 없으나, 저들에게는 관계되는 바가 매우 중합니다. 조정에서 이미 요시나리 때문에 이번 사신을 보내게 된 것이니, 만일 터럭만큼이라도 돌볼 만한 일이 있다면 어찌 너무 박하게 할 필요가 있겠습니까? 대개 통신(通信)한 이래로 이번처럼 융숭하게 존경하며 접대한 적이 없었습니다. 소인이 여러 모로 듣고 보니 (이번의 유람은) 오로지 존경하고 영화롭게 하려는 데에서 나온 것인데, 오이(大炊)·도슌(道春) 등이 틈을 엿보아 이토록 없는 일을 꾸

밀 줄은 생각하지 못하였습니다."

그래서 우리가 타일렀다.

"예전에 정포은(鄭圃隱)이 사명을 받들고 이곳에 와서 이미 많이 유람하였으며, 범옹(泛翁 신숙주)과 학봉(鶴峯)도 사찰(寺刹)을 두루 유람하였으니, 한 번쯤 유람한들 무슨 손상이 있으랴마는, 혹시 옳지 못한 일이라면 요시나리가 비록 죽게 된다 하더라도 어찌 1보(步)인들 잘못 갈 수 있겠는가?"

통신사가 12월 7일에 에도에 들어왔는데, 13일이 길일이어서 전명(傳命)하는 날로 잡았다. 그런데 10일에 도주 요시나리가 찾아와 닛코산(日光山) 유람을 제안한 것이다. 명분은 유람이었지만, 실제로는 도쿠가와 이에야스의 사당 참배였으므로 김세렴이 포은(정몽주)·범옹(신숙주)·학봉(김성일)도 사찰을 유람한 예를 들며 이번에 닛코산 유람이 과연 단순한 유람인가 의논한 것이다.

> 12일.
>
> 맑음. 에도(江戶)에 머물렀다. …
>
> 밤에 (도주) 요시나리(義成)가 와서 말하였다.
>
> "집정들이 대군(大君) 앞에 모여서 전명(傳命)의 예모를 의논하여 정하는데, 오이(大炊)가 말하기를, '우리가 대군의 명으로 사신에게 가서 볼 때에 조선의 읍례(揖禮)를 행하였으니, 사신이 대군을 볼 때도 일본의 절을 하여야 합니다.' 하고, 도슌(道春)은 말하기를, '전에 듣건대, 우리나라 사신이 조선에 갔을 적에 뜰에서 절을 하였다는데, 조선 사신이 우리나라에 와서는 어찌 뜰에서 절하지 않습니까? 경인년(1590)의 옛일에 의거하여, 대군께서 교의에 앉아 사신의 절을 받아야 마땅합니다.' 하니, 대군이 비록 지키기 어렵다는 뜻을 가졌으나, 이 사람

들이 재삼 힘써 다투어 말하므로, 이 두 가지 말을 참작하여 정해서 이
르기를, '조선에서 매양 일본이 예의를 모른다고 하는데, 이제 만약 그
릇된 전례를 그대로 따르고 고쳐 정하지 않는다면, 반드시 한결같이
조선 사람들의 비웃음을 면하지 못할 것이다.' 하였다고 합니다. 그러
므로 제가 아주 민망히 여겨 감히 이렇게 먼저 아룁니다."

우리가 말하였다.

"귀국이 예의를 알려고 힘쓰면서도, 도리어 예를 잃는 데로 돌아가
는 것을 면하지 못하니, 또한 한번 웃을 만하네. 이른바 경인년(1590)
의 옛일이란 것은 어느 때인가? 이에야스(家康)가 정한 규례를 본보지
않고, 흉악한 역적이던 히데요시(秀吉)를 본받으려 하니, 이러고서 예
를 안다고 할 수 있겠는가? 만약 이런 예를 행한다면, 죽기 전에는 결
단코 좇을 수 없으니, 속히 돌아가서 알리어 백년 동안의 인호(隣好)를
무너뜨리지 말게 하라."

하고, 준엄하게 거절하여 보냈다.

에도 막부에서도 경인통신사의 행동이나 예절을 기준삼아 뜰 아래
에서 절하라고 요청했지만, 김세렴은 '전쟁을 일으킨 히데요시(秀吉)
와 화친을 이룬 도쿠가와(家康)는 달라야 함을 강조하면서, 13일에
"우리들이 가지고 온 의주(儀注 예식의 절차)가 있으니, 여기의 절목(節
目)이 의주와 어긋남이 있으면 비록 국서(國書)를 전하지 못할망정 예
모는 굽힐 수 없다"고 강경하게 대응하여 결국 관백(關白)으로부터
"전명례(傳命禮)를 행할 때에 세 사신이 상당(上堂)에 올라 예를 행하
라"는 결정을 받아냈다. 권도(權道)보다는 예(禮)를 지키는 것을 모든
행동의 원칙으로 삼았던 학봉의 대응 방식으로 작은 목적을 달성한
것이다.

닛코산 유람(遊覽)은 결국 '치제(致祭)'라는 명분으로 진행하였다. 치제(致祭)란 『대한한사전(大漢韓辭典)』에 의하면 '신하를 제사하는 것'이며, 『새우리말 큰사전』에는 '윗사람이 제물(祭物)과 제문(祭文)을 내려 죽은 아랫사람을 제사하는 것'이라고 정의하였다. 『통문관지(通文館志)』, 『증정교린지(增正交隣志)』, 『조선왕조실록(朝鮮王朝實錄)』 등 조선측 사료에는 조선통신사의 닛코산 분향(焚香)과 배례(拜禮)를 '치제(致祭)'로 인식한 반면, 일본측에서는 신불(神佛)에 참배한다는 의미의 '참예(參詣)'로 표현하고 있다.25)

## 7) 일본에서의 출판 여부

일본인들이 관심을 가지고 있던 학봉의 《해사록》이 일본 내에서 유통되고 있던 사실은 신유한의 『해유록』에서 확인할 수 있다.

> 11월 4일
> 우리나라와 관시(關市)를 연 이후로 역관들과 긴밀하게 맺어서 모든 책을 널리 구하고 또 통신사(通信使)의 왕래로 인하여 문학의 길이 점점 넓어졌으니, 시를 주고받고 문답하는 사이에서 얻은 것이 점차로 넓은 때문이었다. 가장 통탄스러운 것은 김학봉(金鶴峯)의 《해사록(海槎錄)》, 유서애(柳西厓)의 『징비록(懲毖錄)』, 강수은(姜睡隱)의 《간양록(看羊錄)》 등의 책에는 두 나라 사이의 비밀을 기록한 것이 많은 글인데, 지금 모두 오사카에서 출판되었으니, 이것은 적(賊)을 정탐한 것을 적(賊)에게 고한 것과 무엇이 다르겠는가. 국가의 기강이 엄하지 못

---

25) 조선시대 대일외교 용어사전 DB.

하여 역관들의 밀무역(密貿易)이 이와 같았으니 한심한 일이다.

유성룡의 『징비록(懲毖錄)』이 일본에서 출판된 것은 널리 알려진 사실이고, 실물도 확인할 수 있는데, 학봉의 《해사록(海槎錄)》이 어떻게 일본에 전래되고, 어떤 형태로 출판되었는지는 확실치 않다. 몇 가지 정황을 들어서 "신유한이 증언한 간행본 《해사록》이라는 문헌도 초간본 『학봉선생문집』의 일본 복각본[和刻本]을 가리킬 가능성이 상정된다"[26]는 연구결과가 설득력이 있지만, 과연 신유한이 보았다는 《해사록》이 일본판 『학봉집』이라고 단언하기는 힘들다. 『징비록』과 달리 일본판 《해사록》의 실물을 확인할 수 없는데다가, 『학봉집』이라는 큰 제목을 그대로 붙이지 않고 개별 작품 제목 뒤에 작은 글씨로 "以下海槎錄"이라고 쓴 것을 찾아내어 《해사록(海槎錄)》이라는 제목을 붙였을런지는 의문이다. 복각본[和刻本]을 출판했다면, 초간본 『학봉선생문집』을 그대로 간행하지 않고, "以下海槎錄"이라는 부분만 편집했을 가능성이 있지만, 역시 추측일 뿐이다

어떤 형태로건 학봉 《해사록(海槎錄)》의 내용이 일부 문인들 사이에서 읽혀졌던 것은 사실이다. 쓰시마번의 번유(藩儒) 마쓰우라 마사타다(松浦允任, 1676~1728)가 편찬한 『조선통교대기(朝鮮通交大紀)』 속의 《해사록(海槎錄)》에 관해서는 이미 괄목할 만한 논문이 나왔는데[27], 계미통신사가 도쿠가와 이에하루(德川家治)의 습직(襲職)을 축하하기 위해 일본에 갔을 때에 양국 문인들 사이에 학봉의 원칙적인

---

26) 김시덕, 「근세 일본의 김성일 인식에 대하여」, 『남명학연구』 41집, 104면.
27) 같은 글.

태도에 관한 논의가 있었다.

오사카에서 가숙(家塾)을 열어 송학(宋學)을 강학하던 학자 오쿠다 모토쓰구(奧田元繼, 1729~1807)가 1764년 오사카에서 조선의 제술관 남옥(南玉), 서기 성대중(成大中)·원중거(元重擧)·김인겸(金仁謙), 양의 이좌국(李佐國), 압물통사 이언진(李彦瑱) 등과 교유하였고, 이때 주고받은 시와 필담 등을 정리하여 『양호여화(兩好餘話)』로 엮어 2권 2책의 목판본으로 출판하였다.

『양호여화(兩好餘話)』 하권에 오쿠다 모토쓰구(奧田元繼)가 주로 질문하고 원중거(元重擧)가 답변한 필담을 제자들이 정리하여 편집했는데, 오쿠다 모토쓰구(奧田元繼)는 센로(仙樓)라는 호를 쓰고, 원중거는 현천(玄川)이라는 호를 썼다.

> 등유(燈油), 천정 연간의 사신[天正年使]
> 센로(仙樓) : 귀국에서는 서등(書燈)으로 무슨 기름을 사용합니까?
> 현천(玄川) : 해안의 군(郡)에서는 어유(魚油)를 사용하고 산간의 군에서는 마유(麻油)를 사용합니다. (또한) 가난한 자는 송명(松明)을 사용하고 부자집에서는 납촉(蠟燭)을 사용합니다.
> 센로(仙樓) : 우리나라는 청무자(菁蕪子)나 초면실(草綿實)에서 기름을 짜 냅니다. 그리고 해안의 군에서나 산간의 군에서나, 가난하거나 부자거나 모두 등용(燈用)으로 갖추어 둡니다. 귀국에는 이같이 만들어 쓰지 않습니까?
> 현천(玄川) : 마와 깨 외에는 초유(草油)를 취하는 법은 없습니다.
> 센로(仙樓) : 읍의 남쪽에 '사카이(堺)'라는 지명을 가진 곳이 있는데, 귀국의 사절(使節)이 옛날에는 이곳에 머물렀는데 지금은 머무르지 않습니다. 제가 근래에 부로(父老)에게, "천정(天正) 연간에

상사(上使) 황윤길(黃允吉), 부사(副使) 김성일(金誠一), 서장관
(書狀官) 허성(許筬) 등 세 사신이 우리나라의 국서에 '방물(方
物)', '내조(來朝)'라 쓴 것을 보고는 이는 중조에서 제번(諸蕃)을
대하는 용어이니 감히 받아들일 수 없다고 하였다"는 이야기를
들었습니다. 오랫동안 머물며 배를 출행시키지 않았기에 일을
해결할 수 있었다고 말할 수 있습니다. 귀국에도 이 일이 맹부
(盟府, 禮曹)에 전해지고 있습니까?

현천(玄川) : 서로 간에 공경과 신의, 근심과 즐거움을 나누며 사귀는
것이 이웃 나라의 예입니다. 귀국에는 간혹 이와 비슷한 일이 많
은데, 사신의 입장에서는 진실로 다투어 따짐이 합당한 일이고,
귀국으로서는 글자가 함축하고 있는 뜻을 살펴서 맞출 수 있었
을 것입니다.

오쿠다 모토쓰구(奧田元繼)의 질문은『해행총재 해사록』권4 「왜인
예단지(倭人禮單志)」에 실린 내용이다. 경인통신사 일행이 7월에 사
카이 바닷가(堺濱)의 인죠지(引接寺)에 이르렀을 때에 사이카이도(西
海道)의 왜인이 "朝鮮國使臣來朝"라고 써서 보낸 예단(禮單)의 "來朝"
라는 글자를 고쳐 달라는 학봉의 원칙적인 태도는 백년이 넘도록 오
사카 사람들에게 이야기거리가 되었다.

오쿠다 모토쓰구(奧田元繼)와 원중거(元重擧)의 필담은 1764년에
진행되었으니 1725년 쓰시마에서 편찬된『조선통교대기(朝鮮通交大
紀)』권10에서 「왜인예단지(倭人禮單志)」를 읽었을 가능성이 있다. 그
러나 상업적으로 출판된 책이 아니니, 오사카의 학자가 읽지 못했을
수도 있다. 오쿠다 모토쓰구(奧田元繼)는 이 책을 읽었다고 하지 않
고, "제가 근래에 부로(父老)에게 들었다"고 하였다. 그렇다면 이 이

야기를 들려준 오사카의 부로(父老)는 『조선통교대기(朝鮮通交大紀)』가 아니라 다른 형태의 《해사록》을 읽었을 가능성도 있다.

오쿠다 모토쓰구(奧田元繼)는 『춘추(春秋)』를 연구하고, 『춘추좌씨전(春秋左氏傳)』에 정통하였으며, 사상적으로 이토 진사이(伊藤仁齋)와 오규 소라이(荻生徂徠)를 비판하고 정주학(程朱學)을 숭상하였다. 그랬기에 일본이면서도 "방물(方物)과 내조(來朝)라 쓴 것을 보고는 중조에서 제번(諸蕃)을 대하는 용어이니 감히 받아들일 수 없다"고 항변하며, 오랫동안 배를 출행시키지 않고 일을 해결한 학봉을 긍정적으로 평가했던 것이다.


## 5. 맺음말

경인통신사의 귀국보고는 당시에 당쟁과 얽혀서 잠시 논란이 되었지만, 후대 사행록이나 필담 창화집에서 보이는 학봉 인식은 비교적 긍정적이다. 임난 이전과 이후 통신사의 성격이 바뀌었지만, 후대 통신사들은 학봉 《해사록》을 사행 지침서로 가져 갔으며, 차운시의 대상으로 여겼다. 예법에 맞지 않게 무리한 요구를 받으면 학봉의 단호한 태도를 본받았다.

일본 문인들도 《해사록》의 내용을 어떤 형태론가 읽거나 전해 들었던 기록이 있다. 신유한이 오사카 서점에서 보았다는 학봉의 《해사록》이 어떤 방법으로 일본에 건너가고, 어떤 형태로 출판되었는지에 관해서는 새로운 자료를 찾아보아야 한다. 국내외 여러 곳에 흩어져

있는 방대한 분량의 필담 창화집이라든가 일본 측의 접대기록을 좀
더 수집해보면 후대 통신사 현장에서 만난 두 나라 지식인들이 학봉
을 어떻게 인식하였는지 좀더 구체적인 성과를 도출할 수 있을 것
이다.

# 참고문헌

姜沆 著, 朴鐘鳴 譯注, 『看羊錄』, 東洋文庫, 平凡社, 1984.

고려대학교 민족문화연구원 해외한국학자료센터 (https://riks.korea.ac.kr/kostma/)

곽정례, 「악록(岳麓) 허성(許筬)과 에도(江戶) 유학의 발흥 -후지와라 세이카(藤原惺窩)와의 수창시(酬唱詩)와 「시립자설(柴立子說)」을 중심으로-」, 『어문연구』 38-3, 한국어문교육연구회, 2010, 411~438면.

구태자, 「학봉 김성일의 한시 연구 -장편고시와 이체시를 중심으로」, 안동대학교 석사학위논문, 2005.

堀勇雄, 『林羅山』, 人物叢書, 日本歷史學會編集, 吉川弘文館, 1964.

국립중앙도서관 통합검색 디브러리 (http://www.nl.go.kr/nl/index.jsp)

국립중앙도서관 한국고전적종합목록시스템 KORCIS (http://www.nl.go.kr/korcis/)

국사편찬위원회 한국역사정보시스템 (http://www.koreanhistory.or.kr/)

권오영, 「학봉 김성일과 안동 지역의 퇴계학맥」, 『퇴계학과 유교문화』 28, 경북대학교 퇴계연구소, 2000.

金炅珉, 「鶴峯金誠一의 漢詩에 나타난 現實意識 硏究」, 울산대학교 교육대학원 석사학위논문, 2008.

金時晃, 「鶴峯漢詩硏究 ─北征錄, 海槎錄을 中心으로─」, 경북대학교 교육대학원 석사학위논문, 1981.

金榮淑, 「鶴峯의 『海槎錄』 硏究, 『嶠南漢文學』 제4집, 교남한문학회, 1992.

金周漢, 「『鶴峯 金誠一의 詩世界 -愛民・仁民・愛物의 詩를 中心으로-」, 『嶠南漢文學』 제4집, 교남한문학회, 1992.

김 돈, 「임진왜란사의 경인통신사 관련 역사서술의 문제」, 1590년 통신사행과 귀국보고 재조명』, 경인문화사, 2013.

김성일, 『국역 학봉전서』(1-6), 민족문화추진회, 2001-2002.

_____, 『국역 해행총재』Ⅰ, 「해사록」, 민족문화추진회, 1997.

_____, 『鶴峯全集』, 成均館大學校, 1972.

_____, 『鶴峯集』 제6권, 한국고전종합DB.

_____, 『鶴峯集』, 韓國文集叢刊 48, 影印標點本, 민족문화추진회, 1988.

김소희, 「『朝鮮賦』의 한중일 간행과 유통」, 『장서각』 제33집, 한국학중앙연구원, 2015.

김시덕, 「근세 일본의 김성일 인식에 대하여」, 『남명학연구』 41, 경상대 남명학연구원, 2014.

김시덕, 「근세 일본의 김성일 인식에 대하여」, 『남명학연구』 41, 경상대학교 경남문화연구원, 2014.3, 99~119면.

_____, 「근세 일본의 김성일 인식에 대하여」, 『남명학연구』 제41집, 2014, 남명학연구소, 104~105면.

_____, 「근세 일본의 학봉 김성일 인식에 대하여」, 『남명학연구』 41, 경상대남명학연구소, 2014, 99~117면.

_____, 「『구로다 가보』와 『조선통교대기』」, 『문헌과 해석』 52, 2010, 53~73면.

_____, 『異國征伐戰記の世界』, 東京: 笠間書院, 2010.

김언종, 「조선 유학의 일본 전파 경로에 관한 재론」, 『퇴계학논집』 20, 영남퇴계학연구원, 215~254면.

_____, 「학봉선생의 예학」, 『학봉의 학문과 구국활동』 여강출판사, 1993.

김영식, 『중국과 조선, 그리고 중화 -조선 후기 중국 인식의 전개와 중화 사상의 굴절』, 아카넷, 2018, 352~353면.

김영주·이시준, 「에도시대 출판물 속 단군신화:『화한삼재도회』와 『에혼조선정벌기』를 중심으로」, 『외국문학연구』 63호, 한국외대 외국문학연구소, 2016.

김정신, 「16세기말 성리학 이해와 현실인식」, 『조선시대사학보』 13, 조선시대 사학회, 2000.

_____, 「鶴峯 金誠一의 學問論과 居鄕觀 :「童子禮」·「居鄕雜儀」의 간행과 유포를 중심으로」, 『泰東古典研究』 29, 한림대 태동고전연구소, 2012.

김학수, 「조선후기 사림계의 김성일에 대한 인식과 평가」, 『1590년 통신사행과 귀국보고 재조명』, 경인문화사, 2013.

김현일, 「鶴峯 金誠一 漢詩 研究」, 단국대학교 박사학위논문, 2012.

魯 認, 『錦溪日記』(《海行摠載》) 한국고전종합DB.

德富蘇峰, 『近世日本國民史』, 日本國立國會図書館近代デジタルライブラリー.

도현철, 「조선초기 단군 인식과『삼국유사』 간행」, 『동방학지』 제162집, 연세대 국학연구원, 2013.

董越, <朝鮮賦> (維基文庫 自由的圖書館).

藤原惺窩, 『藤原惺窩集』 上下, 思文閣出版, 一九七八年[初刊은 一九四一年].

_____, 『惺窩先生文集』, [首卷], 卷之1-12 / 藤原爲経 編 ; 源光國 校, 中村直道(寫), 天保 7[1836], 早稻田大學 所藏.

Ronald Toby, 『일본 근세의 '쇄국'이라는 외교』, 창해, 2013.

민덕기, 「경인통신사의 활동과 일본의 대응」, 『1590년 통신사행과 귀국보고 재조명』, 경인문화사, 2013.

박인호, 「明·淸代 중국 지리서에 나타난 大朝鮮 역사지리인식 -조선시기 역사지리 연구의 추이와 관련하여-」, 『경북사학』 제21집, 1998, 3~5면.

송재소, 「『해사록』을 통해서 본 학봉의 인간적 면모」, 『민족문화』 25, 민족문화주진회,

2002.

松浦霞沼, 田中健夫・田代和生 校訂, 『朝鮮通交大紀』, 名著出版, 1978.

須田努, 「에도 시대 민중의 조선・조선인관」, 미야지마 히로시 외, 『일본, 한국병합을 말하다』, 열린책들, 2011.

신복룡, 「조선조의 인물을 바라보는 몇 가지 착견」, 『1590년 통신사행과 귀국보고 재조명』, 경인문화사, 2013.

申維翰, 『青泉集』, 韓國文集叢刊 200, 影印標點本, 민족문화추진회, 1997.

신익철, 「학봉 김성일의 사회시 -16세기 말 사림파 문학의 한 국면」, 『성대문학』 제27집, 성균관대학교 국어국문학과, 1990.

_____, 「학봉 김성일 시의 연구-민족적 시세계를 중심으로」, 성균관대학교 석사학위논문, 1988.

심경호, 『한문산문미학』, 고려대학교출판부, 2012.

阿部吉雄, 『日本朱子學と朝鮮』, 東京大學出版會, 1965.

呂運弼, 「鶴峯 金誠一의 삶과 詩」, 『韓國漢詩作家研究』 7, 한국한시연구회, 2002, 33면.

오바타 미치히로(少幡倫裕), 「鶴峯 金誠一의 日本使行에 대한 思想的 考察 -학봉의 사상과 華夷觀의 관련을 중심으로-」, 『한일관계사연구』 제10호, 한일관계사학회, 1999, 79면.

吾妻重二, 「江戸初期における學塾の發展と中國・朝鮮─藤原惺窩・姜沆・松永尺五・堀杏庵・林羅山・林鵞峰らをめぐって」, 『東アジア文化交渉研究 = Journal of East Asian Cultural Interaction Studies』 2, 關西大學文化交渉學教育研究據点(ICIS), 2009.3, 47~66면.

이노구치 아츠시(猪口篤志) 저, 심경호 외 역, 『일본한문학사』, 소명출판. 2000.1.1.

李德懋, 『국역 청장관전서』 1-13, 민족문화추진회, 1978-1979.

_____, 『青莊館全書』 1-2, 韓國文集叢刊 257-258, 影印標點本, 민족문화추진회, 2000.

李民宬, 『敬亭集』, 韓國文集叢刊 76, 影印標點本, 민족문화추진회, 1988.

이병휴, 「학봉 김성일의 시대와 그의 현실대응」, 『민족문화』 25, 민족문화추진회, 2002.

李聖炯, 「鶴峯 金誠一 燕行詩의 載道의 意境 考察」, 漢文學論集 제40집, 근역한문학회, 2015.

이우성, 「풍신수길 정권과 학봉의 해사록」, 『학봉의 학문과 구국활동』, 학봉 김성일 선생 순국 백주년 기념사업회, 1993.

_____, 「鶴峯 金誠一의 朝鮮國沿革考異 및 風俗考異 -『大明一統志』 朝鮮關係記事에 關한 批判에 對하여-」(1976), 『鶴峯의 學問과 救國活動』, 학봉선생기념사업회, 1993.

이정화, 「학봉의 누정시 연구」, 『퇴계학과 한국문화』 제34호, 경북대 퇴계연구소, 2004.

이현진, 「학봉(鶴峯) 김성일(金誠一)의 예학(禮學)과 『상례고증(喪禮考證)』」, 『역사문화논총』 제4호, 역사문화연구소, 2008, 38면.

이효원, 「通信使와 徂徠學派의 교류 양상과 그 의미 -文明과 武威의 착종과 충돌, 그리고 소통의 가능성」, 『한국문화』 77, 2017, 19~47면.

林羅山, 『林羅山文集』 上下, 弘文社, 1930.

정영문, 「김성일의 『해사록』 연구」, 『숭실어문』 22, 숭실어문학회, 2006.6, 229~254면.

제인 버뱅크·프레더릭 쿠퍼, 이재만 역, 『세계제국사』, 책과함께, 2016.

최부 지음, 서인범·주성지 옮김, 『표해록』, 한길사, 2004.

太田靑丘, 『藤原惺窩』, 人物叢書, 日本歷史學會編集, 吉川弘文館, 1964.

平元道雄, 「儒者という生き方 -惺窩が姜沆に學んだもの-」, 『退溪學論叢』 第26輯, 2015, 117~138면.

하우봉, 「김성일의 사상과 일본인식」, 『학봉 해사록 재조명 학술대회』, 열상고전연구회 92차 학술대회 발표논문집, 2018, 1~30면.

_____, 「김성일의 일본인식과 귀국보고」, 『1590년 통신사행과 귀국보고 재조명』, 경인문화사, 2013.

_____, 『조선시대 한국인의 일본인식』, 연세국학총서77, 혜안, 2006.

한국고전번역원 한국고전종합DB (http://db.itkc.or.kr)

한국금석문 종합영상시스템 (http://gsm.nricp.go.kr)

한명기, 「임진왜란 직전 동아시아 정세」, 『1590년 통신사행과 귀국보고 재조명』, 경인문화사, 2013.

함영대, 「임란이전 조선 중앙관료의 일본인식」, 『한문학보』 21, 우리한문학회, 2009.

허경진, 「악록(岳麓) 허성(許筬)의 문집 재편집 시론」, 『남명학연구』 32, 경상대학교 남명학연구소, 2011.12, 237~276면.

『秉燭談』, 『日本隨筆大成』 <第1期>11, 東京: 吉川弘文館, 1975.

『成宗實錄』, 국사편찬위원회 조선왕조실록DB.

『鶴峯集』(韓國文集叢刊).

『鶴峯集』, 한국문집총간48, 민족문화추진회, 1989.

『海槎錄』(海行摠載 所載).

『海槎錄』, 『(국역)해행총재』, 민족문화추진회, 1977.

# 저자 소개

**허경진**

연세대학교 신학과 객원교수. 『해동제국기』와 『해사일록』을 번역하고, 통신사 필담창화집 번역총서 40권과 연구총서 10여 권을 기획 출판하였다.

**하우봉**

전북대학교 사학과 명예교수, 한일관계사학회 회장 역임. 『한국과 일본 : 상호인식의 역사와 미래』, 『조선후기 실학자의 일본관연구』 등 저역서 10여 종 있음.

**구지현**

연세대학교 국문과를 졸업하고, 같은 대학에서 박사학위를 받았다. 〈통신사 필담창화집의 세계〉〈계미통신사 사행문학 연구〉 등의 저서가 있음. 선문대학교 국문과 교수.

**김영봉**

연세대학교 국문과 졸업. 같은 학교에서 한문학전공 박사학위를 받았다. 연세대학교 국학연구원 연구교수를 거쳐 한국고전번역원 번역위원으로 참여하고 있다. 《점필재집》《명미당집》 등 10여 종의 번역서와 《궁궐의 현판과 주련》 등의 저서 및 다수의 논문이 있다.

**심경호**

서울대학교 인문대학 국어국문학과 학사, 동 대학원 석사, 일본 교토대학 문학대학원 중국어학중국문학 박사, 현 고려대학교 문과대학 한문학과 교수, 고려대학교 한자한문연구소 소장.

**장진엽**

고려대학교 한자한문연구소 연구교수.
연세대학교 강사.

## 함영대

성균관대 동아시아학술원 연구교수. 조선학자들의 맹자해석을 중심으로 한국 경학과 실학, 동아시아 학술교류를 연구하고 있다. 《성호학파의 맹자학》, 《신실학의 현재적 지평》을 비롯, 40여 편의 논저가 있다.

## 이효원

서울대학교 국문학과에서 통신사행록 연구로 박사학위를 받고, 노교대학 인문사회계연구과 특임준교수로 재직 중. 〈通信使와 徂徠學派의 교류 양상과 그 의미〉, 〈華夷와 禮樂 – 18세기 동아시아의 衣冠 담론과 문명의식〉 등의 논문이 있다.

## 도도로키 히로시(轟博志)

Ritsumeikan Asia Pacific Univ. 교수. 2004년 서울대학교 사회과학대학 지리학과 박사. 경상대학교 연구교수, 숭실대학교 일본학과 전임강사를 거쳐 현직.

통신사연구총서 1

# 학봉 『해사록』의 재조명

2019년 3월 2일 초판 1쇄 펴냄

**지은이** 허경진 외
**발행인** 김흥국
**발행처** 보고사

**책임편집** 김하놀
**표지디자인** 손정자

**등록** 1990년 12월 13일 제6-0429호
**주소** 경기도 파주시 회동길 337-15 보고사 2층
**전화** 031-955-9797(대표), 02-922-5120~1(편집),
　　　 02-922-2246(영업)
**팩스** 02-922-6990
**메일** kanapub3@naver.com / bogosabooks@naver.com
http://www.bogosabooks.co.kr

ISBN 979-11-5516-881-3 94910
　　　 979-11-5516-880-6 (세트)
ⓒ 허경진 외, 2019

정가 23,000원